U0466231

西方传统 经典与解释
Classici et Commentarii

HERMES

政治史学丛编
Library of Political History

刘小枫◎主编

启蒙叙事
——从伏尔泰到吉本的世界主义史学

Narratives of Enlightenment:
Cosmopolitan History from Voltaire to Gibbon

[英] 欧布里恩 Karen O'Brien | 著
朱琦 刘世英 等 | 译

华夏出版社

中国人民大学科学研究基金
"'普遍历史'观念源流研究"项目成果(项目批准号:22XNLG10)

"政治史学丛编"出版说明

古老的文明政治体都有自己的史书,但史书不等于如今的"史学"。无论《史记》《史通》还是《文史通义》,都不是现代意义上的史学。严格来讲,史学是现代学科,即基于现代西方实证知识原则的考据性学科。现代的史学分工很细,甚至人文—社会科学的种种主题都可以形成自己的专门史。所谓的各类通史,实际上也是一种专门史。

普鲁士王国的史学家兰克(1795—1886)有现代史学奠基人的美誉,但他并非以考索史实或考订文献为尚,反倒认为"史学根本不能提供任何人都不会怀疑其真实性的可靠处方"。史学固然需要探究史实、考订史料,但这仅仅是史学的基础。史学的目的是,通过探究历史事件的起因、前提、形成过程和演变方向,各种人世力量与事件过程的复杂交织,以及事件的结果和影响,像探究自然界奥秘的自然科学一样"寻求生命最深层、最秘密的涌动"。

兰克的这一观点并不新颖,不过是在重复修昔底德的政治科学观。换言之,兰克的史学观带有古典色彩,即认为史学是一种政治科学,或者说,政治科学应该基于史学。因为,"没有对过去时代所发生的事情的认知",政治科学就不可能。

亚里士多德已经说过:"涉及人的行为的纪事","对于了解政治事务"有益(《修辞术》1360a36)。施特劳斯在谈到修昔底德的政治史学的意义时说:

> 政治史学的主题是重大的公众性主题。政治史学要求这一重大的公众性主题唤起一种重大的公众性回应。政治史学属于一种许多人参与其中的政治生活。它属于一种共和式政治生活,属于城邦。

兰克开创的现代史学本质上仍然是政治史学,与19世纪后期以来受实证主义思想以及人类学、社会学等学科影响而形成的专门化史学在品质上截然不同。在古代,史书与国家的政治生活维系在一起。现代史学主流虽然是实证式的,然政治史学的脉动并未止息,其基本品格是关切人世生活中的各种重大政治问题,无论这些问题出现在古代还是现代。

本丛编聚焦于16世纪以来的西方政治史学传统,译介20世纪以来的研究成果与迻译近代以来的历代原典并重,为我国学界深入认识西方尽绵薄之力。

刘小枫
2017年春
古典文明研究工作坊

目　录

中译本前言 …………………………………………… 1
致　谢 ………………………………………………… 1
著者按 ………………………………………………… 1
前言：世界主义、叙事和史学 ………………………… 1
伏尔泰的新古典主义历史诗学 ……………………… 35
休谟《英格兰史》中的欧洲语境 …………………… 93
罗伯逊对苏格兰史学的拯救 ………………………… 158
罗伯逊论欧洲及诸帝国的兴盛 ……………………… 217
效仿与复兴：吉本的《罗马帝国衰亡史》 ………… 277
拉姆齐的怀疑主义美国革命史 ……………………… 338
后　记 ………………………………………………… 387

中译本前言

朱琦

宋神宗誉司马光主编的编年体史书"鉴于往事,有资于治道",故将之命名为《资治通鉴》;古罗马西塞罗曾言,历史是"时代的见证,真理的光辉,记忆的生命,古代社会的信使"(《论演说家》2.35)。可见东西方古代传统都明白史书之于治道的意义。

此书所涉及的五位史家都是西方启蒙时代之后的大家,对于西方现代思想和治道可谓影响极大。而我国近四十多年来也大致跟随西方现代思想的脚步,不可避免地受到了颇深的影响。作者看待这五位史家的视野颇有旨趣,他在前言中即提到"这里讨论的所有史家都采取了以文化为中心的创作姿态……",谈论伏尔泰时尤其强调他"更多从文化而非政治的角度来理解"。然而,伏尔泰的作品——无论史学作品还是所谓的文学作品——无一不与王者、王权相关;而且西方著名政治思想史家沃格林也曾说,伏尔泰撰写世界通史意在回答这样一个问题:什么是"俗世的普遍性原理"。塑造"俗世的普遍性原理"当然与政治生活密切相关。况且伏尔泰自己在《风俗论》里也说,史料本身杂乱无章,唯一"连贯清晰的图画"是"关于艺术和科学的史料"以及国家治理的史料。因而,此书无疑为我们理解西方人看待他们自己启蒙时代以来的史家提供了另一些材料。

"启蒙"一词在中文里最早见于东汉应劭的《风俗通义》,曰"且有强兵良谋,杂袭继踵,每辄挫衄,亦足以祛蔽启蒙矣"(卷一·六国)。在自序里,应劭直言其所处的社会环境是"王室大坏,九州幅裂,乱靡有定,生民无几",而他作为制定《汉仪》的法学家,作此《风俗通义》,绝非仅仅为了记录花边轶事、民间喜丧,而是因为"为政之要,辩风正俗,最其上也"(义序)。《风俗论》与《风俗通义》的作者都明白阐述其创作初衷,可见"风俗"或许远远不止于民俗学、社会学甚至人类学的研究范围。遗憾的是,从"辩风正俗以资政要"的角度审慎而明智地研究《风俗论》的东西方学者都极其稀少,遑论《风俗通义》。

也就是说,从诸社会科学的角度看待风俗很可能只是启蒙之后的倾向,这就迫使我们思考,为何启蒙运动对于政治地看待风俗有如此摧枯拉朽的影响。如果说正是此书中这些著名的史家延续或强化了这种影响,那我们就不得不思考这些史家与东西方古典传统的史家有何本质上的不同。

无论如何,以此书为指引,思考我们自己的史书和史家,能对"启蒙""史书"或其他本来耳熟能详的名词或概念有不同的理解与更深的思考。

致　谢[*]

衷心感谢苏格兰国家图书馆(the National Library of Scotland)的理事会，允许我引用罗伯森－麦克唐纳(Robertson－MacDonald)的文章。感谢企鹅图书(Penguin Books)允许我引用希尔(Geoffrey Hill)的《诗集》(*Collected Poems*)。衷心感谢剑桥大学图书馆、大英图书馆、牛津泰特图书馆、苏格兰国家图书馆、爱丁堡大学图书馆、霍顿图书馆、查尔斯顿图书协会、宾夕法尼亚史学协会，尤其是布里斯托大学图书馆的理查德森(Michael Richardson)与费城图书馆公司的格林博士(Dr. Jim Green)和拉普杉斯基先生(Mr. Phil Lapsansky)。

我这部关于18世纪著作的作品始于一项英国学院奖学金和牛津大学圣十字学院的研究生奖学金。本书中美国部分的研究在宾夕法尼亚大学完成，由纽约共和基金会的哈克尼斯奖学金资助。剑桥大学彼得学院的威廉斯通研究奖学金使我的研究得以继续，南安普敦大学和卡迪夫大学的教席使我能在担任全职教学任务的间歇期间完成此项工作。

---

[*] 致谢、著者按、后记部分均为朱琦译。

为写作此书,我进行了数年研究,在此期间,我非常幸运地得到了诸多帮助。由衷感谢牛津大学圣休学院的里夫斯博士(Dr Isabel Rivers),我攻读博士期间她一直督促我,本书得成部分归功于她的"理性、优雅和(友好的)感伤"。伦敦大学伯贝克学院的荣退教授巴伯(W. H. Barber, Professor Emeritus)、圣休学院的罗伯森博士(Dr John Robertson)、格拉斯哥大学的基德博士(Dr Colin Kidd)、渥太华卡尔顿大学的菲利普斯教授(Professor Mark Phillips)、剑桥大学科珀斯克里斯蒂学院的凯利博士(Dr Christopher Kelly)在成书的各个不同阶段阅读过部分章节,非常感谢他们,也接受他们的评论和建议。

我还想感谢本系列丛书的编者、剑桥大学彭布罗克学院的厄斯金希尔教授(Professor Howard Erskine-Hill),他给我提出了很多深思熟虑的好建议。剑桥大学彼得学院的沃莫尔德先生(Brian Wormald)在古代史家和现代史家的主题上给我不少启发。还要感谢剑桥大学出版社的迪克森(Josie Dixon)给我的帮助和鼓励。我的错误,无需多言,皆因自身。任何学者第一部书的写作都得益良多,这种得益并不特别却尤为重要,本书得成得益于齐塔姆先生(Paul Cheetham)、库伯博士(Dr Helen Cooper)、帕克博士(Dr Roy Park)和沃默斯利博士(Dr David Womersley)。麦克唐纳夫妇(Duncan and Louise McDonald)、卡尔克拉夫特(Helen Calcraft)和欧布里恩(Stephen O'Brien)曾给予我无比珍贵的支持。我的丈夫麦克唐纳(Peter McDonald)在本书所成的每个阶段都助益良多,此外在其他更重要的方面也给予我帮助。在此由衷地表达对他们的无比感激。

著者按

　　书末所附,是精心挑选的关于五位史家的二手研究参考文献,和一份关于史学写作历史的一般研究文献,其中大多数在正文注释中未曾引用。主要文献仅在注释中援引,其中很大一部分是文本详细讨论的主题。我引用的主要文献都是所能找到的编排精良的现代版本。吉本那一章引用的《罗马帝国衰亡史》,是在沃默斯雷(David Womersley)编纂的企鹅版面世前写成;这个本子保留了吉本文本的分卷,同时还标注了吉本的文本修订,可谓如今的现代标准版。

是否存在共同的欧洲身份？如果是，它有什么样的历史？《启蒙叙事》审视的是，在18世纪法国、苏格兰、英格兰和美国的政治和民族争议背景下，诸如伏尔泰（Voltaire）、休谟（David Hume）、罗伯逊（William Robertson）、吉本（Edward Gibbon）以及美国史学家拉姆齐（David Ramsay）等重要人物的文学和史学成就。欧布里恩将比较并评价这些作者，探究他们的思想对统一欧洲文明理念的智力投入程度和其本质。这一研究敏锐且具原创性，它将从文学评论的角度，介入启蒙运动的过去和现在、叙事的政治用途、民族意识的欧洲背景等当代议题。

前言:世界主义、叙事和史学

朱琦 译

[1]本研究的主题是18世纪五位史家作品在理解过去时的世界主义进路,他们试图通过书写叙事史学,修正或改变其读者的民族自我意识。其中的三位,伏尔泰、休谟和吉本,世人皆知,且常常被相提并论。第四位,罗伯逊,是写作苏格兰、欧洲及其帝国历史的苏格兰史家,曾获得与其挚友休谟同等的殊荣,之后被冷落了一段时日,近几年又受到学界诸多关注。第五位是美洲史史家拉姆齐,对他还需多介绍几句。在写作美国独立战争的早期爱国主义史家中,他是最有天赋,也是对其最持怀疑态度的一位,将他囊入此书,乃因其作品例证了以世界主义观的方式讲述国家(national)自我创造的各种独特困难和回报。每个史家的作品都在其国家和文化语境中获得并提供了意义,对他们的思考就是基于这些语境而展开。罗伯逊的作品数量多、差异性大,相关的二手材料不足,因而本书将用两章来讨论他。《启蒙叙事》没有目的论抱负,不会讲述18世纪历史中如何兴起了一种历史主义者的观点,或进步的

启蒙式元叙事如何大获全胜。①研究重点不是关注作者们的总体影响力,虽然也会讨论作者对某一作品的重述和改编,这些重述和改编使人们认识到该史家对他所处的文化环境的创造性反应。这些作品跨越了各种政治确定性、文化自我理解和民族偏见——正是这些塑造了当代对过去的解读,我将替之以不那么严谨的方式审视世界主义情感在每部作品中所起的作用。在确定政治上的优先之物(political priorities)、选择文学技巧,以及对过去的即时性(immediacy)或过往性(pastness)的敏感度方面,这些史家都极不相同。其相同之处是对世界主义[2](而不是普遍主义)的认知,即所有民族都有各种有据可依的历史和身份,这些历史和身份彼此交融并形成一个整体,但个体国家或民族自身不是史学研究中可清晰识别的单元。这种认知的必然结果之一是,贯穿18世纪中晚期的不列颠与法兰西的帝国竞争和帝国战期间,五位史家都一直致力于一个理想——各国均衡发展、形成一个和谐的欧洲体系。②

---

① Freidrich Meinecke, *Historism*: *The Rise of a New Historical Outlook*, trans. J. E. Anderson(New York, 1972); Ernst Cassirer, *The Philosophy of the Enlightenment*, trans. Fritz Koellin and James Pettegrove(Princeton, 1951). 其他史学写作史作品,参见书后参考文献。

② John Robertson, "Universal Monarchy and the Liberties of Europe; David Hume's Critique of an English Whig Doctrine", in *Political Discourse in Early Modern Britain*, eds. Nicholas Phillipson and Quentin Skinner(Cambridge, 1993); Frederick Whelan, 'Robertson, Hume and the Balance of Power', *Hume Studies*, 21 (1995), 315 – 332; Jeremy Black, 'Gibbon and International Relations', 此文将发表在皇家史学协会为纪念吉本逝世两百周年举行的会议论文上, Roland Quinault 和 Rosamond McKitterick 编, Cambridge 待出版。

世界主义史

此书的标题"世界主义史",既描述了18世纪史家们已经养成并适应的修辞策略,也描述了他们的思维习惯。"世界主义"一词如今已不再受到明智史家们的青睐:作为一种理念,它似乎缺乏智识内涵;作为一种政治思想,它并无所指。①偶尔,18世纪的文学和文化史家们提及新古典主义审美观、布尔乔亚政治抱负或贵族消费者偏好时,②会用到这个词。为了这项研究,我重提此词,因为它同时囊括了两个方面:既表达了一种与民族偏向不相容的态度(关于这些史家的其他研究常常将其描述为"无偏向的"或"哲学的"态度),又展现出智识分子对欧洲普遍文明观的倾情投入。

伏尔泰更多从文化而非政治的角度来理解这一文明,他从规范性的文化领域出发,时而赞同,时而劝诫,时而斥责法兰西政界,富有想象力地把自己定位为这一文化领域中的一位欧洲作家。在

---

① 这一思想最后的探讨人是 Thomas J. Schlereth, *The Cosmopolitan Ideal in Enlightenment Thought: Its Form and Function in the Ideas of Franklin, Hume and Voltaire*, 1694—1790(Notre Dame, Indiana, 1977)。

② 例如, Gerald Newman, *The Rise of English Nationalism: A Cultural History*, 1740—1830(London, 1987); J. Pappas, "The Revolt of the Philosophes against Aristocratic Tastes" in *Culture and Revolution*, eds. P. Dukes and J. Dunkley(London, 1990)。

其法兰西现代史《路易十四时代》(Siecle de Louis XIV, 1751) 和《路易十五时代简史》(Precis du Siecle de Louis XV, 1769) 里,他从世界主义的角度评价自己的民族国家史,且在后来的世界普遍史《风俗论》(Essai sur les moeurs, 1756) 里扩充并重估了这一评论。在《英格兰史》(History of England, 1754—1762) 里,休谟[3]采取了与前者不同种类却可以与之相提并论的欧洲视野,以历史主义和修正主义的视角讨论英国宪政史。他从17世纪开始回溯构思其历史,逐步回推至凯撒入侵之时。整个写作历程中,他越来越倾向于把各个事件都放置在欧洲史的框架背景里,并且以置身事外的方式微妙地反讽英国史里的独特和异常现象,那些现象被他的很多英国同胞视若珍宝。罗伯特的职业写作生涯,从对其本土《苏格兰史》(History of Scotland, 1759) 的特殊关注,逐渐拓展到欧洲(《皇帝查理四世史》, The History of the Emperor Charles V, 1769) 及其殖民地(《美洲史》, The History of America, 1777) 的历史。在所有18世纪史家里,他最坚持世界主义观,部分原因是,他认为只有通过重新评估共同欧洲式的意义框架,才能解决苏格兰人与英格兰人在文化和政治身份上持续的紧张关系。休谟暴露了英格兰人和苏格兰人以往诸世代里的教区主义和刚愎自用行为,罗伯特则企图通过强调英国与欧洲大陆在通往现代性和帝国道路中的普遍模式和亲缘关系,来超越英国人的民族偏见和教派偏见。这项研究必须选择吉本的《罗马帝国衰亡史》(History of the Decline and Fall of the Roman Empire, 1776—1788),其中包括对欧洲通往如今"更安全更文明时代"的旅程的局部不完整叙述,他把对这同一个欧洲的叙述放置到罗马和拜占庭的衰落叙事里。我将论证,这个更文明的欧洲起源并生长于其古典的过去,这是《罗马帝国衰亡史》的一个重要主题,总的看来,与其说这个主题来自吉本的政治关切,不如说它源于他本人作为一名现代史学家的意识中那种深深的想象旨趣,这个现代史家设法跨越漫长的时代透彻理解一个逝去的文明。最后,拉姆齐的《美国独立战争史》(History of the American Revolution, 1789)充满了休谟主义意味和怀疑论气质,这部作品是第一部严肃分析独立战争以及导致美国联邦宪法诞生的诸事件的著作。拉姆齐超然于独立战争激情的世界主义写作姿态,无论如何都不意味着他还残留有忠于英国的情感,而是显示出他在面对独立的美国未知且(可能是)动荡的未来时,选择了务实和政治参与的方式。

因此,世界主义对于这些史家来说是方向点,常常也是反讽的动力。这种反讽的代价是,放弃民族国家向其自身讲述的那些宽慰人的故事背后隐藏的偏向和偶然事件。在某些18世纪史家的作品里,它也为其读者指明身份:它暗示,在这些读者作为法国人、作为英国人、作为美国臣民或公民的自我意识构成中,欧洲必须始终在其中占据一定地位。近来一些文学和史学研究的成果,[4]加深了我们对18世纪男男女女身上民族自我意识的种种形式及表现的认识,本研究针对的就是这些成果引发的某些理念和争论。①

---

① 除了纽曼(Newman)的书,还有 Raphael Samuel, *Patriotism: The Making and Unmaking of British National Identity* (3 vols;. London, 1989); Keith Michael Baker, *Inventing the French Revolution: Essays on French Political Culture in the Eighteenth Century* (Cambridge, 1990); John Lucas, *England and Englishness*:

在重新发现和记录英国性、美国性和法国性的文化表现时,这些学者试图把民族意识解释为一种对国家的爱国主义忠诚,在这个过程中,他们假设(无论隐含地还是显白地),对于社会中受教育程度更高的那部分人群,世界主义要么先出现,要么阻碍了他们成熟的民族自我意识。人们常常认为,一个民族性自我(national self),需要通过"另一个"否定性的、反面的民族性自我的形象,方能界定自身,给自身一个心理上的抓手(psychological purchase)。例如,据说英国人民对自我的认识是新教徒、强健、有肌肉,这种自觉的逐渐增强,对应于他们认为法国人是天主教徒、迷信、缺乏活力的投射印象。①

然而,我将论证,在18世纪某些最有声望、最受欢迎的民族史家的作品里,那种爱国主义和世界主义之间的直接矛盾似乎消解了。至少在这一时期,可能形成了这样一种民族自我,它并非源自对"其他国民"的印象,而是源自基督教内部大家庭里各教会和各民族的相似性和不同性的相互作用。对于18世纪的法国人、英国人或美国人,这可能意味着什么?在本研究里提到的这些史家的作品以及孟德斯鸠(Montesquieu)和米拉(John Millar)等简要论述

Ideas of Nationhood in English Poetry, 1688—1900 (London, 1991); Linda Colley, Britons: Forging the Nation, 1707—1837 (New Haven, 1992); Jack P. Greene, The Intellectual Construction of America: Exceptionalism and Identity from 1492 to 1800 (Chapel Hill, NC, 1993); Kathleen Wilson, The Sense of the People: Politics, Culture and Imperialism in England, 1715—1785 (Cambridge, 1995)。

① "英国性被表达为与其他人接触时,且首先是应对冲突的反应时的一系列不同性上"(Colley, Britons, 6),还有 Michele Cohen, Fashioning Masculinity: National Identity and Language in the Eighteenth Century (London, 1996)。

个体的章节里,可以发现民族自我意识的特殊模式,通过审视这些模式,我们能够丰富和完善对这个问题的认识。

民族自我意识的诸模式,意味着或包含着关于一个国家曾是什么、应当是什么等种种具体政治理念。然而,从政治理念到各种意识模式的过程是想象性的,就叙事历史来讲,它涉及文字应用(literary implementation)过程。本研究里的大多数史学作品,在某种程度上属于政治思想史,因为它们呈现的方式俨然是过去不同政治理论和政治方案的潜在仲裁者。其实,除了吉本,(以19世纪和现代的标准衡量)所有这些史家在涉及普遍政治探究时,都以相对工具性的视角看待其史学材料。但是,他们的史书里也包含了散漫的[5]扩展叙事手法,这种叙事要求对各种理念作文学式处理,这与理论性或实践性的政治争论逻辑完全不同。因此,本研究试图融合并整合思想史和文学评论的各种分析技术。本研究关注对过去一些重要时刻的(通常是大师级的)文学式处理,那些时刻——例如,处死查理一世(Charles I)和苏格兰女王玛丽(Mary, Queen of Scots)时,叛教者朱利安皇帝(Emperor Julian the Apostate)试图恢复异教的罗马共和国时,或废除南特敕令(the Edict of Nantes)时——对18世纪读者的政治自我认识非常重要。

本研究将审视,英雄的、悲剧的和伤感的词汇在这些史书里的应用,记录、语气以及隐喻和转喻构建的调整——因为这些东西,不仅是一场理念之战里的文本弹药,而且能扩展读者对历史给予的情感教训、道德教训和政治教训的反响范围。当然,作为政治性地利用文学说服技巧的文字媒介,18世纪史学观并无新物。然而,这些史家里的大多数人处理关于政治和民族性的各种理论问题时持坚定的经验主义态度,他们对受众具有独特的18世纪式敏感,这赋予了他们的史学实践非同一般的文学深度和复杂度。尤其对于休谟,当然还有伏尔泰、罗伯逊、吉本和拉姆齐来说,构成民族共同体本身的正是他们的读者对自身历史的反应,以及扩展开来,对自身历史的历史(而非关于法律和政府的抽象概念)的反应。随后几年,在伯克(Edmund Burke)以及19世纪受他作品启发的英国史家的后继作品中,这一理念将具有指导力量(正像他们或许曾说的,[这一理念]"必须构成","是唯一能称为构成民族共同体的东西")。① 18世纪史家们的历史写作更具动态性,就像一方竞技场,史家和读者在其中进行政治的、情感的和美学的选择练习。他们共同创造了一个阐释性的而非想象中的共同体,对自身历史作出修辞性裁断。

探讨18世纪史家处理历史活动所采取的基本文学方式时,现代批评家们可能忍不住把这一时期颂为文学与历史感受性分离之前的一段黄金时期。② [6]怀特(Hayden White)认为,历史本是一

---

① 关于伯克的19世纪史学遗产,参见 J. W. Burrow, *A Liberal Descent: Victorian Historians and the English Past* (Cambridge, 1981)。

② 许多史家都如此评论,包括 Suzanne Gearhart, *The Open Boundary of History and Fiction: A Critical Approach to the French Enlightenment* (Princeton, 1984) 和 Leo Braudy, *Narrative Form in History and Fiction: Hume, Fielding and Gibbon* (Princeton, 1970)。关于叙事性和史学的近期热点问题的概览,见 Andrew P. Norman, Telling it like it was: Historical Narratives on their own Terms, *History and Theory*, 30(1991), 119–135。

系列没有偏向的资料,是史家根据自己的政治、情感和美学偏好赋予其悲剧或戏剧情节。这样看来,怀特的观点就不再是诽谤。① 根据这种没有抽离情感的模式,或许可以说,比起 19 世纪更具科学精神的继任者们,18 世纪史家是更高明的结构主义者,因为他们意识到了史学专有的文本性质。只要评论家诉诸结构主义或后结构主义的各种文本性观念,18 世纪的文学和叙事史学之间的分歧似乎不可避免地消弭了。其实,18 世纪史学理论家们自己并不急于定义文学和史学参照对象的任何基本本体论差异;《愚人诗》(*The Dunciad*)最后一卷里,"严肃"历史安慰悲剧时许诺她,最后她将与自己一起回溯式地揭露"野蛮时代"的黯淡无光。② 本着同样的精神,斯密(Adam Smith)在他关于修辞和纯文学的讲座里(根据一位学生 1762—1763 年的笔记)评论道:

> 史学诗歌和史书有什么本质差异?至多不过是,一个以散文形式写成,一个以诗行写成。③

虽然吉本和伏尔泰都深刻思考过史家赋予原始资料呈现形式

---

① Hayden White, *Metahistory: The Historical Imagination in Nineteenth-Century Europe* (Baltimore, 1973).

② *The Dunciad*, IV, 39–40 in volume V of *The Twickenham Edition of the Poems of Alexander Pope*, eds. John Butt et al. (Ⅱ vols.; London and New Haven, 1739—1769).

③ *Lectures on Rhetoric and Belles Lettres*, ed. j. C. Bryce, *The Glasgow Edition of the Works of Adam Smith*, IV (Oxford, 1983), II 7.

的方法,但鲜有史家把历史与虚构文学类属上的近似性视为对他们作品认识论方面有效性的威胁。某些史书作者,如戈德史密斯(Oliver Goldsmith)和麦考莱(Catharine Macaulay)甚至在其史学作品里采用书信形式,传统上这本来是小说采用的形式;其他一些人,包括本研究主要讨论的五位史家,对相对较新的小说形式持开放的和折衷的态度。① 同时,18 世纪的小说家们从史书里吸收了各种文本考证策略,称自己的作品为史书(《汤姆·琼斯史》[*The History of Tom Jones*],《弃儿克拉丽莎:或一位年轻女士的生平》[*A Foundling, Clarissa: or the History of a Young Lady*]),(常常戏谑式地)根据非虚构叙事性作品的真实性要求创作其作品。整体上,这句人尽皆知的慧言似乎很大程度上是对的,即斯科特(Walter Scott)之前的小说对史学几乎没有形成挑战。② 直到 19 世纪的第三个十年,情况发生了改变,(另一位)麦考莱(Macaulay)[7]称史学是处于理性和想象这"两种充满敌意的权力管辖下";麦考莱抱怨说,在 18 世纪的均衡以后,史学不再是一个整合的研究领域:

---

① Catharine Macaulay, *The History of England from the Revolution to the Present Time, in a Series of Letters* (volume I only completed, London, 1778); Oliver Goldsmith, *A History of England in a Series of Letters from a Nobleman to his Son* (2 vols; London, 1764).

② 然而,菲利普斯(Mark Phillips)和罗伯逊(Fiona Robertson)使这一智识复杂化了。Mark Phillips, Macaulay, Scott and the Literary Challenge to Historiography, *Journal of the History of Ideas*, 50 (1989), 117–133, and by Fiona Robertson, *Legitimate Histories: Scott, Gothic and the Authorities of Fiction* (Oxford, 1994).

不是被理性和想象这两个统治者均衡地共同统治,而是落入各自专断绝对的控制之中。时而是虚构作品,时而是理论。①

麦考莱认为,斯考特(Walter Scott)之后的史学丢失了文学的纯真性(literary innocence),这一诊断或许可以解释但却并不会有助于改善下述情况,即自怀特的《元史学》(Metahistory)以后,不断出现针对18世纪叙事史学虚构性和理论性的密切关系的调查研究。对现代理论家们(某种程度上,也包括麦考莱)来说,问题转变为,史学作品中文学式阐述与信息整理之间的关系,以及史学作品对可证实的参考作品的各种渴望。然而,我们如果不诉诸各种现代文本性观念,而用18世纪的语言重述这个问题,就更能理解这些史学作品采用的文学性种类。18世纪史家们以渐进的而非类属的或指称的术语理解史学和文学的关系。斯密认为史学写作最初的对象是当代的常见之事,即"诗人是一切史家之初";斯密解释说,在这之后,当社会开始承担起日益复杂的经济活动并具有各种更成熟的品味之后,散文接替了诗歌,小说接替了传奇故事,民间史学取代了神话和传记体叙事。②斯密在第23讲里论证说,18世纪是散文和商业的时代。传统文学形式和各种更现代的史学写作形式之间的本质不同在于,二者引发的意识模式不同;现代史家展

---

① Thomas Babington Macaulay, 'History' (1828) in *Miscellaneous Writings and Speeches*(London,1882),133.

② *Lectures on Rhetoric*,104 and 111 – 113.

示其时代的进步状态并为其做出贡献。因此,在这个时代,叙事史界定清晰的类属意识被摒弃了,替之以多少有些复杂的各种史学表征形式的历史偶然观,史学也被更笼统地理解为(表现的或审议的)修辞表现。

尤其是,这种修辞模式有助于解释下述现象的本质,即18世纪史家们在其文本中既是政治劝说人,也是读者审美反应的编排者。在这一时期,史学也被理解为一种盛大的表演形式,以与修辞相关但却是非修辞的各种方法唤醒想象、激发情感。世纪之初,艾迪森(Addison)说出了他对真正的史家的期望:

> [8]他描述万事万物的方式如此生动,以致其整个史学都是令人敬仰的图画,在每个故事里他对环境的描述都如此贴切,以致其读者成了某种见证人,在内心体会到符合各部分叙事的各种激情的浮华。①

艾迪森规定的达致巅峰的史学或达到特定感染效果的史学几乎是浪漫的。伏尔泰记录的圣巴托洛缪大屠杀,罗伯逊记录的巴拿马达里恩(Darien)地区的黄金时期,吉本刻画的君士坦丁堡或阿拉伯半岛大画卷,全都符合艾迪森的规定。然而,这种史学与卡莱尔(Thomas Carlyle)和帕克曼(Francis Parkman)完全观赏性的浪漫史学不同的是,作者与读者的观看从未完全融合。史家的表述给有兴趣

---

① *The Spectator*, ed. Donald F. Bond (5 vols.; Oxford, 1965), III, 574. 按:楷体文字是原文中首字母大写单词。

但却永远不会与他完全共谋共通的读者传达的是,历史的观察者和参与者之间在情感上存在着有教育意义的距离。这种双重距离常常但非总是被视为反讽。反讽常常被视为启蒙时期史学的统领性特征,以及参与过去的各种侥幸错误中的首要模式。① 本研究把这种反讽修辞视为 18 世纪史家们众多可用修辞策略之一,是他们劝说式创作的一种标志,而非必要条件。从文学的批判解读方式来看,这种劝说性修辞表征是所谓的文本的发声(voice)效应;从史学的解读方式来看,它也是史家在其他公共和政治领域内受保护的社会权威的职能。冒着似乎将重构原始创作意图的风险,本书指明了史学的各种创作发声与史家的各种公共职业之间的逻辑关联。在某些情况下(尤其是伏尔泰、罗伯逊和拉姆齐的情况),史家杰出的公共生活是重要的史书阅读背景之一,这种背景既赋予文本修辞理念,也提供隐含的指涉对象。同样,作为议会成员的吉本,虽然并非身居要职,却也对这两个特点在自己身上的交互作用迷惑不解:他在议会上缺乏演讲能力,却在作品《罗马共和国衰亡史》②中口若悬河、滔滔不绝。不管其职业机运或其身份的机运(gentlemenly fortune)如何,这里讨论的所有史家都采取了以文化为中心的创作姿态,以及女性作者们不具备的男性发言人姿态。因此,本书没有详细讨论这个世纪最成功的两位女性史家,即英格兰史家麦考莱(Catharine Macau-

---

① 例如,White, *Metahistory*, 67。

② *The Letters of Edward Gibbon*, ed. J. E. Norton (3 vols.; London, 1956), nos. 294, 297, 498, 吉本在这几处反省了他在公共场合不善言辞和缺乏口头演讲天赋的问题。

lay)和美国独立战争早期史家沃伦(Mercy Otis Warren)。①[9]这两位女性作者倡导激进的改革,而非世界主义式和启蒙式的民族自我理解;在作品中,她们宣扬自己作为拥有和仲裁道德标准的女性社会权威角色,而不是评判各种政治事业和竞争的老手和游历丰富的资明者。

启蒙叙事

本研究讨论的这些史家,有时会自称为"哲学"史家,如今人们讨论他们时也常常这样称呼。这个词有诸多含义,其中之一是,他们的史书在评价来源和洞悉因果时,对各种起作用的认识论过程有二次(second-order)反思和讨论。本书各章分别讨论了每个史家对那种"哲学"问题感兴趣的本质。然而,我首先讨论的当然是自己对这些作品修辞方面的理解。这些史学中的"哲学"与修辞学并不矛盾(例如,对新历史科学的潜在偏见),而是偏离叙事建构主题的一种附属物。18世纪史家把他们的作品与自然或数学科学类比时非常谨慎。就连伏尔泰——他在很多非史学作品里探寻过准

---

① 麦考莱的代表作是《英格兰史》(*History of England*, 8 vols. 1763—1783),在 Bridget Hill, *The Republican Virago: The Life and Times of Catharine Macaulay*(Oxford, 1992)中,有对该作品的充分讨论。Mercy Otis Warren, *History of the Rise, Progress and Termination of the American Revolution*(completed 1791, published 1805), ed. Lester Cohen(2 vols.; Indianapolis, 1988).

培根式或牛顿式的自然历史法则——也与大多数人一样坚信,史学阐释主要在现象或然性范围内处理问题,达到这一目的的最好方式是叙事。这并非什么新观点,无需多言,需要关注的是下述事实:近年来,人们常常认为,正是启蒙运动催生了重大的解释性神话即那些"大叙事"(master)或"元叙事"。据说,西欧人为了弄清楚他们的过去、将来以及对其他国家的控制权,仍然在对自己讲述这些东西。① 把启蒙运动作为(关于政治的和内心解放的、国际和平和"普遍世界主义形势"即将到来的)元叙事源头的观念,源自康德的论文《关于一种世界公民观点的普遍历史的理念》("Idea for a Universal History with a Cosmopolitan Purpose",1784)。据康德说,科学地从外部纷乱无序的各种事件推断出解放的秘密机制,是史家能够而且应该给予读者的最伟大的礼物。("后")现代理论家们普遍发现,康德的普世主义史学在意识形态上很可疑,他们察觉到,很多18世纪到20世纪的史学版本在前认知层面(precognitive level)隐藏着各种元叙事,对于这些元叙事,他们表达了自己政治上的敌对和哲学上的怀疑。

[10]根据这种"后"现代评论,或许可以说,18世纪史学中的世界主义观对叙事的控制性抱有一种康德式志向。那不是一种模式,而是西方人讲述的一个故事,一个关于西欧即将获得自由和全球统治权的故事。18世纪史学很容易沦为那种循环指控的对象,就像任

---

① 最著名的是 Jean - Francois Lyotard, *Le Differand* (Paris, 1983)。对这些观点的综述,见 Kerwin Lee Klein, In Search of Narrative Mastery: Postmodernism and the People without History, *History and Theory*, 34(1995), 275 - 298。

何开始广泛传播以及宣称具有普遍解释效度的史学叙事都可能被说成是大叙事或者元叙事一样。但是,这里研究的任何一部作品,都没有宣称其有效性具有普适的、不变的逻辑特征或属性,但据称所有元叙事都具有这种特征。罗蒂(Richard Rorty)回应利奥塔尔(Lyotard)的元叙事理论时,称赞这些史书对现代诸社会朝向"没有解放的世界主义"(Cosmopolitanism without Emancipation)①的趋势的赞同态度。以18世纪的术语来讲,这要求他们在熟知哲学和坚持政治原则的基础上,对其前辈和同辈的大叙事持怀疑态度,对基督教普世史学的排他性及其年代学持怀疑态度,例如,对英格兰辉格党人的党派神话、苏格拉底人长老会传统的神赐必然性、美国独立宣扬者们关于在美国即将到来的生活、自由和幸福的许诺等持怀疑态度。这些史家的继任者和同辈在过往中寻求恒久性和延续性,而他们却想要给历史分期分段,指明一个时代区别于另一个时代的各种政体形式、文化形式甚至意识形式。

我书名里的"启蒙"一词不暗示任何隐藏的逻辑,或伏尔泰、休谟、罗伯逊、吉本和拉姆齐的叙事史学背后存在某种令人欢欣的必然性。以此类推,本书不指涉任何关于欧洲启蒙运动或"启蒙工程"的存在或本质的一般论题。目前,"启蒙运动"成为现代批评理论中出

---

① 为了回应利奥塔尔的'Histoire universelle et differences culturelles', *Critique*, 41(1985), 559–568, 罗蒂说,"我们找不到任何理由来说明,为何无论是最近的社会和政治发展,还是近期的哲学思想,都应该阻止我们努力构建一个世界主义社会", *Objectivity, Relativism and Truth: Philosophical Papers*, I (Cambridge, 1991), 213。

现最频繁、使用最不经考量的术语,常常在定义和讨论"后现代"时作为其负面极点出现。同时,在史家和文艺学者那里,针对泛欧洲启蒙运动的旧历史编撰学让位于一种更复杂的描绘——这一时期作为政治和文化论争舞台的智识生活。①正是在这些18世纪论争的背景下,我试图不涉及关于启蒙运动的一般论题,[11]清晰地分辨出此处考量的所有史家共同分享的中心理念,即他们生活在一个比过去更文明的时代。在某些情况下,这个理念流露出史家所在时代和国家的一抹自信,但更常被视为一种有责任心的清醒认识,即生活在与过去世界相比奇迹更少、英雄行为更少或文化创新更少的现代世界,有何裨益与局限。恰如怀特(White)的解释,对过去的叙事描绘产生出"冷静意识的错觉,以为能够面朝世界洞悉其结构和进程"。②18世纪的人认为当代比过去更文明,这种观念导致了这种四处弥散的意识错觉。它的确是错觉,虽然在所有这些史学作品里,这一现代式明晰容易突然陷入令人失去方向的虚幻。虽然这些史家一度被称为新历史主义者,但他们却从未幻想无需媒介直接通向过去,他们总能意识到过去和现代世界之间的中断。③这一时期,道德和文化的古今之争在这些作者的作品中以史学的方式重演,

---

① 最新的全面研究见 Peter Gay, *The Enlightenment: An Interpretation* (2 vols.; London, 1967, 1970)。Roy Porter 和 Mikulas Teich 的 *The Enlightenment in National Context* (Cambridge, 1981)是新的更本土的文本潮流的标志。

② White, *The Content of the Form: Narrative Discourse and Historical Representation* (Baltimore, 1987), 36.

③ Meinecke, *Historism*.

这些争论里,更古老的参照框架充实了"现代"这一理念。①

总之,书名中的"启蒙"一词是想表明,我想从被划分为古代、中世纪、现代早期和启蒙现代的各个时期中,厘清欧洲历史的通用描述模式。这些史书的共同之处是,它们全都发展出同一种快速解读欧洲史的新标准,即将这段历史视为从中世纪封建体系到现代商业社会体系的过渡。这一时期的很多学者非常熟悉这种对现代欧洲发展的一阶(而非元)叙事轮廓,然而鲜有人相信伏尔泰对这种轮廓的形成有贡献。中世纪封建 - 农业时期的政治特点是(除了贵族以外的所有人的)自由的缺席,法律特点是贵族司法体系具有地方性和压迫性,文化特点是各种艺术形式有表现力却不精致。伏尔泰、休谟和罗伯逊展示了,城市合并、新技术的发展、国内外市场的扩张、司法行业威望和学识的增长、贵族财富的相对下降等因素如何从内部瓦解这一中世纪世界。[12]吉本的叙事批判地体现在,也交融于他对中世纪历史的解读中,但他却一直不愿意把罗马帝国纳入历史分期的比较模型里,我将探索个中原因。这一时期的所有记录,都没有(甚至伏尔泰或吉本也没有)把天主教会简单地视为一个压迫机构,也没有在任何

---

① 例如休谟的 Of Commerce(1754)in *Essays, Moral, Political and Literary*, ed. Eugene F. Miller(Indianapolis, 1985)。这一争论及其对史学写作的影响在 Joseph Levine, *Humanism and History: Origins of Modern Historiography*(Ithaca, NY, 1987)和 *The Battle of the Books: History and Literature in the Augustan Age*(Ithaca, NY, 1991)中有讨论,在收录入 *The Age of Johnson*, ed. P. J. Korshin, 5(1993), 467 - 476 的综述文章中,我也有讨论。

一个阶段把通向如今更文明时代的旅程刻画为一个连续的世俗化过程。

很多史家识别出(却没有指明),在15到16世纪有一个现代早期的过渡时期。那时,在很多国家,强大的集中王权在与贵族或宗教的党派纷争中获胜。伏尔泰、休谟和罗伯逊把强大的君主国描述为(对其也持普遍欢迎态度)中世纪之后的一个发展阶段,由此使自己与17世纪被他们经常引用的大多数史家和学者截然不同。①他们认为统一的主权权力是发展的先决条件,对其有着怀旧式的偏好。在任何一个特定的欧洲国家,不管其实行代议制还是某种恰当法制,这种偏好都很容易破坏其法学和史学术语,那是当代政体争议中普遍使用的术语。他们还鉴别出一个现代末期,在此时期,商业活动的增强让人们更容易获得财富,所以数量不断增长的人们也更容易获得自由(在大不列颠,这种自由被形式化为代议制)。在拉姆齐、罗伯逊和休谟的作品中,现代欧洲国家的帝国行为被解释为这一商业期的一个方面;矛盾的是,这些帝国行为扩展了同时也危害了这一商业期确立起来的政治秩序。罗伯逊推测,国家尚未在政治和商业上做好准备,西班牙人就过早建立

---

① 也有值得一提的例外,如 Robert Brady, *A Complete History of England from... the Romans ... to ... Henry III* (1685, continuation 1700);参见 J. G. A. Pocock, *The Ancient Constitution and the Feudal Law: A Study of English Historical Thought in the Seventeenth Century* (2nd ed.; Cambridge, 1987),以及 Chantal Grell, *L'histoire entre erudition et philosophic: etude sur la connaissance historique a l'dge des lumieres* (Paris, 1993)。

了帝国。拉姆齐担心,他的国家在北美大陆上将要形成的领土帝国,可能给刚刚建立的美国政治秩序带来巨大危险,那是旧世界的殖民历史中从未遭遇过的危险。

国家背景

在伏尔泰、休谟、罗伯逊、吉本和拉姆齐的作品里,走进国家历史诸问题的世界主义路径已经更新,且为各种人文主义旧观念——古罗马世界给予了欧洲统一的文化身份遗产——设立了新的争辩旋点(追求的改变[translation studii])。[13]本书没有把这一世界主义观的各种动机和后果解释为启蒙运动的副产品,而将其放置在各种有争论性的国家结构中。格雷尔(Chantal Grell)已经阐明,在法国,伏尔泰在其第一本代表作《路易十四时代》里背离了17世纪的法国王权史传统,这又使他在后续作品里创造出一种全世界适用的分期叙事史学模式。① 在关于伏尔泰的章节里,我探讨了这些创新的文学和意识形态背景,解释了伏尔泰如何背离法兰西传统——法兰西的传统是以王室朝代和公共法律为基础讨论民族国家,伏尔泰则根据审美的而非政治的标准,以批判的和世界主义的新方式解读法国史,后来也用以解读全球史。伏尔泰史学作品的背景是路易十五的摄政和统治引起的狂热的宪政争议,其作品既可以被解读为对那些争议的调停,也可被视为一次富有想象力的尝

---

① *L'histoire entre erudition et philosophic*, 218 – 219.

试——尝试在国家政治竞技场以外赋予叙事历史民事管辖权。

本研究的大部分章节关注英国史学写作,尤其是1745年詹姆斯二世追随者起义后的那几年,苏格兰和英格兰在史学上的自我理解方式之间的内部对话。18世纪中叶的英格兰和苏格兰流传的各种国家的历史意识形式,是我们解读休谟、罗伯逊和吉本的世界主义的背景。正如很多史家已经指出的那样,这一时期的国家自我意识,与我们现在理解的"国家主义"或"国家认同"完全不同。根据克拉克(Jonathan Clark)的解释,那是"一套法律和宗教概念体系",从根本上清晰表述对自己国家的忠诚,"后来只是些微转向对种族和语言的关注"。① 本研究里讨论的英国史家,像这一时期的其他作者一样,以法律、政体和宗教论述为媒介,建立起对英国的命运和身份的认识,并展开论争。他们关于自己国家历史的世界主义式概览产生于对这一论争媒介的二次评估。

三大事件,即1688至1689年的光荣革命、1707年的盎格鲁－苏格兰人联盟和1701年《王位继承法》颁布,使忠诚这个更大的问题变得极其不确定。尤其是,18世纪早期的英国史家们(不包括詹姆斯二世党派)感到,他们正在回应一种文化要求——为王朝和政体失去连续性这段时期后的英国历史编织合理情节并给出解释。整个世纪中,辉格派史家都不得不认真对待克拉伦登(Clarendon)[14]保皇主义视角的《叛乱史》(*History of the Rebellion*),此书于

---

① J. C. D. Clark, *The Language of Liberty 1660—1832*; *Political Discourse and Social Dynamics in the Anglo‑American World*(Cambridge,1994),46.

1702 至 1704 年间出版,正值他的外孙女安妮统治初期,书中的史实不久便与托尼派和詹姆斯二世党派对现代史的解读结合起来。① 休谟在其《英格兰史》中关于 17 世纪的部分对克拉伦登的处理小心且生涩,我将在第三章讨论。然而,克拉伦登史复杂的叙事内容——一张充满了各种个人误判与不忠的织布,一段偏离正义和神赐救赎的国家故事,一种自认为可以解释英国历史失去连续性的文风,用瑞克斯(Christopher Ricks)的话来说,记载了作者对"自己行文的连续性不得不如此频繁地体现为不连续性的"方式的失望——很难将其与任何写作 1688 年以后历史的史家类比。② 即使在克拉伦登史出版之前,威廉三世(William III)自己的宣传者们,也曾试图重新采用具有深切连续性的语言并借助神恩,以解读英格兰和苏格兰的历史命运。③ 伯纳特(Gilbert Burnet)的《我这个时代的历史》(History of His Own Time)写于 1683 到 1715 年间,于 1724 年(卷一)和 1734 年(卷二)出版,获得巨大的商业收益。④ 这部在史家身后才出版的伟大史作,为人们对过去和下一代的认识

---

① 关于对克拉伦登史学的接受及其普及性,参见 Laird Okie, *Augustan Historical Writing*: *Histories of England in the English Enlightenment*(Lantam, MD, 1991),21。

② Christopher Ricks, 'The Wit and Weight of Clarendon' in *Essays in Appreciation*(Oxford, 1996),54.

③ Tony Claydon, *William III and the Godly Revolution* (Cambridge, 1996) 重新评价了光荣革命的语言,提供了对伯纳特的新解读。

④ 关于对伯纳特思想的接受,参见 Laird Okie, *Augustan Historical Writing*, 23。

提供了一个连接点。伯纳特史书记录了1688至1689年间的成功、安娜统治期间辉格党和新教理念岌岌可危的幸存,因为正是王室、教士和政治人有缺陷的性格特点表达了或说是贬低了他们的理念。在后来的复辟时代,诸多史家痴迷于伯纳特天赐的喜剧风格,休谟就是其中之一。

从类属上讲,克拉伦登和伯内特的史学属于文艺复兴时期政治家身后回忆录传统,目的是为作者的生活正言,也为未来的政治家树立效仿的榜样。博林布鲁克子爵圣约翰(Henry St. John, Viscount Bolingbroke)的《关于研究和运用历史的信札》(*Letters on the Study and Use of History*,按:下文简称《信札》)是为克拉伦登的后裔查尔伯里勋爵(Lord Cornbury)所著,1752年首次付印供公众消费。希克斯(Philip Hicks)认为,此书也属于身后回忆录传统。① 博林布鲁克在安娜女王的托利党内阁任职,曾被流放法国,[15] 其间他卷入了一场帮助英国王位觊觎者上位的活动,未获成功;流放期满后,曾在1720年代到1730年代的某段时间重整托利党,不支持辉格党反对沃波尔内阁。《信札》著于1730年代晚期,作品包括了

---

① Philip Hicks, 'Bolingbroke, Clarendon, and the Role of the Classical Historian', *Eighteenth Century Studies*, 20(1987), 445 – 471. 对博林布鲁克的一般介绍,参见 Isaac Kramnick, *Bolingbroke and his Circle*: *The Politics of Nostalgia in the Age of Walpole*(Cambridge, MA, 1968); David Womersley, 'Lord Bolingbroke and Eighteenth – Century Historiography', *The Eighteenth Century*: *Theory and Interpretation*, 28(1987), 217 – 34。然而,"怀旧"这一理念却被 Christine Gerrard 的 *The Patriot Opposition to Walpole*: *Politics, Party, and National Myth*, 1725—1742(Oxford, 1994)所颠覆。

受众对事件知情且熟悉的感受,这是古典史书通过实例教授智慧的典型特征,但它却时不时超出回忆录类的界限,表现为更详尽、更指向于为国家服务的叙事史。博林布鲁克在第二封信中解释说,历史,比记录下来的经验更甚:

> 经验倍有缺陷。很多事情,我们生得太迟,看不到开始,死得太早,瞥不见结尾。历史弥补了这两个缺陷。当经验只呈现结果,现代史会表明其各种原因;当经验只呈现原因,古代史则让我们能揣测各种结果。①

博林布鲁克论证说,历史使我们能叙事地想象经验,或者更可以说把我们放进一段我们的集体经验叙事里。博林布鲁克于1730年代在他的反对派报刊《匠人》(*Craftsman*)上概述过英国史。熟悉那些描述的读者,可能希望《信札》就英格兰的自由经验提供另一种爱国主义式描述。②然而《信札》主张,真正的历史"致力于净化那些有国家民族偏好或者偏见的头脑,我们在教育过程中容易受到那些偏好或偏见的感染,且经验多半会证实而非消除它们"。③博林布鲁克说,经历了这一净化过程,我们才能算是接受了再教育,才能更理性地依恋我们的国家,以世界主义的方式重新认识其他国家:

---

① *The Works of Lord Bolingbroke*(4 vols. ;London,1967),II,186.

② 参见 Isaac Kramnick,'Introduction' to *Lord Bolingbroke:Historical Writings*(Chicago,1972)。

③ *Works*,II,183.

> 对国家的爱无疑是理性的训教,而非天性的构造。让我们与国家相依的是教育与习惯、义务与利益,不是本能。①

博林布鲁克的世界主义史著《信札》里,包含了一段16世纪出现的关于欧洲各国均衡体系的各种源头的描述。但与经典的书信体格式本来的要求相比,《信札》将这些信件调整得适应更广义上的读者,让其与更广泛的文化争议交融。虽然《信札》对休谟、罗伯逊和吉本等人的影响有限,但它至少让其读者熟悉了一种新的世界主义式处理模式和一种史学类型,在这种史学里,英国作为一个国家,其"法律和宗教理念结构"不仅是历史阐释的主题,更是哲学追问的主题。

[16]博林布鲁克(曾经是詹姆斯二世党派和乡村辉格党派)坚信,光荣革命的真正意义不是英国人获得了自由(他说,无论如何,自盎格鲁-撒克逊时期以来,政治自由一直是英国人与生俱来的权利),而应该是英国突然战略性地卷入欧洲的王朝政治,正是这一信念构成了《信札》对欧洲的各种看法及其怀疑论调。他在"欧洲通史写作计划"("Plan for a General History of Europe")里解释说,1688年这一年,从坏处看,是英格兰的欧洲时刻。②大多数辉格党和一些托利党史家在世纪初期的作品中,都认为这一时刻是对英国国家独特性的最重要确认,是英国脱离甚至是逃离欧洲历史

---

① Ibid. ,183.

② Ibid. ,337.

发展的普遍模式的时间点。①其实,存在于欧洲范围之外的感受,如此强烈地弥漫在这一时期的政治争论中,以致我们时代的史家们都倾向于以自己的术语描述英国"启蒙运动",不将其描述为欧洲大陆的智识转变过程,而认为它是在光荣革命时获得法定权利和宗教宽容的独特创举。②像教授英国独特政治文化课程一样,休谟以前的很多英国史书都使用古典术语。读者通过反复思考关于英国均衡政体的史学作品,可能学到审慎的政治技艺,或者至少学到明智的公共行为。例如,《英格兰通史》(Complete History of England,1706)编纂本在前言中提到

> 我们的法律和习俗的原型是知识的一部分……搞学问的或在公共部门就职的人必须具备那种知识,那是理解我们的宪法、权力和自由所必需。③

休谟以前的大部分英国史著,从奥德米克松(John Oldmixion)

---

① 例如,White Kennett 编的综合性的 *Complete History of England*(详细信息见下文注释41)的第三卷非常虔诚且具有辉格党派特点,以及 Laurence Echard 所著的具有明显托利党派特点的 *History of the Revolution and the establishment of England in the year 1688*(1725)。还可参见 Jeremy Black, The European Idea and Britain, 1688—1815, *The History of European Ideas*, 17(1993), 439 – 460。

② 例如,Roy Porter, *The Enlightenment*(London,1990),54.

③ *A Complete History of England with the lives of all the Kings and Queens thereof from the earliest account of time to the death of... William III*(3 vols.; London,1706),I, i.

激进的辉格派《英格兰批判史》(Critical History of England, 1724)到卡尔特(Thomas Carte)詹姆斯二世党派学究式的《英格兰普遍史》(General History of England, 1747—1755),其实都以国家的政体、各种权利和自由为关注中心。①尤其是,历史上卓越的撒克逊自由观,最终作为一种辉格派论点获得了成功,尽管博林布鲁克的思想在1720和1730年代曾独占鳌头。这种自由观为英国的通俗史书设立了标准,这些标准倾向于受到自由与特权、议会与国王、国家与诺曼封建枷锁等各种辩证关系的塑造。②

[17]在根据这一模式编织的史书里,最具国际精神、最见多识广也最受欢迎的是图瓦拉的拉平(Paul de Rapin - Thoyras)的《英格兰史》(Histoire d'Angleterre),该书作于1704到1724年间,其英译本在1721到1731年间出版,它从世俗角度进行学术描述,为辉格党人提供了关于国家混合政体和自由政体的起源。③拉平本人是17世纪晚期英格兰的欧洲时刻的典范人物。他是胡格诺教派律

---

① Okie在 Augustan Historical Writing, 135 - 154讲述了卡尔特的史书故事,资助卡尔特史书的主要来源是詹姆斯二世党派,他们资助史家们撰写英格兰史,其中就包括吉本之父爱德华。

② Kramnick, Bolingbroke and his Circle; R. J. Smith, The Gothic Bequest: Medieval Institutions in British Thought, 1688—1863 (Cambridge, 1987); Jeremy Black, 'Ideology, History, Xenophobia and the World of Print in Eighteenth - Century England', in Culture, Politics and Sociery in Britain, 1660—1800, eds. Jeremy Black and jeremy Gregory(Manchester, 1991).

③ Histoire d'Angleterre(10 vols.; 1724—1727). 关于拉平作品的讨论,参见 Duncan Forbes, Hume's Philosophical Politics(Cambridge, 1975), 233 - 240.

师,在南特敕令(the Edict of Nantes)撤销后从法国来到英国,在博因河战役中为奥兰治的威廉(William of Orange)而战,之后靠着新王发的抚恤金在荷兰共和国一个由流放学者组成的国际社区里安家,用法语写成一部英格兰叙事史。他的史书里不断提请读者关注过去的这些时刻——英格兰在与外来者的接触中,政治得以发展,文化得到提高。例如,拉平告诉我们,在罗马人的束缚下,古代不列颠人"臆想征服者很优雅",于是培养自己的"艺术和科学"。① 入侵的撒克逊人带来了其他大陆上的日耳曼民族特有的代议制政府。②后来,国王阿尔弗雷德(King Alfred)通过"邀请各个领域的杰出外国人入其疆域,在文化战线上对蒙昧开战"。拉平评论说:

> 他的目的是激发英格兰人的竞争感,刺激他们通过自己的努力走出曾经粗野的蒙昧状态。③

拉平史书的影响力在詹姆斯二世退位后逐渐减弱,但是从他对诺曼征服(Norman Conquest)的描述可以得知他对1688年入侵的看法;他的威廉一世(William I)几乎就是威廉三世(William III)式人物——把孤立的英国岛民推向国际舞台的军事英雄:

---

① *The History of England as well Ecclesiastical and Civil*, trans. Nicholas Tindal(2nd edn,2 vols. ;1732),I,19.

② 'A Dissertation on the Government,Laws,Manners,Customs and Language of the Anglo-Saxons',*History of England*,I,147.

③ *History*,I,96.

> 无疑,上帝乐于利用这个征服者,以让英格兰民族比以往更杰出。英格兰人,迄今为止几乎还不为世界上的其他人所知,在这一革命后开始在欧洲舞台上崭露头角。①

从积极意义上讲,1066(或是 1688?)这一年是英格兰的欧洲时刻。[18]拉平《英格兰史》的世界主义取向如此强烈,以至于在叙事的各个关键点,他都强调英格兰与欧洲列国在战略、智识文化和政治理念等层面上的纠葛。另外,这一取向在政治层面和道德层面也体现为英格兰人个人政治自由的独特典范表现。

18 世纪上半叶,拉平史学在国家政治教育中发挥了重要作用。拉平作品的广泛普及——事实上,无数的宣传册和文章中都有对它的摘抄或择取(尤其是《工匠》),那么多后继史家都表达了与其竞争或超越其成就的渴望——可被视为这一时期理解国家自我意识的复杂因素之一。近期的史家们建构出一种颇具说服力的叙事来描述乔治二世到乔治四世执政期间出现的文化国家主义,用精心描述的"大不列颠的统治"式爱国主义风格来解释当时超越国会权力的对沃波尔以及后来对比特岛(Bute)和北部的敌对态度。②他

---

① Ibid.,I,164. 两个威廉的这一关联类似教皇的"温莎森林"里隐含的对立的政治目的的手法。

② 除了 Newman,Colley 和 Wilson 的史学作品,文学作品参见 Marilyn Butler,'Romanticism' in *Romanticism in National Context*,eds. Roy Porter and Mikulas Teich(Cambridge,1988); Michael Dobson, *The Making of a National Poet:Shakespeare,Adaptation and Authorship*, 1660—1768 (Oxford,1992); Howard Weinbrot, *Britannia's Issue:The Rise of British Literature from Dryden to Ossian*(Cambridge,

们说,这种爱国主义酝酿出解读国家历史和文学的民主中心主义式新方法,以及复苏的新教特殊使命感,最终,在拿破仑战争期间,政府调动的正是这种特殊使命感。很难把拉平史学在那个世纪前半叶的流行、休谟《英格兰史》的经久不衰,与这种新兴国家意识式现代叙事整合在一起,除非把前者视为上一辈精英人士坚持不懈地以世界主义的方式刻画国家历史的证据。①

然而,在我看来,更准确地讲,休谟的作品,甚至罗伯逊和吉本的作品,不应被看作对他们周围出现的新的文化国家主义、反法反西班牙谬见,以及政治抗议的爱国主义式修辞等表现的回避,更应被视为一种回应。对英国国家地位的解释,不管是传统的还是新的,拉平史学都表达了明显的不满,认为二者都太狭隘、太无视史实,这种不满得到这一时期很多史家的回应。伯克卓越的《英国简史随笔》(*An Essay towards an Abridgement of English History*)与休谟史书的第一卷差不多在同一时间写成,但从未出版。在该作品里,这种不满尤其表现为对法律史学家们从习惯法传统推演出英格兰独特性的敌意:

> [19]事实上,我们现在的法律体系,与我们的语言和学识一样,是一团混合、驳杂的异质。其中的某些方面源于我们自己的民族;更多的是从其他民族的政策借鉴而来,根据不同的

1993);Gerrard,*The Patriot Opposition to Walpole*。

① 休谟的《英格兰史》在18世纪晚期和19世纪的流行程度,参见 Graeme Paul Slater,'Authorship and Authority in Hume's History of England'(Oxford D. Phil,1990)。

需要,将之混合、改造、修订而成。而那些需求是那些民族在不同时间强加的礼仪、宗教和商业贸易。①

某些当代法律史学家对英格兰远古或起码是古代法制的独特性特别迷恋,甚至达到不顾史实(几乎可以说是反历史)的程度。为了反对这种迷恋,伯克在英式文化生活里悟出了一种偏好——发现历史本身的固有价值,后来他将推广这种偏好。为了表达对这一偏好的认可,本研究试图传达出休谟、罗伯逊和吉本等人的史书的招惹是非或令人沮丧的特点——他们认为过去的进程具有种种复杂性,而没有赋予其价值。

在美国,拉姆齐《美国独立战争史》(*The History of the American Revolution*)的出发点,也是他不满于关于美国殖民独特性的传统记录和美国作为独立国家的新记录。第七章将详细讨论拉姆齐对美国殖民历史和引进的欧洲史学著作颇具才智的处理、对本土政治思想经典的接受,以及对重要的美国独立理论捍卫者的回应。这一章也不可避免地要遭遇美国启蒙运动这一更大的问题。旧范式认为那是一场在欧洲构想但在美国得以实现的启蒙运动,本研究不作此解,而赞同更新近的学术研究强调的重点——美国文化在

---

① Edmund Burke,'An Essay towards an History of the Laws of England', *An Abridgement of English History;from the Invasion of Julius Caesar to the End of the Reign of King John*, Works VI(1803),555. 伯克的思想尤其参见 Matthew Hale, *The History of the Common Law of England*(1713)。

快接近独立战争的那些年里不断英国化。①拉姆齐对独立战争复杂精妙的评价在散漫的框架里推进,在这一框架中,欧洲史和美国史之间的同一性和连续性有意识形态上的较量。他认为美国对欧洲历史的态度更多的不是否定,而是重复和改进。这种爱国主义视角代表了政治保守派对那场启蒙运动争论的贡献。他的世界主义视角是,文明国家之间将建立国际间的兄弟情谊,美国未来将在其中占领一席之地,最终,伯克、罗伯逊和斯密的帝国理念和社会理论让他的这个梦想成为可能。

总体上,18世纪的英国史家对本国殖民地和有贸易往来的帝国持一种奇特的世界主义观,认为彼此是和平互利的消费者共同体。②那种理念,或者不如说,那种理想,[20]甚至抵御了忧郁的奴隶身份意识。正如反奴隶制诗人考珀(William Cowper)在美国独立战争后不久创作的诗歌所述,

> 已设计好商业纽带
> 为了联合所有人类支脉

---

① 例如,Henry Steele Commager, *The Empire of Reason:How Europe Imagined and America Realized the Enlightenment*(New York,1977)。

② 在 The Empire of Virtue:The Imperial Project and Hanoverian Culture(*An Imperial State at War*, ed. Lawrence Stone, London,1994, p. 136)一文里,威尔森(Kathleen Wilson)提到了"确实让英国民族优越感增强的世界主义错觉"。另参见 T. H. Breen, An Empire of Goods:The Anglicisation of Colonial America, 1690—1776, *Journal of British Studies*, 25 (1986),467-499。

每个人由此互惠互利,

抑或,国家间此教彼学。①

罗伯逊的作品中有一种对帝国的世界主义式赞赏,认为这在文化和经济上有益于相互影响和相互效仿的国际体系。在他的史书里,这与一种潜在的新分类学结合在一起,这是一种关于经济政治体系和社会组织形式的分类学,不同民族的发展水平就根据这种分类学来评估和比较。按照这种安排事物的方案,据说生活发展水平较低的民族,例如美洲的原住民或迁移过去的殖民者,需要更先进的欧洲政府的监护指导。第五、六章将讨论这种社会分析类型在休谟、斯密和其他人的作品里的起源,以及其在罗伯逊和吉本的史书里的叙事式变体。对于美国史家来说,史学的发展阶段理念提供了一种在新世界里复制和改善欧洲的模式。②拉姆齐确信,美国已经达到了成熟阶段,足以获得独立国家身份,但是他担

---

① 'Charity', (1782), lines 83 – 84, lines 119 – 120 in volume I of *The Poems of William Cowper*, eds. Charles Ryscamp and John Baird(3 vols.; Oxford, 1980—1995) and my 'Protestantism and the Poetics of Empire' in *Culture, Politics and Sociery in Britain*, II, ed. Jeremy Black(Manchester University Press, forthcoming).

② 这种历史模式可参见以下作品:Noah Webster, On Morality(1785), *A Collection of Essays and Fugitive Writings on Moral, Historical, Political and Literary Subjects* (Boston, 1790); Benjamin Franklin, Remarks concerning the Savages of North America(1783) in *Works* II(2 vols.; London, 1793); Benjamin Rush, The Manners of the German Inhabitants of Pennsylvania(1786) in *Essays, Literary, Moral and Philosophical*(Philadelphia, 1798).

心,祖国的面积大、地形难以预测(unpredictable)、对奴隶制的社会投入,以及各州之间的地域划分等问题,可能将其引向旧世界从未遇到过的危险的历史道路。正是这些担心,迫使他在作品中以怀疑的态度和世界主义方式对待新的独立美国的文化和智识内涵,但是也正是这些担心,让他与刚刚独立的美国的读者们难以意气相投。最后一章末尾是总结性后记,其中指出,在革命之后的美国和拿破仑时期之后的法国,鲜有人喜欢后来的英国史学作品对世界主义腔调的执着。后记也简要反思了19世纪帝国历史的发展阶段观和世界主义观的各种应用——正是在这个语境里,18世纪欧洲旧的世界主义观似乎完全有资格支撑启蒙运动的史学叙事。

伏尔泰的新古典主义历史诗学

夏怡童　郝平　译　刘世英　校

[21]伏尔泰在被尊奉为启蒙运动的代表人物之前,对于英美法三国的读者来讲并不陌生,起初,他可能被当作法国史及世界史学家。① 在19世纪伏尔泰遭到妖魔化,成为无神论的拥护人之前,

---

① 伏尔泰选集注释中的所有引用,均引自 *Oeuures completes de Voltaire*, ed. Louis Moland(52 vols. ; Paris,1877—85)[以下简称 *Moland*],或者能找到该文本的地方,或 *The Complete Works of Voltaire*(Institut et Musee Voltaire, Geneva,1968 – in progress)[以下简称 *Works*]。所有引用伏尔泰书信的文献均来自 *Correspondence and Related Documents*, ed. Theodore Besterman, *Works*, LXXXV – CXXXV(1968—1977)[以下简称 Best. D]。本章所有引自《查理十二传》(*L'Histoire de Charles XII*)的文献均来自 Voltaire, *Oeuures historiques*, ed. Rene Pomeau(Paris,1957),本文摘自"凯尔"(Kehl)版: *Oeuures completes de Voltaire* (70 vols. ; Kehl,1774—1789),本文与早期文本间的不同之处均有标注。《路易十四时代》《路易十五时代简史》和《彼得大帝治下的俄罗斯帝国史》中所有的引用均来自波莫(Rene Pomeau)版本的《欧洲史学》。这些文本也是基于"凯尔"版。引自《风俗论》的文献均摘自波莫的版本(2 vols. ; Paris, 1963)。在所有案例中,早期各种版本里的文本差异将被指出并得到讨论。引自《历史哲学》(*La Philosophie de l'histoire*) 的文献均来自布鲁姆菲特(J. H. Brumfitt)的 *Works*, LIX(1969)。这是基于独立出版的版本(Amsterdam [Geneva],1765)。以上所有文献的20世纪版本的单词均采用现代拼写形式。

整片欧洲大陆及其殖民地上,诸多有鉴赏力、不为俗世所乱的读者研读过伏尔泰的史学著作。①法国大革命以后,伏尔泰的史学著作均被毁得声名狼藉,至今未获平反。上一本针对这些作品的专著研究出现于四十年前。②本章并不旨在过多阐述伏尔泰史学著作的功绩和影响,而是试图评价[22]其史学著作对18世纪世界主义史独特的原创性贡献。这些作品大多成书于伏尔泰职业生涯中期,在此期间,他受到一定程度的官方认可和路易十五的嘉奖,1745年,伏尔泰被路易十五任命为皇家史官,而后又获得普鲁士国王腓特烈二世的赏识。③伏尔泰的主要史学作品包括《查理十二传》(*L'Histoire de Chales XII*,1731)、《路易十四时代》(*Le Siècle de Louis XIV*,自1751年起)和《风俗论》(*Essai sur les moeurs*,自1754年

  详细的参考书目源自 Georges Bengesco, Voltaire: bibliographie de ses oeuures(4 vols. ;Paris,1882—1890)。此处须补充:Theodore Besterman, 'Some Eighteenth-Century Voltaire Editions unknown to Bengesco', Studies on Voltaire and the Eighteenth Century,64(1968),7-150。新出版的多卷本伏尔泰传记的前三卷,是其写作史学著作时期的宝贵指南。它们是 Rene Pomeau, *D'Arouet a Voltaire*,1694—1734(Oxford,1985);Rene Vaillot, *Avec Mme du Chatelet*,1734—1749(Oxford,1988);Rene Pomeau, Christiane Mervaud et al., *De la Gour au Jardin*,1750—1759(Oxford,1991)。关于"伏尔泰和18世纪的研究"('Studies on Voltaire and the Eighteenth Century')的期刊,以下简称为SVEC。

① 为全面研究伏尔泰的史学等类型的作品在英国的受欢迎程度,参见 A. M. Rousseau,L'Angleterre et Voltaire,*SVEC*,145-146(1976)。

② J. H. Brumfitt, *Voltaire, Historian*(Oxford,1958,revised,1970)至今仍是对伏尔泰史学著作最全面的研究。

③ Vaillot, *Avec Mme du Chdtelet*,246-247.

起)。这些著作在他生前被多次再版、修订和翻译,共同代表了他对史学叙事在文学、认知和主题式潜能方面持续广泛的探究。作为文学作品,它们创造了全新的形式和风格,超越并取代了修辞目的和修辞表现的旧理论。作为元史学研究,它们重讲过往史事的认知问题,为当代法国哲学辩论做出了一定贡献。尽管研究卷入了这些相当复杂的认识论问题,但在英美两国截然不同的哲学和宗教环境中,这并不是其主要的诉求来源。在英美两国,这些问题的结构不同,答案也不尽相同。伏尔泰史学著作关注的主题,都集中在独特的普遍欧洲文明的演变和存在上,正是这一点吸引了国际读者。社会中层阶级的财富增长和独立促进了欧洲的崛起,伏尔泰是第一位详细阐述这一崛起的启蒙叙事史家。伏尔泰第一个解释了这一共同欧洲身份的政治效益,也第一个指明这一身份感如何比文艺复兴时期的旧观念,即"一种共同的古典遗产",具有更坚实的政治基础。尽管如此,伏尔泰从不甘心完全停留在史学的叙事层面,在其所有著作中,总存在两种相互竞合的因素:一方面他渴望能给出解释,另一方面又困扰于怀疑解释历史的可能性;他真心热爱研究,又虚伪地藐视严肃的史学学者。这位来自法国的世界主义史家有时也会给本国的世界主义倡导者让步。因此,伏尔泰的史学著作比他可能预想过的更复杂、更矛盾。我打算依次从认知性、文学性和主题性方面探讨伏尔泰的史学著作,以期为一位常被贬损为有欠思考地信奉进步的史家重塑其(有时未曾预想到的)复杂性。①

重 建

[23]17世纪的法国知识分子认为,史学主要是认知问题的场,认知问题最终与所有事实资料的性质和价值有关。受到科学和"反宗教"(libertin)原则的驱使,许多怀疑论者或当时的"皮浪主义者"都质疑史学知识的可靠性和实用性。通过削弱叙事和学术史的认识论基础,他们降低了这门曾活跃在文艺复兴时期的学科的声望。②笛卡尔(Descartes)对这种怀疑主义提出的理性主义解决方案进一步羞辱了史学,将其与经院哲学一起贬为过时的认知形式。然而,至17世纪末,这一学科的命运得到了改善,培尔(Pierre Bayle)杰出的《历史批判辞典》(*Dictionnaire historique et critique*,1697)做了大量工作,将史学重建为能够传递真理的独立知识领域,对于那些真理的地位,笛卡尔的方法论无法决议。③伏尔泰的思想成长于历史思维重建期,这一时期,人们的兴趣终于开始从历史知识的本

---

① 要了解另一种重塑伏尔泰史学的方法,参见 Friedrich Meinecke, *Historism: The Rise of a New Historical Outlook*, trans. J. E. Anderson(New York, 1972)。

② Richard H. Popkin, *The History of Scepticism from Erasmus to Descartes* (revised edn, Berkeley, California, 1979); Blandine Barret-Kreigel, *La deffaite de l'erudition*(Paris, 1988).

③ Haydn Mason, *Pierre Bayle and Voltaire*(Oxford, 1963).

体论价值,转向其人类学价值。① 那时,有关皮浪主义的争辩由史学研究的终极意义问题转向证据可靠性问题。年轻的伏尔泰有可能经历了18世纪20年代法国文学院的学者和皮浪主义者之间的那场著名学术辩论,辩论主题是关于罗马早期史学信息的可靠性。② 一位名叫弗雷烈(Nicholas Fréret)的学者题为"关于史学研究的反思"("Réflexions sur l'étude des anciennes histoires")的文章对这场辩论贡献良多。他指出,历史怀疑论问题源于长期以来错误地把史学与数学科学做类比。弗雷烈认为史学是另一种认知领域,并为探究史学的经验方法制定了原则。③

伏尔泰早期的智识成果都以同样的目的为导向。年轻的伏尔泰不仅以诗人和剧作家的身份开创了成功的写作生涯,还把自己培养成形而上学者。他以英国科学经验主义的名义,对法国理性主义哲学的数学确定性提出了质疑(例如,《牛顿哲学原理》[the Elements de la philosophie de Newton, 1738])。[24] 伏尔泰关于英国文化的书信集《哲学通信》(Lettres philosophiques, 1734)为在法国宣传牛顿和洛克贡献不小。伏尔泰赞扬两人都找到了合理的经验式

---

① 关于这一转变,参见 Gunther Pflug, 'The Development of Historical Method in the Eighteenth Century, *History and Theory*', 11 Beiheft(1971), 1–23。

② 关于这次辩论,参见 Carlo Borghero, *La certezza e la storia: Cartesianesimo, Pirronismo e Conoscenza Storica*(Milan, 1993), 357–375。

③ Nicholas Freret, 'Reflexions sur l'etude des anciennes histoires, et sur le degre de leurs preuves', *Histoire de l'Acadimie Royale des Inscriptions et Belles Lettres*, VI(Paris, 1717), VI(1729), 146–89. 整场辩论内容都被收入该卷。

方案来解决皮浪主义问题,他甚至称洛克的《人类认识论》(Essay concerning Human Understanding)树立了一种史学形式:

> 很多思想家将灵魂注入其叙事,但只有一位谦逊的智者创造了史学。①

尽管有时伏尔泰特别想把牛顿塑造成预言各种道德和历史必然性的先知,但也一直努力把这种对合理经验主义的早期追求限定在史学领域内。②正如他之后所言:

> 我不想追求极端皮浪主义,也不愿荒谬地轻信。③

尽管在18世纪的头几十年中,史学的哲学地位得到了提高,但直到伏尔泰在18世纪50年代开始发表其主要史学著作时,这种写作形式也仍缺乏声望和可信度。例如,《百科全书》(Encyclopédie)的编辑们很少重视这一学科。达朗贝尔(D'Alembert)和狄德罗(Diderot)为之作序时列出一张人类知识表(1751),其中将"史学"(宗教史、教会史和公民史)与自然史学、艺术和手工艺一同编排在"回忆"的分类标题下。因此,该表将史学与更先进的"理性"心理范畴分开——"理性"心理范畴包含了哲学和各种数理科学,如此隐晦地降低了史学的认知功能。当伏尔泰为《百科全书》撰写"史学"

---

① 'Sur M. Locke', Lettres philosophiques(1734), Moland, XXII, 122.
② 比如 Le Philosophe ignorant(1766), Works, I. XII(1987), 86。
③ 'Le Pyrrhonisme de l'histoire'(1768), Moland, XXVII, 235.

(History)词条及其他以"H"开头的词条时,他委婉地表示了反对,认为自然历史是物理科学,而不是史学的分支,此词条的大量篇幅都在驳斥"史学是不可靠的人类知识形式"的观念。①

在自己的史学著作中,伏尔泰从未找到令自己满意的解决史学知识问题的答案。即使在晚年最后几次修订《风俗论》时,他仍然在反复斟酌传达真实性和因果关系概念的字词。他的皮浪主义前辈们致力于将史学与叙事分离,理由是把过往之事拼凑在一起的叙事涉及不恰当地具体化原始史实资料。在伏尔泰的大部分史学著作中,这个问题被暂时搁置,这些质疑也在叙事的修辞媒介中悬置。伏尔泰乐于将传统史学陈述作为指示修辞的一个分支,并根据构想内容极其宽泛的政治和文化要求,来给予赞扬或批评。[25]即便如此,当他构思法国和整个世界的政治和文化叙事时,很少有完全成功的法国叙事史可以借鉴。不过也有一些例外。在诸如瓦瑞拉斯(Varillas)和圣雷阿尔(Saint-Réal)等流行作家半虚构的《勇敢史事》(*histoires galantes*)中,史学以一种叙事艺术形式在"皮浪主义危机"下幸存。伏尔泰发现了圣雷阿尔"令人赞叹的"《西班牙对威尼斯共和国的阴谋》(*Conjuration des Espagnols contre la République de Venise en l'année* 1618 [1674]),该作品是关于心理和政治动机的新马基雅维里主义研究,书中的人物背景研究片

---

① 在"史学"('Histoire')这一词条中,伏尔泰提道:"自然历史,被归在史学一类欠妥……它是物理学的重要组成部分。"(l'histoire naturelle, improprement dite histoire... qui est une partie essentielle de la physique)(*Works*, XXXIII, 164)

段很可能影响了《查理十二传》(Histoire de Charles XII)(也偶然地启发了奥特韦(Thomas Otway)的悲剧《幸存的威尼斯》(Venice Preserved))。①伏尔泰非常佩服这些史学大家从单一批判视角整合历史资料的能力。然而,他们的作品实际上是以经验丰富的政治家口吻写出的人文主义历史轶事。伏尔泰虽然也把史学视作修辞学的一个分支,但寻求的是更具代表性的意见,并质疑轶事的价值。此外,这些史家没有什么学术抱负。他们仅仅认识到一个事实,即史学思想中的皮浪主义危机,导致哲学式史学编纂明显偏离了史学的信息收集面。在学术方面,17世纪末期和18世纪早期,法国迎来了史学学识的空前繁荣,这一繁荣包括圣穆尔本笃修会教士学者关于研究和评价一手资料的开创性工作,以及词典编纂、外交学和古文字学的新技术。②这一工程的领军人物马比龙(Jean Mabillon),对史学的叙事形式——比如文化力量在形成历史事件中的作用等问题——表现出一些兴趣。③然而总的来说,这些学者并不关心为自己的研究在哲学基础上建立额外的事实材料,而仅仅是研究连续性事件的编年史学家。

---

① Voltaire to Pierre Joseph Thoulier d'Olivet(6 January,1736),Best. 0980. 参见 Andree Mansau,*Saint – Real et l'humanisme cosmopolite*(Paris,1976),440 – 442。伏尔泰后来说,尽管圣雷亚尔有许多优点,但他并不是一个真正的史学家:Voltaire to Pierre Jean Grosley(22 January,1758),Best. 07599。

② David Knowles,*Great Historical Enterprises:Problems in Monastic History* (London,1963);Blandine Barret – Kreigel,*Jean Mabillon*(Paris,1988).

③ Jean Mabillon, *Annales Ordinis S. Benedicti Occidentalium Monachorum Patriarchae*(6 vols.;Paris,1703—1739). 特别参见 the Praefatii to volume II (1704)and volume III(1706)。

除了这些发展,整个17世纪和18世纪早期,还有一种叙事史形式的发展一直未受干扰和阻挠,即法国编年史。这种叙事史简练恭顺,因其各项传统和皇室赞助(正如格雷尔[Chantal Grell]在其出色的法国18世纪史中所展现)而能经受大多数哲学和学术创新的考验。① [26] 在伏尔泰《路易十四时代》之前的最重要的两大法国史学著作是梅士雷(Mezeray)的《法国史》(*Histoire de France*, 1643—1651)和丹尼尔(Daniel)的《法国史》(*Histoire de France*, 1713),分别出版于路易十四掌权初期和末期。②尽管伏尔泰一直抨击这两部作品,但其史著却在一个方面受其影响——拒绝让发展性叙事的广博范围全部任由皮浪主义者践踏。然而,像法国大多数传统王朝史学著作一样,梅士雷的《法国史》虽然时髦,却并未超越编年史范畴。丹尼尔的《法国史》宣称会避开怀疑主义,以展示"一系列不弄虚作假的事实"(un tissu et une suite de faits veritables),并且试图囊括"习俗、惯例、法律、法理、民事和军事管理",然而事实上,两个目标均未达到。③

---

① Chantal Grell, L'histoire entre erudition et philosophie: etude sur la connaissance historique a l'age des lumieres(Paris, 1993).

② 关于这一时期的法国民族史,参见 Orest Ranum, Artisans of Glory: Writers and Historical Thought in Seventeenth - Century France(Chapel Hill, NC, 1982); Erica Harth, Ideology and Culture in Seventeenth - Century France(Ithaca, 1983), 129 - 179。

③ Gabriel Daniel, Histoire de France depuis l'Etablissement de la monarchie Franfaise dans les Gaules(3 vols.; Paris, 1713), I, i; I, xiv. 有关梅士雷的不同观点,参见 Phyllis K. Leffler, 'From Humanist to Enlightenment Historiography: A Case Study of Franois Eudes de Mezeray', *French Historical Studies*, 10(1977—1978), 416 - 438。

我将论证,对于民族史学的匮乏和史学的哲学内涵贬损问题,伏尔泰的解决办法是促进史学与文学更密切地融合。伏尔泰开始写叙事史时,已经是公认的史诗和悲剧大师。他曾根据17世纪晚期制订的新古典主义批评原则创作并阐释戏剧和诗,之后很快便以同样的方式把自己的史学概念化。布瓦洛(Boileau)、勒波索(Le Bossu)、鲍赫斯(Bouhours)等新古典主义评论家曾详细阐述过一种有力地捍卫其完整性和社会效用的文学理论,以保护其免受哲学家和道德家的贬低。①通过以清晰可辨的文学结构编排自己的史著(包括《风俗论》),伏尔泰希望给史学附以同样的威望。伏尔泰还从新古典主义理论中引入"逼真"(vraisemblance)概念,这一概念概括了文学的道德和美学要求,即文学应该只探讨自然的、可能存在的东西,而不应该探讨荒诞、琐碎或遭到贬低的东西。"逼真"概念为调和史学媒介的叙事和认知要求提供了一种便捷方法,并被用作判断伏尔泰原始材料中怪异之处和其叙事中潜在的不一致性的手段。[27]伏尔泰也接受了新古典主义文学的伦理功能。与诗歌一样,史学必须坚持高雅标准,调和道德、社会和审美价值。鉴于新古典主义评论仅给予讽刺类作品次要地位,讽刺型史诗(史诗沦为讽刺文学由一种看法所致,这种看法诙谐地提出诗歌的宏大

---

① N. Boileau – Despreaux, L'Art poetique (1674), R. Le Bossu, Traite du poerru epique (1675),及 Dominique Bouhours, *La Maniere de bien penser dans les ouvrages de l'esprit* (Paris, 1687)。经典二次研究有 Rene Bray, La Formation de la doctrine classique en France (Paris, 1927);还可参见 Gordon Pocock, Boileau and the Nature of Neoclassicism (Cambridge, 1980)。

结构与其卑微主题之间的差距)不能被视为伏尔泰史学著作范式,更不用说(如怀特之假设)作为整个启蒙时期史学的范式。①伏尔泰一直在努力维持史学作为一门严肃学科的地位,并拒绝使用大部分材料似乎都需要的讽刺手法。

史诗开端

在转向伏尔泰的主要史学著作前,可以通过审视他早期的诗歌和散文中涉及的史学式史诗,些微了解一下其研究史学方法的文学根源。伏尔泰的第一部史学性作品是关于亨利四世生平的史诗,起初以《同盟》(*La Ligue*,1723)为题出版,后改为《亨利亚特》(*La Henriade*,1728,又译《赵氏孤儿》)。1731年,伏尔泰的第一部散文史——关于瑞典的极其成熟的《查理十二传》——出版了。在从诗歌到散文的过渡过程中,可以看出伏尔泰史学写作方法的许多特征。在《论欧洲诸民族的史诗》(*Essay upon the epick poetry of the European nations*)中,伏尔泰对诗学、民族文化和不断变化的审美标准等问题的思考,也促进了他对史学方法的研究。②从这些都

---

① Hayden White, *Metahistory*: *The Historical Imagination in Nineteenth-Century Europe* (Baltimore, 1973), 50-51.

② 此处指伏尔泰的一篇关于法国内战的文章,摘自其罕见的手稿(*Manuscripts*),以及一篇关于欧洲民族的史诗,摘自 *from Homer down to Milton* (London, 1727)。关于这一点,参见 David Williams, Voltaire's 'True Essay' on Epic Poetry, *Modern Language Review*, 88(1993), 46-57。

可以看出伏尔泰史学实践的新古典主义根源。《亨利亚特》以亚历山大式双韵体(Alexandrine couplets)讲述16世纪晚期法国的宗教战争,结束于在内战中获胜的纳瓦拉的亨利(Henri de Navarre)即将登上王位。这首诗作更新了18世纪亨利四世爱好和平、宽容的哲人王的传统神话形象。①在结构和语气上,《亨利亚特》符合史诗的新古典主义规则,开篇直入主题,保持一贯的正式语体,高雅性与合理性兼备("逼真")。诗中更深刻的历史戏剧通过各种抽象类型(例如以"纠纷""狂热""政治""真理"为题名)来展现。与其史诗前辈和讽刺史诗诗人一样,如夏普兰(Chapelain)和布瓦洛,[28]伏尔泰将史学的实质和意义置于超史学类型中。②然而,他也有一些创新。伏尔泰理想化的英雄——纳瓦拉的亨利,既是社会改革家,也是勇士国王。在《论欧洲诸民族史诗》中,伏尔泰认为,史诗在具备普遍吸引力的同时,还必须反映其史诗中原型国的特别之处并满足其具体需求。《论欧洲诸民族史诗》的大部分内容,是以国家为背景评价史诗诗人,包括荷马(Homer)、弥尔顿(Milton)和卡莫恩斯(Camöens)等,这表明,虽然所有伟大史诗均遵循且必须遵循一定的形式原则,但其内容和形式的改变模式由文化决定。例如,他发现,弥尔顿的"俚语的地位因政府的性质而得以提升,使得英格兰人可以在公共场合讲土话"。③因此,为了与自己的批判原则一致,在

---

① Grell, *L'histoire entre erudition et philosophie*, 219.

② Voltaire, *IA Henriade*, ed. O. R. Taylor, *Works*, II, (1970). David Maskell, *The Historical Epic in France*, 1500—1700 (Oxford, 1973).

③ Essay upon the epick (1727), 122 – 123.

其史诗作品《亨利亚特》中,伏尔泰试图让史诗原则适应其法国读者的文化要求,他实现此目标的方法是,在宗教和社会水火不容之际,提醒他们记起自己维护秩序与调解纠纷的固有天赋。①

伏尔泰的史学式史诗体裁的第二次尝试,是其关于瑞典国王查理十二(1682—1718)生平的短篇叙事史。查理十二以亚历山大大帝自诩,志在征服波兰、波罗的海诸国和俄罗斯。生活在气候极端严酷的瑞典的查理认为(至少根据伏尔泰的说法是如此),他的自控力必将有助于自己攻占东欧和中亚,但实际上他被沙皇彼得一世打败,在本德尔(Bender)被奥斯曼人俘虏,最终在挪威的一个小堡垒中被杀死。这一案例的各项事实显然是讽刺史诗的材料(阿德勒菲尔德[G. Adlerfeld]曾撰书记述查理十二的生平,菲尔丁[Fielding]翻译了此作品,并将其戏剧元素应用到《乔纳森·威德传》(*Jonathan Wild*)中的同名主人公身上,威德就以这个瑞典国王为榜样),大多数评论家认为这是伏尔泰作品的大致方向。②然而事

---

① 参见 O. R. Taylor, Voltaire's Apprenticeship as a Historian: *LA Henriade* in *The Age of the Enlightenment: Studies Presented to Theodore Besterman*, eds. W. H. Barber, J. H. Brumfitt, R. A. Leigh, R. Shackleton and S. S. B. Taylor (Edinburgh, 1967)。

② Henry Fielding (trans.), *The military history of Charles XII. King of Sweden, written by the express order of his Majesty*, by G. Adlerfeld (3 vols.; London, 1740). 戈斯曼 (Lionel Gossman) 以复杂的方式表达了把《查理十二传》视为一部讽刺史诗的观点,参见 Lionel Gossman, 'Voltaire's Charles XII: History into Art', *SVEC*, 25 (1963), 691–720; Hayden White, *Metahistory*, 62–4; Suzanne Gearhart, *The Open Boundary of History and Fiction: A Critical Approach to the French Enlightenment* (Princeton, 1984), 57–94。

实上,《查理十二传》更引人注目的地方在于,它不愿抓住原始材料提供的讽刺史诗机遇,也不愿利用查理宏大的自我形象与其经常被打败,[29]甚至所处的环境也颇为怪诞之间潜在的戏剧性反差。例如,当查理被捆着手脚从本德尔的住所拖走时,他还试图在苏丹军队的压倒性力量面前做无谓的反抗,对此伏尔泰几乎没有评论。同样地,查理曾在一场小战役中被一颗流弹击中眼睛,并因此琐碎之因而亡,伏尔泰对此也克制住自己不去细述这显而易见的报应(约翰逊[Johnson]诗意地将这个故事重述为"一座不起眼的城堡,一只无把握的手")。①相反,伏尔泰在这段插曲后精心安排了一段道德说教,论述过度强调的美德如何变成具有破坏性的恶行。比起查理戏剧性的失败,作品更强调此种恶行带来的非人道后果:

> 作为一个即便不伟大却也可谓独特的人,他令人钦佩但不值得模仿。他的人生必定启迪无数国王——一个和平幸福的政府远比各种荣耀更重要。(272-273)

固然如此,正如一位评论家委婉地指出,瑞典国王"将历史本质上是史诗的(误导人的)观点人格化",伏尔泰没有用讽刺史诗类手法展现查理惊人的自负,人文主义传记的传统得以保留,其严肃性不言自明。②

---

① Samuel Johnson, 'The Vanity of Human Wishes', line 220 in *Poems*, ed. E. L. McAdam and George Milne (New Haven, 1964).

② Gearhart, *The Open Boundary*, 76.

伏尔泰以倾慕的态度呈现了俄罗斯改革派、爱国者沙皇彼得大帝,这缓和了他对查理的批判。在《查理十二传》中,历史高潮事件是查理和彼得在波尔塔瓦战役(1709)中的大交锋,两种君主制形式的对峙戏剧性地放大了这一交锋:

> [查理]光荣地建立了国家,[彼得]使本国变得文明;查理热爱冒险,只为荣耀而战,彼得/阿列克谢奥维茨虽也不畏惧冒险,但他不是只为自己的利益参战。(161)

彼得是史书严肃对待的中心人物,后被查理取代。该书后来的修订版使兴趣点进一步偏向彼得。① 在伏尔泰随后极其使徒传记式的作品《彼得大帝治下的俄罗斯帝国史》(*Histoire de L'Empire de Russie sous Pierre le Grand*,1759—1763)中,彼得成为主人公,被描绘为世俗开明的统治者,象征着俄罗斯潜在的现代性。《查理十二传》的道德中心因此可以在其边缘情节处即彼得这一人物里寻获,而不仅仅表现于讽刺史诗史家隐晦的道德意见。与查理粗野的逞英雄行为不同,彼得的冷酷是可以理解的,从国家角度来看,他的冷酷在俄罗斯的改革计划中不可或缺。《查理十二传》保留了《亨利亚特》的[30]许多论调和结构特征。作品表明,伏尔泰追求的著者视野是把新古典主义的严肃性融入现在时态,但仍专注于传统体裁的组织性和权威性。于伏尔泰而言,散文史诗仍然适用于描

---

① 在1739年阿姆斯特丹版的《查理十二传》中,伏尔泰在第一卷末增加了一节,讲述彼得在俄罗斯的改革。

述国家历史,但仅限于以下情况,即统治者以适应其国家和时代要求的方式描述其宏大历史。彼得大帝人格化的史诗与现代俄罗斯非常契合;查理十二却强迫他的国家参与了一段过时的英雄冒险。伏尔泰采用的新古典主义美学,要求文学既具有普遍伦理有效性,同时也符合其主题的历史特殊性。

随后几年里,伏尔泰大胆进入了更有挑战性的史学领域。新材料的道德复杂性和更难驾驭的统一叙事性阐释,很快便使他的史著里同时出现两种声音:一种讲述事件,作为含有史诗或悲剧的成分出现;另一种则从更疏离的角度提供道德评论。通过这种策略,伏尔泰在不放弃批判距离感的前提下,继续阻止史学衰落为讽刺史诗。在谈到《路易十四时代》时,伏尔泰说:

> 我仍然把路易十四的世纪看作辉煌的世纪,把现代看作辉煌世纪的延续。①

伏尔泰声称,作品一部分观点充分表现在路易十四("世纪……辉煌")部分史诗、部分时代中,而另一部分则被置于疏离的当下,具有现代评论的理性清晰却缺乏天才式创造力("一个辉煌世纪的延续")。与《路易十四时代》相比,《查理十二传》和《彼得大帝治下的俄罗斯帝国史》因缺乏那种分裂的观点而缺乏艺术张力;著者视野的现代性与彼得及其民族史诗冒险的进程过于一致。在《查理十二传》中,伏尔泰研究了史诗对近期事件的一般针对性,这使

---

① Defense de Louis XIV(1769),*Oeuvres historiques*,1294.

他隐蔽地划分出不同时期的英雄主义和现代形式的史学行为。正如格雷尔所指出的,他那个时代的法国史家只采用历史时代划分的最基本方案,而伏尔泰比大多数史家都更积极地试图将历史划分为各个有不同特点的时期。①《路易十四时代》以著名的片段开篇,该片段列举了人类历史上的四大艺术时代:古希腊时期、古罗马时期、意大利文艺复兴时期,[31]以及最重要的路易十四统治时期。言外之意很明显,作品评论者处于当下独立、次要的时期。当代法国的这种观念与对新古典主义普遍的衰落观一致,即一旦文明达到顶峰,就必然会陷入衰落。然而,伏尔泰的第一部主要史著以创新的方式,将一种独特的批判意见融入其中,这种意见产生于这一独立分出的现代性,从文化领域谈及历史、传统和法律的政治领域。这种意见的性质值得进一步研究,但首先有必要谈谈伏尔泰关于史家文化权威的观念的起源。

从传统中解放艺术的观念是法国新古典主义的矛盾之处,也是其一贯特征。自17世纪早期作家马莱伯(Malherbe)以来,新古典主义理论家一直关注充分阐释各种艺术规则,这些规则可能与艺术的经典起源并不相关。这一过程于1687年达至顶峰,当时佩罗特(Charles Perrault)发表了著名的赞美"路易大帝时代"的演讲,他在其中赞扬了其时代背后的灵感联合,以及"路易大帝时代"相对于它迄今为止一直依靠的过往古典时代的艺术优势。②随着这

---

① Grell, *L'historie entre erudition et philosophie*, 44–49.
② Charles Perrault, 'Le Siecle de Louis le Grand' (delivered 1687) printed in volume I of *Parallele des Anciens et des Modemes en ce qui regarde les arts et les sciences* (4 vols.; Paris, 1688—1697)

一演讲的发表,由来已久的古今之争进入新的阶段,现代派试图以文化民族主义的名义,加速法国古典主义与古典文学的分离,而古人们从来都认为文化民族主义既狂妄放肆又对历史无知。伏尔泰于18世纪头10年的后期首次来到巴黎时,这场争论仍在继续。某种意义上讲,《路易十四时代》是对这场争论的回顾性评价。就像在英格兰一样,18世纪早期的法国争论转向了荷马的功绩,以及自他的时代以来艺术在何种程度上可以说已经进步了。①现代阵营,包括并未忠实翻译荷马诗行的译者莫特(Houdart de la Motte)等人认为,过去的时代以及过去的史诗诗人,大多难以理解,也不值得一丝不苟地对待;诸如修道院院长泰拉森(Abbé Terrasson)等人则通过无节制地类比艺术与数学规则,宣扬将艺术从传统中解放出来。②作为艺术界科学家,泰拉森认为艺术可以还原为数学定律,因此在18世纪有望发展得同物理学在17世纪的发展一样快。[32]伏尔泰虽然通常更愿意说自己处于两大阵营的居间地带,但曾对此观点表达过热衷之意:

---

① 经典的叙述是 Hippolyte Rigault, *Histoire de la querelle des anciens et des modernes*(Paris,1856)。对英国这场辩论至关重要的最新描述包含了大量关于法国的信息:Joseph M. Levine, *The Battle of the Books: History and Literature in the Augustan Age*(Ithaca, New York,1991)。

② Antoine Houdart de la Motte, 'Discours sur Homere' (1713), *Oeuvres*(11 vols.; Paris,1753—1754), I; Jean Terrasson, *Dissertation critique sur l'Iliade d'Homire*(2 vols.; Paris,1715).

也许它很快就会以足以载入史册的方式发生,就像物理学领域曾发生的那样。①

与此同时,在英格兰,辩论局势发生了逆转,争论的学术面落到现代派肩上,因为坦普尔(Temple,)、斯威夫特(Swift)和蒲伯(Pope)等古典派转向了不同的抗争媒介,采用不同角度的各种反讽,努力保存古典文学的原始权威不受伤害。法国辩论的古典派与现代派都更愿意承认,无论好坏,荷马都是历史上较原始时期的产物,其根源在于双方均自信地认同现代法国文化的民族独特性和新颖性。无论学术上的限制如何,法国现代派都在文化论辩中树立了一种对古典派不敬的新基调。他们从传统中推断出美学概念,认可了一种批判的自由新精神,这种精神与路易十四统治末期以及随后摄政时期官方意识形态要求的休闲状态一致。法国现代派对某些审美规则——荷马的落后无知可以理解,他不知道如何遵循这些规则——具有普遍有效性的信心,正如蒲伯在《论批评》(*An Essay on Criticism*,1711)中讽刺地暗示的那样,不仅仅是绝对主义君主法在艺术领域的镜像(然而批评学问在法兰西势头最盛/一个民族从诞生之日起便要为之服务并服从的规则,行 712 –

---

① 'Nouvelles considérations sur l'histoire'(1744),*Oeuures historiques*,46 – 9. 伏尔泰在 1714 年的一首讽刺诗中抨击了现代阵营,参见 'Le Bourbier' (1714),*Moland*,X,75 – 77。然而,他在一篇文章中公正地总结了这场辩论,参见 Ouestions sur l'Encyclopédie(1770—1772),*Moland*,XVII,225 – 240。参见 David Williams,'Voltaire:Literary Critic',*SVEC*,48(1966)。

713),而且是对相较于各种政治结构更广泛的文化规范的坚定认可。伏尔泰发现,采用现代文明的蓬勃发展的时代划分法,就释放出了这种后古典式的新古典主义。在《路易十四时代》中,伏尔泰试图把自己作为作者安放在这一规范现代性中,以从中审视历史、政治和传统。他的批判立场,就像其他现代派一样,将在美学领域得到保障。《路易十四时代》中的大部分内容都是对处于专制主义鼎盛时期的法国的赞颂,然而,正如佩罗特曾证明的,对一个国家的艺术评估也暗示,在绝对君主的决策之上还有文化规则的存在。①

《路易十四时代》

伏尔泰对史学、好王权和上乘艺术之间的关系的关注,促使他写出了一部法国史,[33]这部史书既在审美层面精雕细琢,也在论证方面对美学在政治生活中的作用做出了复杂评价。在撰写和修订《路易十四时代》的过程中,伏尔泰在努力解决如何在史学写作中既获得形式结构,又避免这种形式结构似乎必然带来的他并不想要的静止和封闭,由此产生出更多复杂问题。伏尔泰越来越意

---

① 科塞莱柯(Reinhart Koselleck)的《批判与危机:启蒙与现代社会》(*Critiquel and Crisis: Enlightenment and the of Modern Society*, Oxford, 1988)也从一个截然不同的角度对法国启蒙运动做了类似的论述。

识到自己在一个独立分期的批判型现代性中的著者角色。他赋予他的研究主题——人类文明最伟大的时代之一——艺术作品的连贯性,其各组成部分具有普遍类型特质。然而,他作品的主体自觉性所赋予的当代视角,不可避免地与这一具有各种类型的完美世界竞争并将其情境化。作品视角转向路易十四那个封闭的时代,这一背景主要并不意在讽刺,作者竭力保持着双重视角,一面是他自己的时代,另一面是不太辉煌的路易十五治期。通过避免连续不断的讽刺和怀旧,伏尔泰得以对18世纪法国的现代性和民族性发起二次批判。《路易十四时代》直接涉及18世纪的政治论争,其目的之一是对这些当代论争的法律理论基础提出批评,尤其是孟德斯鸠暴露出的那些问题。整部作品中,民族性被证明在本质上更多是文化认同问题,而非法学历史或政治领域的问题。整个《路易十四时代》中,伏尔泰使新古典主义史学变成一种武器,用以参与甚至阻止当代关于法国国家性质的政治辩论。

尽管《路易十四时代》部分内容于1739年就已发表,且伏尔泰最早于1735年就开始写此作品,但其第一个重要文本直到1751年才出版,随后,经过大幅修订和扩写的版本于1753年出版。① 1756年,《路易十四时代》作为《风俗论》的最后一部分,被收录进日内瓦版文集;1761到1763年,该作品被进一步修改,并在1768年版补

---

① 伏尔泰于1735年开始认真写书。参见 Vaillot, *Avec Mme du Châtelet*, 42。然而,伏尔泰早在1732年就开始计划这项书写工作了:Voltaire to Jean Baptiste Nicholas Formont(c. 12 September 1732), Best. D526。伏尔泰还在给杜博的一封信中概述了他的计划([30 October, 1738], Best. DI642.)。

充了著者亲自作的最后一系列修订。①伏尔泰参考了大量二手资料,包括路易十四时代的大量摄政历史,但也在很大程度上依赖于他年轻时在英格兰和法国精心收集的口述史资料。② [34]伏尔泰自始至终都坚持,此作品不只是一部编年史或军事史("……不只是单纯叙述各场战争,更是关于人类风俗的史学作品")。《路易十四时代》分为两个独立部分:第一部分其实是对这一时期及其军事战役等叙述轻快的编年史,第二部分则包含与那个时代的"风俗"相关的所有材料。作品从一起艺术事件——黎塞留(Richelieu)建立法兰西学院——开始讲起,这再恰当不过(618:1753, I, 189)。

---

① 有关1739年《路易十四时代》部分的详细资料,参见 Bengesco, *Bibliographie*, I, 341。我的悉数观察都是基于 George – Conrad Walther 版本(2 vols.; Dresden, 1753)(Bengesco, no. 1186)。第一版的重要修订(2 vols.; Berlin, 1751)均有标记。为了便于阅读,所有的引文都出自"*Oeuvres historiques*"的实例,在这之后,我在我的文章中第二次引用了沃尔特版本。关于《路易十四时代》的印刷版,参见 Pomeau and Mervaud, *De la Gour au Jardin*, 51, 61, 69, 73。

② 关于伏尔泰的资料来源,参见 Gustave Lanson, *Voltaire*, trans. Robert Wagoner(London, New York and Sydney, 1966), 97 – 98; J. H. Brumfitt, *Voltaire Historian*, 59 – 60; Larissa Albina, 'Voltaire et ses sources historiques', *Le XVIIIe Siècle*, 13(1981), 349 – 359; M. S. Rivière, Voltaire and the Fronde, *Nottingham French Studies*, 26(1987), 1 – 18; Rivière, 'Voltaire's use of Larrey and Limiers in *Le Siècle de Louis XIV*: History as a Science, an Art and a Philosophy', *Forum for Modern Language Studies*, 25(1989), 34 – 53; Riviere, 'Voltaire's use of Dangeau's *Mémoires* in *Le Siècle de Louis XIV*: the paradox of the historian – raconteur', *SVEC*, 256(1989), 97 – 106; Pomeau and Mervaud, *De la Gour au Jardin*, 76 – 77。关于伏尔泰的口述资料,参见 Pomeau, *D'Arouet à Voltaire*, 236; Vaillot, *Avec Mme du Châtelet*, 72。

第一部分从概览黎塞留时代开始,到那个世纪中期因投石党运动而混乱不堪的奥地利安妮摄政时代结束。路易于1661年开始郑重其事地亲政,伏尔泰便由这一时期开始相当详细地阐述他在尼德兰和日耳曼攻城略池的军事史,一直到西班牙王位继承战争。第二部分包含大量与路易私人生活和宫廷相关的轶事,然后详细讲述路易统治期间的法国内政,接着讲述经济、艺术和科学的发展,以及围绕詹森主义、寂静主义和胡格诺派迫害的宗教争议。《路易十四时代》所有版本的附录都收录了当时重要艺术家和其他名流的作品目录。其编年史部分被艺术性地塑造为悲剧,剧中主角路易十四先于1688年达到"辉煌的顶点"(comble de sa grandeur),而后过度扩张以致败北,布伦海姆战役后,他的情妇曼特农夫人(Mme de Maintenon)终于不得不提醒他,他不再战无不胜(qu'il n'etait plus invincible,759,834;1753,I,254;1753,I,377)。路易十四最终像哲人一样死去,从其苦难中多少变得更明智了。①

路易的英雄悲剧被纳入一个更大型的史诗故事中,即法国在其最辉煌时代的荣耀和失败。这个时代似乎具有一部文学作品的连贯性,与之前和之后的事件密不可分。路易统治之前的时期完全用负面措辞描绘。这是一个哥特式的野蛮时代(barbarie gothique),没有"固定法则"(lois...fixes)——与其说是前现代,[35]不

---

① 为更系统地阅读《路易十四时代》这样一部经典悲剧,可参见 M. S. Riviere, Voltaire's concept of dramatic history in *Le Siecle de Louis XIV*, *SVEC*,284(1991),179 – 198。

如说是现代的对立面,完全缺乏启蒙(619,634:1753,I,7;1753,I,43)。《路易十四时代》1739年版的章节中,原本提及了路易十四亲政前一些有才能的人,但为了更鲜明的对比效果,1751年版把那些内容都删掉了。路易十四之前的历史被重新定义为匮乏时代("没有学院,没有常规演出的剧场",635:1753,I,44)。伏尔泰唤起的不是历史演变,而是秩序的正负面表现。就像其前辈佩罗特一样,伏尔泰指明且颂扬了路易十四时代中断了其之前的混乱时期。路易本人通过自己的国家,与此史学形式产生主要的功能联系。他在作品里形象朦胧,更多代表一种原则而非一种个性,作品里几乎没有路易的个人道德展现。国王同时作为主角和国家行为的艺术合并,颇像《彼得大帝治下的俄罗斯帝国史》的描述:

> 彼得大帝终于出生了,俄罗斯也成立了。(388)

伏尔泰将路易十四统治下的法国描绘为井然有序的国家,后者将自己再造为一件有序、统一的艺术品。在路易十四的统治下,法国的经济、军事和法律改革,以及技术和通讯方面的改进,被描述为有助于实现国家形式统一的现代化进程:

> 国家变成一个有规则的整体,每条线都指向中心。(980:1753,II,147)

臣民对这个改革中的国家的忠诚度达到一定高度,所有能觉察到国家形式和谐的人,都希望通过层层选拔,为其君主服务。(979:1753,II,147)伏尔泰称赞路易十四的政府是一个干涉主义、重商主义、人才济济的中央集权政府。他认为,制造业和贸易业的发展是法国经济成功背后最重要的因素,而路易的首席大臣科尔伯特(Colbert),一个在18世纪经常被贬低的人物,在伏尔泰的笔下被重塑为保护主义经济学的先驱和奢侈品商业的推动者——即便在后来与法国的杜尔哥(Turgot)等法国重农主义者私下接触后,伏尔泰也不愿意修改这一判断。与此同时,路易亲自治理下的法国的艺术生活也蓬勃发展,民族语言得以纯化和稳定(1003:1753,II,179)。法国文化日益增强的国际影响力增强了民族声望。在1752年版中,伏尔泰补充了一段话来强调这一点:

> 国家母语(法语)已成为欧洲通用语言……社会精神是法国人与生俱来的共同特征。这是其他民族需要的美德和乐趣。(1017:1753,II,205)

事实上,随着法国民族史通过一系列修订而逐渐改进,伏尔泰越来越表现出世界主义史学认知的倾向,[36]这种认知将在《风俗论》中得到更充分的发展。例如,1757年,伏尔泰增加了一章"欧洲美术"(Des beaux-arts en Europe),以展现欧洲作为一个日益文明化、文化上相互依存的国家体系的形象。

君主制的文化建构

伏尔泰重述了太阳王路易十四的神话。与路易最初的宣传者相比,他虽然在措辞上略微带世界主义观点,但宣传热情丝毫不减,这令现代观众颇为意外。自路易十四摄政以来,因他遭到反对专制主义的贵族批评家们的诋毁,太阳王神话持续衰落。18世纪中叶,太阳王神话复兴,在一些人看来,这似乎是将其与路易十五动荡且缺乏光彩的君主制做比较。①尽管如此,路易十五实际上并不是《路易十四时代》隐含的讽刺目标。相反,伏尔泰身为皇家史官,旨在通过一种新叙事表现方式、通过对君主制度的认可,来描述路易十四和路易十五的时代。《路易十四时代》凭借其华丽的海外战争场面和宫廷的奢华太平,上演了一场回归巴洛克式史观的壮观场面,同时激发18世纪的读者思考自己观察到的政治本质。作为坚定的君主主义者,伏尔泰提醒他的读者,他们的国家是因国王的强大而形成;君主制赋予他们统一的目光和目标,但同时也指派给他们一个积极的角色,即在国家这个剧院里充当品味仲裁者。将路易十四的时代呈现为与众不同的独特时代艺术品(619:1753, I,7)时,伏尔泰没有采用传统的王朝君主制描写方式,他认为,最好通过文化而不是政治、法律或宗教传统来探讨法国的共同历史。伏尔泰的方法反映并促进了18世纪法国君主制象征手法中普遍的自然非神圣化观念。到目前为止,君主制还没有完全丧失其神圣和神秘的光环,但国王的自然主义形象已开始战胜圣体模型。②

---

① N. R. Johnson, 'Louis XIV and the Age of the Enlightenment: The Myth of the Sun King from 1715 to 1789', *SVEC*, 172(1978).

② Roger Chartier, *Les origines culturelles de la Revolution fran faise* (Paris, 1990), chapter 6.

伏尔泰是强大王权的捍卫者,认为强大王权是对抗贵族权力和高等法院主张的宪制的堡垒,除了复兴皇室神秘血统的旧观念,他还想要做更多。伏尔泰对君主制的文化辩护,必然涉及论战性地驳斥传统的法国政治话语,同时也使他能构想出一个批判的文化领域,君主制在其中既被推崇又受约束。

[37]伏尔泰的文化论战背景错综复杂。自16世纪初以来,关于法国国家的辩论分为两大阵营:各种立宪主义理论认为国王受制于王国的成文法和基本法;专制主义理论认为国王不受任何法律约束,或仅受基本法约束。①这些法理学上的争论常常需要重估法兰克人占领罗马高卢后产生的长期影响,以及由此产生的法国继承的罗马法与其包含的法兰克、日耳曼法律传统之间的关系。所有这些都与17世纪以普遍法详细阐述的英格兰历史有共性和密切关系。②立宪主义争论贯穿了整个17世纪。然而,路易十四并没有要求或鼓励用法律来捍卫他的王权,而是倾向于将自己与王权血统(神秘的血统,mystique du sang)权力观联系在一起。③摄政期间,高等法院和贵族的影响力复苏,法理学学问开始慢慢复兴。

---

① Nannerl O. Keohane, *Philosophy and the State in France: The Renaissance to the Enlightenment* (Princeton, 1980); Donald Kelley, *Foundations of Modern Historical Scholarship: Language, Law, and History in the French Renaissance* (New York, 1970).

② J. G. A. Pocock, *The Ancient Constitution and the Feudal Law* (revised edn, Cambridge, 1987).

③ Ranum, *Artisans of Glory*.

关于法国宪制本质的辩论被重新引向封建习俗和法律的起源与本质。立宪主义者的论点现在基本上被对立的"日耳曼主义"理论家采纳——他们支持实行国王、高等法院、贵族共同掌权的混合有限政体,这最契合法兰克传统。1727 年,布兰维里埃(Comte de Boulainvilliers)在其《古代法兰西统治史》(Histoire de l'ancien gouvernement de France)中以最大胆的方式讲述了日耳曼贵族的情况。征服高卢的法兰克人强行施加寡头统治,最终贵族封建制被奉为政府体制。按照这种解释,当代贵族和高等法院仍然是法国宪制里极其重要的组成部分。

伏尔泰等王权派(伏尔泰受他的朋友德阿让松[Marquis D'Argenson]的影响很大,德阿让松在手抄本里传播观点极端的"论古代和当代法兰西政府"["Considerations sur le gouvernement ancien et present de la France",约成于1739 年,1764 年发表]),认为法国封建贵族司法权的残余具有压迫性,并把强大的君主制视为维护法国臣民平等的最佳手段。① 与绝对君主制神秘主义论据(case)相反,18 世纪早期的法理学论据(case)并不缺乏意识形态,这一点可以[38]从杜博(Dubos)《在高卢建立法国君主制的批判史》(Histoire critique de l'établissement de la monarchic franrçoise dans les Gaules,1734)里"罗马主义者"的受欢迎程度看出,这是王权派对布兰维里埃的还击。② 在杜博

---

① Keohane,*Philosophy and the State in France*,376 – 388;J. Q,C. Mackrell, *The Attack on Feudalism in Eighteenth – Century France*(London,1973).

② Thomas E. Kaiser,The abbe Dubos and the historical defence of monarchy in early eighteenth – century France,*SVEC*,267(1989),77 – 102.

的叙述中,法兰克人和平继承了罗马在高卢的权力,同时也继承了罗马的法律、文明,以及效忠于一位皇帝或君主的宪法原则。在这个版本里,封建主义是贵族后来的篡权行为,因此,贵族权力在法国历史中没有法律依据。

另一方面,正是贵族孟德斯鸠最终让日耳曼主义贵族论题获得尊重并流传于世。孟德斯鸠为法国这场辩论作出学术贡献后,《百科全书》紧随其后采纳了日耳曼主义观点和18世纪盛行的贵族式护教传统。①孟德斯鸠在《论法的精神》(De l'Esprit des lois)中对法国宪制和封建法起源的分析(第28、30、31章)异常复杂。他将法国描述为从一开始就受制于贵族及其体系的立宪权力的有限君主制国家,不过孟德斯鸠也承认,在不同历史时期,法国贵族的封建权力曾变得过于严苛。在孟德斯鸠的解读中,法国法制史核准了贵族发挥中间权力(pouvoir intermediaire)作用、高等法院发挥法律保存库作用(corps dépositaire des lois)的有限君主制。②因此,孟德斯鸠暗示,完全由理由提升全体贵族和高等法院的地位,这是为了拓宽得到历史认可的法国民族自由的传统。

伏尔泰对日耳曼主义/罗马主义史学辩论的回应有些矛盾。

---

① 标准著作是 Elie Carcassonne, *Montesquieu et le problème de la Constitution Française au XVIIIè Siècle*(Paris,1926)。还可参见 Iris Cox, Montesquieu and the history of French Laws, *SVEC*,216(1983)。

② C. de Secondat, Baron de Montesquieu, *De l'Esprit des lois*(2nd edn, Paris,1757),Books 20,22. "保存库"概念指国家内的某项并不一定需要高等法院履行的职能。

他描述的后罗马时代的法国早期包含许多罗马主义元素。①然而在其他地方,伏尔泰坚持认为法兰克野蛮人完全摧毁了高卢人从罗马获得的温文尔雅的城市文化(《风俗论》,I,338)。1753 年,伏尔泰应萨克森-哥达公爵夫人(Duchess of Saxe-Gotha)的请求,发表了关于神圣罗马帝国历史的两卷本综述《帝国年鉴》(Annales de l'Empire),其中,他对法兰克人征服高卢以及随后在法国建立封建制度问题给予重要关注。这里,伏尔泰明确驳斥了杜博的"和平接管"论点;[39]据说法兰克人是占领了高卢,而不是作为罗马接班人受邀进驻("不是作为人民的盟友[即如杜博所言],而是作为罗马殖民地的掠夺者")。②在所有这些错综复杂的关系中,至少可以清楚地看到,伏尔泰认为,通过逐渐提高社会参与度和普通民众权力,并与反对封建制度和贵族特权的君权结盟,法国市民国家在历史过程中得到改善。后来,在不同情形下,这种中产阶级-王权派史学叙事将在苏格兰启蒙运动中得到伏尔泰的更学者型的继承者们的支持。正如伏尔泰认识到的那样,孟德斯鸠代表着这种阐释最有智识的阻碍,因为他成功地将历史法理学与相互制衡的社会

---

① 1738 年 10 月 30 日,伏尔泰写信给杜博,祝贺他澄清了法国起源问题(Best. D 1642)。

② Annales de l'Empire, depuis Charlemagne(2 vols.; Bale, 1753), *Moland*, XIII, 220. 参见 Pomeau and Mervaud, *De la Gour au Jardin*, 189 – 190, 207。关于伏尔泰对 J. B. Dubos, *Histoire critique de l'itablissement de la monarchie Jranfaise dans les Gaules* (3 vols.; Amsterdam, 1734) 的注释,参见 *Corpus des notes marginales de Voltaire*, eds. L. Albina, T. Voronova, S. Manevitch et al. (Berlin, 1979—), II, 161 – 192。

学结合起来。出于这个原因,在《路易十四时代》《风俗论》等其他作品中,伏尔泰的目标并不是反驳日耳曼贵族主义的论点,而是使其丧失所有政治意义。

1769年,路易十五的大臣莫普(Maupeou)正着手迫使不断制造麻烦的高等法院顺从的计划(最终在1771年成功压制住了它)。在莫普的要求下,伏尔泰出版了《巴黎高等法院史》(*Histoire du Parlement de Paris*)。尽管此书有争议地偏向王权派,但它仍坚持认为的确是法兰克人入侵了高卢。①为撰写这本书,伏尔泰参考了布兰维里埃的《古代法国统治史》,所有现存版本里从头到尾的注释都能证实这点。②结果,此书令人意外地成为一部公正的巴黎高等法院史,但它坚称,历史上的高等法院与其现代继承机构之间并不具有连续性。甚至"高等法院"这个词的意义也变得面目全非:"名字和事物都经历了同样的沧桑。"③在伏尔泰对这一时期的所有描述中,中世纪的法国宪制被说成不过是一种得到批准的掠夺形式。在所有历史法学文章中,无论是罗马主义的还是日耳曼主义的,他都没有找到其合法性:

> 司法本身就是暴力和迷信。(《风俗论》,I,339)

---

① Histoire du Parlement de Paris par M. l'abbe' Bigore (2 vols.; Amsterdam,1769),*Moland*,XV,446. 文本相继在1769年、1770年、1775年被修改和扩充,分别参见 Bengesco, *Bibliographie*, no. 1248, Bengesco, no. 1251 以及 Bengesco, no. l253n。

② *Corpus des notes marginales*, I, 433-497.

③ Histoire du Parlement de Paris, *Moland*, XV, 448.

如此,伏尔泰解读法国历史时阐述的"王室命题"(thèse royale)中,并没有法学内涵。① [40]法国主权在文化上被认为等同于罗马帝国的城市化世界,而在伏尔泰对杜博作品的再创作中,君主制的出现被视为文明的标志和成就。②因此,现代性和君主制被视为相互依存:

> 诚然,这种赢得了除下层人民的推崇外的几乎所有有利条件的哲学精神,在很大程度上保证了君主的权利。(《路易十四时代》,1001:1753 年后添加)

伏尔泰的王权主义经常被讽刺地描述为对"启蒙后的专制主义"的偏爱。这一观念错误地暗示,伏尔泰天真地认为好君主不受

---

① 盖伊指出了18世纪法国政治思想的两大流派,即"贵族们"和"王室成员们",他分别围绕这两大流派组织了日耳曼主义和罗马主义的法律理论。只要盖伊不再强调伏尔泰"王室成员们"的法律内容,这些宽泛的概述就是有用的,尽管他倾向于把伏尔泰归入杜博阵营,并低估伏尔泰对君主制历史案例的灵活性态度,参见 *Voltaire's Politics: The Poet as Realist* (2nd edn. New Haven,1988),87–116。对盖伊作品的不同评论,参见 Robert S. Tate, Voltaire and the Question of Law and Order in the Eighteenth Century: Locke against Hobbes in *Studies in Eighteenth-Century French Literature Presented to Robert Niklaus*, eds. J. Fox, M. Waddicor and D. Watts(Exeter,1975)。

② 伏尔泰未能实现他的目标,即结束关于法国宪制的法理辩论。大约在这一时期,与伏尔泰同时代的史家马布利(Gabriel Bonnot de mable)开始为法国民主制建构法史案例。参见 Keith Michael Baker, Inventing the French Revolution; *Essays on French Political Culture in the Eighteenth Century* (Cambridge,1990), chapter 4。

约束,而是自我约束。然而,尽管伏尔泰不承认法国政府构成中存在任何中间权力——如可能对君主权力设置法律权限的贵族或教会,但他的确相信国王的权力在实践中受到文化而非法律的限制。盖伊(Peter Gay)认为,伏尔泰对君主制的偏爱是务实的,这在某些地区是地理适宜性问题,但在另一些地区则未必如此。①波莫(Rene Pomeau)认为,伏尔泰的君主主义学说以一系列明确原则——"反基督教、威权主义和自由人文主义"——为基础,以坚信除此以外没有别的力量能控制法国的内讧、分裂和封建倾向为基础。②于伏尔泰的史学著作而言,这两种解释都不完全正确,它们并没有精心阐述那种所谓的君主制学说,但的确表明了对君主制的审美偏爱,以及君主强制政府具有确定规则和连贯形式的新古典主义愿景。③伏尔泰视这些规则或"成文法"为必要的社会虚构(social fictions),其合法性不是来自传统或自然,而是因为经验性观察发现它们倾向于教化和促进正义。④普遍的社会"哲学精神"和君主制相互促进发展。在《路易十四时代》中,伏尔泰指出,路易十四约束自己的行为是因为对自己创建的政治的审美理解,[41]正是出于这种审美理解,而不是因为遵守宪法,他才遵守常规法律体系。伏尔泰因

---

① *Voltaire's Politics*,101 - 102.
② Pomeau ed. ,*Politique de Voltaire*(Paris,1963),36.
③ 波莫发现伏尔泰对教义和美学的偏爱(*Politique de Voltaire*,41)。
④ 在关于《风俗论》的文章中,伏尔泰曾说过,不存在严格的成文法,人们只能按惯例制定法律。(Remarques pour servir de supplement a l'Essai sur les maurs[1763]in *Essai*,II,936)

此将自己放置在路易本人所提倡的国家颂扬传统中,这种传统继而又战略性地颂扬一种独裁没有立足之地的制度。(1745年法国在丰特努瓦战争中获胜后,伏尔泰亲自为路易十五撰写了颂词。)①

孟德斯鸠与专制

伏尔泰充分认识到这种做法的政治风险——以艺术化的方式呈现法国君主制,却只字不提它受到法律约束只是令人愉悦的幻想。他承认一个令人不安的事实,即君主制度和专制制度之间没有绝对的(categorical)区别,他曾问自己:"君主制度和专制制度之间有何区别?"对于这个问题,伏尔泰唯一可以提供的答案是,在很大程度上,二者的区别只是风格不同。②这个问题出现在伏尔泰《评〈论法的精神〉》(Commentaire sur l'Esprit des Lois, 1777)里,该作品是他对孟德斯鸠评论文的汇编,也是他多年来反思孟德斯鸠关于共和国、君主制和专制统治间类属区别的巅峰之作。尽管伏尔泰和孟德斯鸠之间的直接接触有限,但对伏尔泰而言,孟德斯鸠既是正义和反神职主义事业中令人钦佩的盟友,又是一直存在的假想

---

① Voltaire, Poeme de Fontenoy, Moland, VIII, 371 – 395.

② Voltaire, Commentaire sur l'Esprit des lois' (1777), Moland, XXX, 430. 还可参见 Pensies sur le gouvernement (1752), Moland, XX. III, 530 ('Il n'y a point d'Etat despotique par sa nature').

智识对手。①伏尔泰认为孟德斯鸠的法律社会学抽象得无可救药,他渴望将其放在史学的考验下以便予以驳斥,由此从史学写作中汲取能量。伏尔泰后来所有的史学著作,都明确或含蓄地体现出对《论法的精神》的探讨。在对孟德斯鸠的智识反驳中,伏尔泰后来成为英美史学界另一股势力的代表。②

在《论法的精神》里,孟德斯鸠以分类开篇,划分出三种基本统治形式(专制、共和制——包括民主制和贵族制两种,以及君主制),每种形式有各自的本质和生成原则(分别是恐惧、美德和荣誉)。[42]伏尔泰一直反对甚至肆意曲解这点。他误解了孟德斯鸠对不同类型政府的公共行为原则的分析,并坚持认为应该用各自确切的实证问题取代它(不是"美德属于使共和政府能够运作的政治行为的范畴吗?"而是"共和国的人民真的有道德吗?")。③伏尔泰给出的注释和评论都强烈反对(他认为的)孟德斯鸠对政治动机的抽象概要描述,例如《路易十四时代》中一处长脚注(页 862 - 863:1753 年后增补)便

---

① 《路易十四时代》中包含关于孟德斯鸠的大量注释,参见 *Le Siecle de Louis XIV*,1187—1188。伏尔泰在一本关于《论法的精神》的论辩小册子中为孟德斯鸠辩护,参见 Remerciement sincère à un homme charitable(1750), *Moland*,XXIII,457 - 461。还可参见 Robert Shackleton, Allies and Enemies:Voltaire and Montesquieu in *Essays on Montesquieu and the Enlightenment*(Oxford,1988)。

② 罗珀(Hugh Trevor - Roper)认为伏尔泰和孟德斯鸠各自有不同的影响,前者在其政治遗产中是激进的,而后者是保守的(The Historical Philosophy of the Enlightenment, *SVEC*,27[1963],1667—1687)。

③ 有关这方面的例子,参见 Pensées sur le gouvememerrt, *Moland*, XX.III,531; idées républicaines(1762), *Moland*, XX. IV, 427; Commentaire sur l'Esprit des lois, *Moland*, XXX,426 - 427。

有所体现。伏尔泰尤其不喜欢对东方专制主义的讽刺描述,在孟德斯鸠关于有限政府的规范论述里,这是最负面的一点。伏尔泰在《风俗论》和其他作品中特别提到了奥斯曼帝国的制度,它虽然不符合孟德斯鸠对温和君主的理解,但在文化上却受到了各种形式的限制,而孟德斯鸠却选择性地忽略了这一点(*Essai*, I, 833)。①

《论法的精神》第19章以创新的方式审视了"风俗"(这个术语囊括了习俗、传统和礼仪)和法律之间复杂的关系。正如前面第16章所解释的,这种讨论是基于人作为公民(受法律规范)和私人个体(受习俗影响)双重角色之间的区别。《为我的叔叔而辩》(*La Défense de mon oncle*, 1767)是伏尔泰为《历史哲学》(*La Philosophie de l'Histoire*)所著的辩解,他在其中指出,那种区别是人为的,因为任何社会的法律效力都取决于更为普遍的文化行为模式:

> 真正的科学家……以风俗而不是法律来判断一个国家,因为法律的作用是彰显善好,而风俗的作用是暴露丑恶。②

法律是"意见问题",而伏尔泰的"意见"是指社会关于自身看法的总和("说明",《风俗论》, II, 935)。这是一种相对参与式立法的观点,它为伏尔泰关于君主制如何在事实上和法律上受到限制的问题提供了另一种解释:

---

① 还可参见 Commentaire, *Moland*, XXX, 417; Judith N. Shklar, *Montesquieu*(Oxford, 1987), 114–118。

② *La Defense de mon oncle*(1767), ed. Jose-Michel Moureaux, *Works*, LXIV(1984), 229.

到处都有对专制权力的限制,无论是法律、惯例还是习俗。(《风俗论》,II,809)

伏尔泰用他自己的"时代精神"或"普遍精神"理念回应了孟德斯鸠的法律社会学,它以一种《论法的精神》不具备的方式,消解了种种体制结构和整个社会活动之间的界限。伏尔泰认为,所有制度安排都是惯例,由特定的习惯(usages)以及集体"普遍精神"的现状促成。因此,《风俗论》稍后将详尽地论证,习俗和品味的变化[43]是历史发展的关键指标。

被延期的完美

《路易十四时代》吸收了一种文化上的有限君主制理论,伏尔泰在其他著作中对这一理论进行了更详细的阐述。该理论以一种平等主义的王权主义名义,质疑当代关于法国宪制的法学-史学式描述和抽象社会学描述。这一理论还隐微地体现了对史家权威的要求,史家从文化领域对政治统治者说话,正是政治统治者的权力政治在文化领域得以合法化的体现。史家既将民族历史塑造成一个艺术整体,又为了美学效果对政治里的角色进行二次创作。在《路易十四时代》里,作者每修订一次就增添一次更自觉的国际视角,法国的民族史因而得到更深层的评价。虽然《路易十四时代》早期文本的特征之一是,认为世界主义"哲学精神"与路易十四的时代是同步的,但后来的修订表明,伏尔泰越来越倾向于将 17 世纪视为更漫长的文明进程的一部分,尤其是在后来伏尔泰作品集的修订本中,《路易十四时代》最终被附加到《风俗论》里。①在所有版本里,路易十四时代的终结和形式上的完善,都被最后一章的浮华风格略微削弱。最后一章讨论了 17 世纪关于中国人所谓无神论的激烈争论。这一荒谬之处被引证为公共理性或者"哲学精神"仍需发展到某种程度的一个例子(267:1753,II,336)。

《路易十四时代》的进一步修订版表明,伏尔泰对宗教冲突的兴趣日益浓厚,宗教冲突是这一时期各种现代化努力的障碍。关于宗教事务的几章戏剧化地描述了"理性精神"——那个时代的最佳特征——与一种任性过时、长期困扰着不同宗派群体的"教理精神"之间的冲突。在作品的这部分内容中,伏尔泰本想颂扬他希望在路易十四时代发现的现代性,却常常不得不将这种现代性放在次要位置。詹森主义以一种反进步的狂热教派意识形式出现,伏尔泰发现天主教的这一变体在根本上与公民秩序不相容,反而让一个理性国家蒙羞。《路易十四时代》结尾部分(涵盖了路易十四统治后不久的时期)的一段,讲述了 1725 年詹森主义狂热分子如何在一位受人尊敬的詹森主义执事墓前疯狂地请求所谓"奇迹"的到来,从而自取其辱的桥段;[44]伏尔泰高傲地宣称,这种狂热主义就算无害也已过时:

---

① *Collection complele des Oeuvres de M. de Voltaire*(17 vols.;Geneva,1756)构成了《风俗论》第 165 至 215 章。

在不那么开明的时代,这种无稽之谈会产生严重后果。保护这些言论的人似乎不知道自己所处的是什么年代。(1087;1753,Ⅱ,310)

南特赦令(该赦令确保法国对新教徒的宽容)的废除,以及在此之前对新教徒的镇压和随后在塞文山区新教徒的叛乱,使路易十四时代的现代性遭到更强烈的质疑。法国新教徒悲惨的僵化特点以及耶稣会煽动的国家镇压行动的灾难性僵化,都让伏尔泰既着迷又震惊。尽管伏尔泰小心翼翼地不让路易十四为国家镇压负个人责任,但他发现新教徒和耶稣会都缺乏启蒙思想,都顽固地不愿让宗教利益屈从于公民利益。在伏尔泰看来,胡格诺派的政治自治诉求是煽动叛乱的、不理性的(胡格诺派的"教理精神"不可避免地催生了"共和精神")。伏尔泰发现胡格诺派反社会的禁欲主义不合时宜:

在优雅的宫廷里举行的豪华盛大的庆宴上,胡格诺派教徒的拘泥迂腐甚至成为笑柄。(1048-1049;1753,Ⅱ,246)

国家镇压同样是不合时宜的行为,路易的耶稣会顾问们鼓吹教宗至上论更是加剧了这种不合时宜。这种不宽容带来的讽刺后果是,大量艺术业和制造业专业人才从法国外流,导致该国现代化进程进一步被延缓。现在看来,理性时代似乎还有些遥远:

理性……是那个时代最伟大的作品,而那个时代尚未到来。(1063;1753年后增补)

在这里,伏尔泰第一次发现路易十四政府的艺术完美性与其残

酷行为之间的黑暗关联(《路易十四时代》的所有版本里都没有完全阐明这一点):

> 当时已经时过境迁。一方面,国内一部分人感到绝望,逃离了祖国。另一方面,在凡尔赛又丝竹歌舞,庆宴玩乐。特里亚农宫和马尔利的城堡已经建成。在这些乐园里完成了难以完成的工程。修建花园时,人工技巧都已耗尽。(930–931:1753,II,68)

伏尔泰通常更倾向于描述路易十四统治下法国的祭坛仪式,但在这里,他发现了仪式中未引起注意的巴洛克式艺术里应受批评的肤浅性。

在大部分内容中,《路易十四时代》把历史变成了一种与自然秩序不连续的奇观。随后,在法国路易十五时代首席大臣弗勒里(Fleury)与英国首相沃波尔不那么令人炫目的管理下,各项政务在不知不觉中恢复了自然秩序。(886:1753,I,471)《路易十四时代》的续集[45]《路易十五时代简史》(Précis du Siècle de Louis XV,1769)记录了历史的这种"自然秩序",对于自路易十四去世到现在发生的各起事件,其叙述基本上没有任何矫饰。①在整本书中,伏尔

---

① 《路易十五时代简史》(Précis du Siecle de Louis XV[2 vols.; Geneva, 1769])由"从乌得勒支和平到1750年的欧洲一览表"这一章演变而来,这一章在《路易十四时代》的各个版本中均有出现。它还包括 Histoire de la guerre de mil sept cent quarante et un (1755), ed. J. Maurens (Paris, 1971) 的改编部分。《路易十五时代简史》最初作为1768年版《路易十四时代》(4 vols.; Geneva, 1768)的附录出现,这是伏尔泰1745年被选为法国史官,并开始撰写路易十五的战役的间接结果。参见 Vaillot, Avec Mme du Ch–âtelet, 209。

泰都以超然的世界主义视角对待国家最近发生的种种事件。法国历史再次被放置在广阔的欧洲背景下进行分析,法国的现代性再次让步于各种不合时宜的意外事件——比如,路易十五被詹森主义狂热分子达米安(Damiens)刺伤,1745年浪漫主义者詹姆斯二世党人发动叛乱。①据说这一时期最重要的成就发生在摄政的金融革命期间,甚至劳(John Law)的灾难性金融体系也被认为对货币和商业行为产生了有益的长期影响(un systèmme tout chimérique enfanta un commerce réel,1307)。路易十五的时代是艺术相对衰落的时代之一。伏尔泰表达了对传统新古典主义的担忧,即一旦国家的语言和艺术在一个时代得到完善,它们就会在下一个时代不可避免地堕落:"在路易十四的统治下,这种语言在各种流派中都达到极致……今天,我们担心这门美丽的语言将会消失,因为写作变得如此轻而易举,作品从一个世纪传递到下一个世纪,令人遗憾。"(1570)在题为"路易十五时代下人类精神的进步"的章节中,伏尔泰对衰落的新古典主义思想的复述使一些批评家认为,该作品的前集《路易十四时代》,应被解读为伏尔泰在讽刺自己身处的衰退时代。然而,古典派和现代派都认识到艺术与其他方面在发展上的差异,而且伏尔泰也已指出,在人类哲学精神的规范性演变过程中,路易十四的伟大时代是一个特例,因此,上述推论并无

---

① *Precis*, chapter 24. 参见 Laurence Bongie, Voltaire's English High Treason and a Manifesto for Bonnie Prince Charles, *SVEC*, 171 (1979), 7 – 29; F. McClynn, Voltaire and the Jacobite Rising of 1745, *SVEC*, 185 (1980), 7 – 20.

必要。①

欧洲叙事

伏尔泰最宏大的史著《风俗论:论各民族的精神与风俗及自查理曼至路易十三的历史》(*Essai sur les moeurs et l'esprit des nations et sur les principaux fails de l'histoire depuis Charlemagne jusqu' à Louis XIII*,这个标题最开始用于1769年)[46]提供了更广泛的史学背景,在这一背景下,人们可以理解有关路易十五时代的叙述。《风俗论》探讨了欧洲艺术、哲学精神和文明进程之间复杂且时而相互矛盾的关系。而且,这部作品试图以削弱民族偏见的方式来完成。各种地方文化成果,如附加在这部作品后面的《路易十四时代》,显得是国际演进主题的(尤其令人印象深刻)变奏曲。尽管《风俗论》野心勃勃地宣称要提供一幅文明发展概览图,但它本质上是由一条(有时很脆弱的)叙事线索将许多民族史聚合在一起的集合体。一开始,伏尔泰研究这些民族史就像研究民族史诗作品集一样,分辨出少数恒常的形式元素和众多民族的变体。伏尔泰在《全史简述》("Résumé de toute cette histoire",1756)总结里解释道,这些民

---

① 关于艺术与政治进步的不连续性,参见 Bernard de Fontenelle, *Digression sur les anciens et les modernes*(1688), ed. Robert Shackleton(Oxford,1955), 161–176。

族历史的统一性不在主要叙事层面展现,而展现于所有男人和女人对文明固有的前认知驱动力里:

> 在我们所观察到的历时 900 年的种种掠夺和破坏中,我们看到了一种对正常秩序的向往,它在暗暗地鼓舞着人类,防止人类的彻底毁灭。这是大自然的一种动力,它在不断地恢复它的力量,是它形成了各个国家的法典。(II,808:1756,XVI,149)

人类对秩序的创造性热爱,与史家自身对各种形式的艺术追求有密切关系,它塑造并维系着微妙而又缓慢的文明进程:

> 由此我们可以……得出结论,……人类理性形式的进程何等缓慢。(II:87:1756,XII,315)

《风俗论》并不像人们通常认为的那样,敲响了理性征程的战鼓。伏尔泰谈到进步时,使用了非常不寻常的非反身动词"文明起来"(seciviliser)来表示文明化过程是自愿的而不是无意识的:

> 人类文明起来、社会进步的进程是多么缓慢,多么艰难!(II,724:1756,XIV,231)

这一过程悄无声息,而破坏和倒退的力量却总是与噪聒相连:

> 城市的商业和工业在沉闷的噪音中修复国王们(爱德华三世和瓦卢瓦的菲利普)之前激烈争斗造成的毁坏。(I,721:1756,XII,125)

作为富有创造性的史家,伏尔泰的辅助任务是,在沉迷于各族人民和各个时代的无限多样性的同时,把通常混乱的过去残留的秩序碎片拼凑起来,以揭示历史中的恒常元素。在《风俗论》的"简述"中,伏尔泰解释说,这种对秩序和多样性的同步探索源于自然史和风俗史截然不同的功能:

> [47]风俗的影响比自然的影响更广泛。它涉及一切风尚、一切习惯;它使世界舞台呈现出多样性,而自然则在世界舞台上表现出统一性,它在各处建立了为数不多的不变的原则。因此,土地到处都一样,但是种植出来的果实则各不相同。(1756,II,810)

那么,伏尔泰的第二部重要的史学作品,在某种程度上来说是"随笔"(essai)——按照蒙田(Montaigne)对 essai 一词的理解,它是通常对人类的文化怪癖和自然倾向的超然持怀疑态度的、独立成篇的评价。①然而,《风俗论》也超越了文艺复兴时期对人类独特习俗的关注,因为它寻求连贯地叙述关于欧洲文明的发展与世界其他地区的关联。这种叙述与伏尔泰的自然观和自然法理念相辅相成,尽管这反过来源于一种不稳定的形而上学,史学将让这种形而上学接受检验。每修订一次《风俗论》文本,伏尔泰就遇到更多的

---

① 伏尔泰非常欣赏蒙田(Montaigne)。参见伏尔泰写给拉弗涅伯爵的信: Louis Elisabeth de La Vergne, comte de Tressan (21 August, 1746), Best. 03453。

认识论难题,他承认自己无法改进其作品,使其能进一步对抗熟悉的皮浪主义老对手。然而,伏尔泰坚持最初目标,即为读者提供一个规范的史学视角,使他们能从中重新评价民族多样性和偏见,并最终评价欧洲的多样性和偏见。

《风俗论》

伏尔泰撰写《风俗论》,最初是为了满足其情妇的要求——写一部不只是关于国王和王后的年代记的史学著作。最终,《风俗论》成为上自查理曼时代,下迄路易十四时代的世界史鸿篇概述。在1769年的日内瓦版作品集里,伏尔泰把一篇名为"历史哲学"的关于原始社会自然史的初稿放在《风俗论》之前。这部作品有史以来第一次使用"历史哲学"这一术语,指明了《风俗论》中许多关于自然和自然法的主题,尽管这一术语的使用也夸大了自然和自然法的主题对整个《风俗论》的重要性。伏尔泰着手撰写《风俗论》起于18世纪40年代,在18世纪50年代早期发表了关于十字军东征的部分章节。首获出版权的文本于1754年发表,在1756年日内瓦版作品集里出现时几乎完全成形,其标题为"论普遍历史与各民族的风俗和精神"("Essay sur l'histoire générale et sur les moeurs et l'esprit des nations")。我将根据这一版本做阐释,并关注1761年、1769年、1775年版本以及在其身后出版的1785年"科尔"版中相继所做的修订。① ［48］以科尔版为准的现代评论家们倾向于认为,《风俗论》的构想是,强硬且讽刺性地揭露历史上人类的愚蠢和残忍行为。②《风俗论》1754—1756 年版并不像人们普遍认为的如《老实人》一样坦率地讽刺人性的堕落,而是一部发展的叙事作品,平静地讲述了促使现代欧洲社会从封建主义废墟中崛起的物质和文化变化。尽管伏尔泰极具争议地将现代世界与中世纪分离开来,但他并不是简单地认为中世纪黑暗,而是表明中世纪也经历了一个转型过程,这个过程由各个城镇的发展、教会(通常是良性的)的影响,以及十字军东征的创伤经历触动。文明欧洲国家体系的兴起是通过建立强大的君主制,以及最终降低教会和贵族的势力才得以实现。尽管很少涉及非洲,但伏尔泰的世界历史观仍非常广泛,囊括了中东和远东。即便如此,《风俗论》的叙述仍在很大程度上遵循了欧洲轨迹,以及在国际范围内获得胜利的欧洲规范。尽管伏尔泰描述了其他完全不同于欧洲发展方式的文明,但其叙事视角的转变通常是战略机动的,欧洲仍是他的主要研究对象。他对现代欧洲崛起的描述,只是偶尔带点讽刺意味。这种描述在

---

① 有关《风俗论》参考书目的详细资料,参见 Pomeau ed, *Essai*, pp. lxvii – lxxiii。波莫版基于伏尔泰去世后的 1785 年"凯尔"版写成,其中包括伏尔泰的最后一次修订。我在我的文章中引用了易得的波莫版,随后又引用了 *Cramer Collection complete des oeuures de M. de Voltaire*(17 vols. ; Geneva, 1756)。该版本的第 11 至 14 卷是《风俗论》,参见 *De la Gour au Jardin*, 196 – 199; 298 – 300。

② 这以一种复杂的方式成为 J. H. Brumfitt, *Voltaire, Historian*(revised edn. Oxford, 1970)大部分解释的重点。

整个英国和北美被大范围阅读、翻译和评论,国际上因此形成了伏尔泰是史家的看法。晚年的伏尔泰将《风俗论》重塑为关于理性与非理性公开较量的更辛辣讽刺的作品。早在此版出版前,吉本、罗伯逊和休谟就已经阅读并接纳了其早期版本。

《风俗论》为读者大致勾勒出关于欧洲崛起的启蒙叙事。它的许多基本特征,未来将被试图为自己的文明撰写出令人满意的史书的英美史家详细阐述。《风俗论》的开篇故事发生在中国和印度。开篇视角被拓宽后,便转而讲述查理大帝的统治(在伏尔泰看来这并不是一个黄金时代)和回溯罗马帝国毁灭的历史,此时叙事才真正开始。就像吉本在《罗马帝国衰亡史》中臭名昭著的第15、16章所说的一样,伏尔泰也将基督教视为罗马帝国衰弱和灭亡的主要原因。随着叙事行进过中世纪早期的混乱,伏尔泰展现出教会逐渐掌握权力的过程。然而,总的来说,伏尔泰把这种制度视为一种文明化力量("人们能感觉到……此物的创建本就是为了教育他人"),[49]甚至将其视为一种诸国家间的调解力量(牵制君主的马嚼子,I,492,529;1756,XI,263,306)。十字军东征和成吉思汗的侵略构成了世界范围内野蛮人入侵的后古典模式的一部分。在这一背景下,十字军东征只不过是野蛮人躁动的最后一次爆发,暂时扰乱了欧洲社会从13世纪开始走向合成(synthesis)、文明和城市化的基本趋势。随着骑士制度促进了社会关系的和谐以及君主制的确立,贵族和教会资助的各种封建制度形式的严酷程度逐渐衰减。到14世纪,在意大利等地,地方自治组织促进了艺术和科学的进步,恢复了在罗马帝国灭亡期间失去的自然权利:

> 人们只能一步步地恢复他们的自然权利,而这会困难重重！(Ⅰ,777:1756,Ⅻ,187)

在此期间,奥斯曼帝国文明的公民社会为欧洲的未来提供了可能性。

到 16 世纪初期,君主制在整个东西方世界都稳固确立,此外,在各个城镇迅速发展的商业活动促进了财富的增长和社会的稳定,这导致各国的国内更有秩序、权力更集中,同时也使战争的成本上升、战争技术更复杂(Ⅱ,163-165:1756,ⅩⅢ,36-39)。随之而来的是一系列艺术成就(18 世纪并没有使用"文艺复兴"一词)在弗朗索瓦一世统治下的法国达到高潮。然而,宗教冲突在一定程度上掩盖了其光芒。宗教动乱的根源是,自 15 世纪初以来,博学而有权势的神职人员与知识水平低下的信徒间的差距不断扩大(Ⅰ,69:1756,Ⅻ,98)。矛盾的是,神职人员的学识和权力在利奥十世(Leo X)担任教宗期间达到顶峰时,路德(Luther)率先揭开了民众被无知蒙蔽的面纱的一角(Ⅱ,217:1756,ⅩⅢ,94)。罗马教会的"丰碑"在这最后一根稻草的重压下摇摇欲坠(Ⅱ,251:1756,ⅩⅢ,125)。宗教改革是长期酝酿的激情导致的意识形态果实。伏尔泰对有点像小丑的路德表现出些许厌恶,他认为,这件事给我们的启示是,即便要合法反抗罗马暴政,也不该发动随后在欧洲绵延数年的宗教战争。美洲的发现和殖民地的开拓将在《风俗论》后期版本中得到更详尽的讨论,伏尔泰对这部分内容作了简要并具有讽刺意味的陈述,以作为 15 世纪至 17 世纪野蛮在欧洲持续横行的进一步证据。宗教改革的结果是,16世纪早期建立的对社会秩序的各种约束松解了。随后,骚乱丛生,最终导致圣巴塞洛缪大屠杀(至少法国人这样认为),并在法王亨利四世遭暗杀时达到高潮。[50]即使在《风俗论》的最早版本中,伏尔泰也强调,欧洲此时已陷入非理性仇恨的流行病(流行性狂躁 fureur épidémique)中,公共生活已成为优雅与狂热主义的奇特混合体(风流与狂躁的混杂 mélange de galanterie et de fureurs)。这一切都不能代表上个世纪的进步(II,541,494:1756,XII,364,281)。英国人通过商业使国家富裕起来,并重新分配部分财富,后来跟随着大陆宗教战争的脚步也遭受了内战之苦(II,466,661:1756,XIII,328;XIV,156)。

到16世纪,伏尔泰开始提到人类的"精神"(在这个阶段,它通常是一种迷狂)。随着17世纪拉开幕布,一种"普遍精神"开始在欧洲各国形成。这种普遍精神的出现,无论多么反复无常、缺乏教育,都有可能带来更有公众参与性的社会,在这种社会中,公众舆论和文化优先性会起到塑造作用。到17世纪后期,商业增强了人类"精神"在政治上的作用,世界似乎非常突然地摆脱了宗教战争。对于英格兰来说,这是一个真正的文化成就时期:

> 在查理二世的统治下,这个国家的精神获得了不朽的声誉,尽管政府没什么声誉可言。(II,689:1756,XIV,190)

反宗教改革时期的罗马和黄金时期的荷兰达到了相似的文化高度。《风俗论》的欧洲部分结束于法国民族精神将在路易十四时代大力扩张之时。

伏尔泰用相当大的篇幅叙述了发生在西欧以外的种种事件。然而，这些不能仅仅被视为视角技巧，其主要作用是充当参照框架，在这个框架内，对西方崛起的明显规范性特征既得到了理解，也被认为有问题。伏尔泰对其他非西方文明的描述令人赞赏，但这些描述并非全面的发展性叙事。中国是一个特别奇怪的案例，既代表乌托邦——因为它是一个已经发展得尽可能先进的社会，又是一幅难忘的文化萎缩景象（1，216：1756，XI，19）。让伏尔泰感到困惑的是，欧洲似乎与中国不同，它能够延续其自身的前进进程，然而，由于其疯狂的传教和殖民活动，它缺乏中国人自给自足的天赋。为了赞扬伟大的孤立主义文明——中国和日本（伏尔泰最终在《风俗论》末尾把欧洲与它们分离），伏尔泰抨击欧洲的贪婪，以及欧洲把其文化传播到全球其他地区的任性欲望：

> 凭借所有这些地理发现，我们西方民族表现出了远远胜过东方民族的智慧和勇气……但是大自然[51]赋予他们一种胜于我们的长处，把我们的长处全都抵消。这就是东方民族丝毫不需要我们，而我们却需要他们的原因。（II，325：1756，XIII，207）

伏尔泰撰写的许多非西方章节（特别是西班牙在美洲掠夺的那部分）对他的道德启示同样重要。这一启示是，东方这个以停滞、孤立而非狂躁的活动和文化互动为准则的世界，对西方的自我理解至关重要。

伏尔泰的自我反思也体现在欧洲叙事部分。在那一部分，他时而对自己寻找文化复杂性和礼仪迹象的癖好有些质疑，并警惕那些充满想象诱惑力同时又绚烂而野蛮的时期(参见 II,494;1756, XIII,364)。弗朗索瓦一世和查理五世的宫廷人员一方面有骑士风度、彬彬有礼,另一方面又残暴地陷入内讧,这令伏尔泰既着迷又恐惧。在最后的修订版里,伏尔泰评论说:

> 甚至在犯罪的时候,这种彬彬有礼的态度也丝毫未减,犹如一件金闪闪的血色丝绸长袍。(II,135)

尽管读起来让人不寒而栗,但伏尔泰对文明的道德陷阱的批判远不及卢梭在同一时期提出的批判。① 本质上,伏尔泰并没有看到审美追求与非人道追求之间实际的共通之处。在写给卢梭讨论《论人类不平等的起源和基础》(*Discours sur l'origine et les fondements de l'inégalité parmi les hommes*)的一封信中,他反对这种关联:

> 承认马罗(Marot)玩笑般的措辞并没有导致圣巴托洛缪大屠杀,投石党运动也不是席德的悲剧引起的。②

修 订

卢梭使伏尔泰更清晰地认识到,自己的艺术实践若不放弃讽

---

① 关于伏尔泰反对卢梭的进一步证据,参见 George R. Havens, *Voltaire's Marginalia on the Pages of Rousseau*(New York,1966)。

② Voltaire to Rousseau(30 August 1755), Best. 06451.

刺欧洲历史进步意识,挽救以往在艺术上连贯的叙事就存在道德困难。书中也有关于野蛮的讽刺——例如十字军东征和发现新大陆的部分,但这些都被包含进更大的发展结构中。1756年后,《风俗论》文本增加了很大篇幅,添加了新资料和新论据,并附加了评论和题外话,其中很多尖刻、讽刺之语暗示伏尔泰越来越怀疑史学的内在价值。①这些修订[52]揭示了一个变化着的伏尔泰,他越来越倾向于让史学隶属于他反对"恶行"的道德斗争,对人性越来越悲观,对神职人员越来越敌视。在文学生涯的最后25年,伏尔泰表现出对更短的文本格式的新偏好,认为短文是有效的宣传载体。因此,《风俗论》的多次修订就显现出这样的结果:冗长的发展叙事被缩减为言辞严厉的、引人注目的轶事,叙事的渐进要旨被阻断。例如,在1756年版《风俗论》中,伏尔泰认为欧洲在整个中世纪发生了根本性变化,这种变化稳步增加了人类拥有的全部自由;然而,在1769年修订版中,伏尔泰却补充说,即使到15世纪后期,实际上也未发生什么缓和那个时代野蛮性的事件:

> 法国、英国、德国和北欧的风气也好不到哪里去。除意大利,野蛮、迷信、无知充斥着整个世界。(II,10)

伏尔泰逐渐将中世纪视为现代欧洲的对立面,而非其前导。

---

① 1756年版《风俗论》是1754年版《风俗论》更直接的扩充版(Pomeau, *Essai*, pp. lxviii – lxxi),增加的内容包括封建政府、中世纪艺术和法律的发展,以及对东方(包括成吉思汗)的叙述。

后来的文本倾向于提炼历史上个别事件的讽刺性特征。即使在1761年的修订版里讨论已经被刻画为荒谬、徒劳的狂热行为的十字军东征事件时，伏尔泰仍进一步讽刺十字军进攻君士坦丁堡事件：

> 于是，基督徒便领着十字军，把矛头指向基督教世界的这个头号君主。（I,581）

叙事性常常被这些关于一切都是徒劳的新的厉言厥词削弱。弗朗索瓦一世统治下的法国突然被贬为野蛮之国，诸如米兰多拉（Pico della Mirandola）之类的人文主义者被讥讽为对意大利文艺复兴盲目无知的荒谬之人（II,202［1769］；II,89［1761］）。每增加一次修订，伏尔泰的讽刺作家身份就比史家身份更胜出一筹。《风俗论》的史学叙事被微妙地重塑为理性与狂热主义两种原型之间的较量。这一过程中的另一个例子是，伏尔泰最初将十字军的野心归咎于宗教偏见、贪婪和躁动；然而，在1761年修订版中，伏尔泰用原型术语将这种行为描述为：

> 当时破天荒在第一遭出现了这样一种瘟疫般的宗教狂热，为的是消除任何可能危及人类的祸害灾难。（I,560）

伏尔泰修改《风俗论》时，越发专注于讽刺历史中的因果关系，相比之下，对其导致的（最终相对文明的）后果则不那么感兴趣。叙事性连接词被换成一种必需的讽刺感。伏尔泰最初在世界历史中发现的基本因果连贯性，开始看起来像一种过分乐观的幻想。伏尔泰现在只看见一场不可预测的因果关系游戏（他用

enchaînement"命定的因果关系"一词来表达这种意味）。弗朗索瓦一世死于1761年新发现的世界疾病——梅毒，就是这种讽刺的、危险的 enchaînement 的例子：

> [53]事情是这样发生的：一个热那亚飞行员献给西班牙一块土地。大自然在这片遥远岛屿的雨水里下了毒，污染了生命之源。因此，一位法国国王必须为此丧命。(Ⅱ,201)

"命定的因果关系"一词表达了人类在毫无意义的死亡面前的无助："似乎有一种命定的因果关系牵引着人们，就像风卷起沙土、掀起波浪一样。"(Ⅱ,794:1756,ⅩⅣ,319)"命定的因果关系"的使用也带有对天主教神恩史的间接攻击，这类神恩史最著名的例子是波舒哀(Bossuet)的《论普遍历史》(Discours sur l'histoire universelle,1681)。波舒哀用 enchaînement 来表示神圣秩序，在这个秩序中，上帝模拟逻辑因果关系以让人感知到世界的道德明晰性。或者用波舒哀的话来说：

> 这位安排了宇宙中各种宿命的上帝……也希望人类事物的发展过程有其延续性和均衡性。①

伏尔泰使用"命定的因果关系"一词，暗示了其对神权中心世

---

① Jacques‐Benigne Bossuet, *Discours sur l'histoire universelle a Monseigneur le Dauphin;pour expliquer la suite de la Religion et les changemens des Empires*(Paris,1681),437. 这部作品概述了基督之前和之后直到查理曼大帝统治时期的帝国的兴衰。

界史的滑稽修订。波舒哀笔下的上帝,通过直接作用于人类的各种情感,制造出与神定秩序完全相同的历史秩序,而伏尔泰的"命定的因果关系"则揭示了与历史秩序相悖或对历史秩序具有反讽意味的道德续发事件。①

再论认识论问题

随着对《风俗论》的逐次修订,著述重心从史学转向了让史料顺应自身的理性和道德仲裁需要的叙事者,1756年,伏尔泰承认,对过去的选择性评价会剥夺史学重要意义的某些部分:

> 既然您总是沉浸在大事件和风俗之中,您就可以越过这些空洞的阶段而进入标志重大事件的时代。(II,785;1756,XIV,308)

由于《风俗论》后期版本将史学转变为道德类型学,过去似乎缺少了内容,它在空虚之境(espaces vides)和道德启迪时刻之间摇摆。额外的道德说教和讽刺性旁白只给予史学内容零星、偶然的价值,伏尔泰似乎又回到了他年轻时对认识论的关注。他对这一问题的一种解决办法是,于1769年在《风俗论》前面增加了一篇关

---

① 对"命定的因果关系"一词不那么悲观的描述,参见伏尔泰的文章'Chaine des evenements', *Dictionnaire philosophique portatif* (1764 and after), eds. R. Naves and Julien Benda, (Paris,1954)。

于人类早期文明的人类学研究文章,即《历史哲学》。[54]这部新颖的关于古代世界的人类的伪史书,确定了人类行为在语言、社会交往和宗教信仰方面的自然性和恒常性。① 最初于1765年独立出版的《历史哲学》在新的地方出现,它全面论述了关于人类文明的自然决定因素,这些因素是《风俗论》中人类习俗史众多变量的一种理论基础。然而,如果认为伏尔泰史学观的地位并不次于其关于早期人类的机械论社会学,那就需要把《历史哲学》和《风俗论》分开解读。伏尔泰在《历史哲学》中对初期(或自然)理性与后天培养的理性进行了区分,这在某种程度上暗示有必要分开阅读《历史哲学》和《风俗论》。伏尔泰根据各原始社会实现人类的自然、道德和理性潜能的不同程度,来评价它们。所有社会都是通过一系列宗教和政治形式,从原始理性(raison commencée)发展到高级理性(raison cultivée)的:在宗教层面,从简单一神论发展到迷信多神论,再到复杂一神论,即相信一个赏罚分明的上帝;在政治层面,从神权政制发展到共和政制或君主制。② 在不断发展的各种文化中,后

---

① *La Philosophie de l'histoire*(1765), *Works*, LIX. 经过一番修改后,这部作品作为序言添加到《伏尔泰先生全集》第8卷的1769年克莱默版《风俗论》中(*Collection complete des Oeuvres de M. de Voltaire* [45 vols.; Geneva, 1768—1796])。关于伏尔泰对人类学发展的贡献,参见 Michele Duchet, *Anthropologie et histoire au siecle des lumieres*(Paris, 1971), Grell, *L'histoire entre erudition et philosophie*, 100 – 105。

② 关于早期宗教信仰形式的讨论,在某种程度上要归功于伏尔泰年轻时的一位朋友博林布鲁克(Bolingbroke);关于"摩西五经"(Pentateuch)的章节呼应了博林布鲁克《关于研究和使用历史的书信集》(首次出版于1752年)中

天养成的理性会带领人无意识地回归到原始理性直觉。例如,古希腊和古罗马成就的本质便是如此。①伏尔泰将理性描述为通过个人和集体的发展而释放出来的一种潜力,通过这种方式,他试图把史学重新置于半经验的基础之上。即便如此,伏尔泰对自然道德法的历史性扭曲,最终也未能让这部作品脱离他尚未成熟的牛顿主义机械性和统一性特点。

《风俗论》后期版本一直在一定程度上继续强调人类的多样性和不可预测性。伏尔泰认为,自然冲动在全世界都是道德行为的基础[55](己所不欲,勿施于人;勿偷盗;敬父母等),但正如他在《历史哲学》结尾处重申的内容,这并不是对不同文化进行史学研究的充分基础。②即使在这部理论著作中,伏尔泰也强调,天生直觉的道德法(自然之法,共同之法 lois...naturelles, communes à tous)与人定专制的政治法(完全永恒专制的民法 lois purement civiles, éternellement arbitraires)之间存在矛盾之处,最好根据它们的社会

第四封信的怀疑论调。关于博林布鲁克对伏尔泰的影响这一争论不休的问题,参见 Rousseau, 'L'Angleterre et Voltaire', *SVEC*, 147(1976), 820 – 823。伏尔泰对博林布鲁克的回应参见他的 Defense de milord Bolingbroke(1752), *Moland*, XXIII, 547 – 54, *Examen important de milord Bolingbroke*(1766 and 1767), ed. Roland Mortier, *Works*, LXII[1987], 127 – 362),以及《风俗论》中的大量引用。在这次考察中,伏尔泰以虚构的博林布鲁克的形象写作,用语言技巧把他描述成一个严厉的讽刺作家,反对犹太基督教的许多信条——这清楚地表明,到这个时候,以前的学生和老师之间的天平已经向伏尔泰倾斜。

① *Works*, LIX, 180.
② *Works*, UX, 274 – 275.

效用来判定其优劣(一种更接近休谟而非牛顿的实用主义)。① 自然因其无法被改变的性质,所以处于稳态;人类的多样性和不同身份是由文化引发。伏尔泰的《历史哲学》或许是他的人类史学著作中最具机械论特色的一部,即便在这部书里,他也给个人和民族文化史的多样性、各民族在礼仪、风俗和成文法方面的差异留出了空间。伏尔泰的史学关注点从政治和文化问题转向伦理和形而上学问题,这与他在这一时期总体公共形象的转变是一致的。伏尔泰作为社会名流在巴黎和柏林任职多年,之后经历过一段低谷期,后来在费尔内(Ferney)重拾其尊严和道德权威,这些起伏使他的个人关注点发生了巨大变化。他早期的世界主义反映了其社会抱负和对现代欧洲文明的热爱,后来被具有人道主义关怀的普世主义所取代。《历史哲学》和其两部重要史学著作的后期版本关注的伦理问题,与他为加拉斯(Galas)家族、西尔旺(Sirven)和拉·巴尔(La Barre)做的公共宣传活动是一致的。伏尔泰比本研究里的其他任何史家都更倾向于把自己视为其作品的最终意指。这种文本外的自我权威与这些史学著作目空一切的风格相关。他的风格是文明存在的证据,是给审美排序的典范行为,由其创造者的自主和自觉的"哲学精神"所引发。也许正因如此,对于他的法国、英国和美国读者,伏尔泰的个人品质已经散发并将继续散发魅力,这种魅力比他创造的文化史学品牌的魅力更大。

---

① *Works*, UX, 274.

休谟《英格兰史》中的欧洲语境

郝平 译 刘世英 校

[56]休谟(David Hume)的《英格兰史》(*The History of England*,1754—1762)使他迅速获得了不太受欢迎的知名度。他被誉为英国史学的伏尔泰,伏尔泰本人也认为此书同自己的著作一样具有哲学性、理性和世界主义视野。① 沃波尔(Horace Walpole)和约翰逊(Samuel Johnson)等言辞犀利的评论家认为,休谟在努力模仿伏尔泰,虽然休谟否认这点,并有理有据地认为自己给英国读者呈

---

① 伏尔泰在 *Gazette Littéraire*(2 May,1764)上对休谟编撰的《英格兰史》的评论参见 *Oeuvres complètes*, XXV, 169 - 173。1755 年,休谟在给布朗克(Abbé le Blanc)的信中写道:"这里的人都称我是伏尔泰的学生,他们认为我撰写的《英格兰史》模仿了他的《路易十四时代》,这样说可真是极力满足了我的虚荣心啊!但事实上,在《路易十四时代》出版以前,我就已经制定好了撰写《英格兰史》的计划,并完成了大部分内容。" *The Letters of David Hume*, ed. J. Y. T Greig(2 vols. ;Oxford,1932)[下文引用为 *Letters*],no. 113。休谟的确早在 1747 年就向凯姆斯勋爵(Lord Kames)提过他的"史学计划",参 *Letters*,no. 54。不过,1752 到 1757 年期间,休谟是爱丁堡大学律师公会图书馆的管理员,而图书馆藏有《路易十四时代》,参见 Brian Hillyard, 'The Keepership of David Hume'in *For the Encouragement of Learning*:*Scotland's National Library*, 1689 - *1989*, eds. Patrick Cadell and Ann Matheson(London,1989)。

现了一部全新的国家史,而且比《路易十四时代》中能找到的任何东西都更复杂、更令人不安。①休谟认为他的成果是关于启蒙时代的第一部不受哲学影响的史作,现代批评家们倾向于认可这一点。不过,他们倾向于赞赏《英格兰史》对英国宪政和英国政治不断变化的历史命运的分析,这种分析以牺牲伏尔泰推崇的世界主义维度为代价。这是因为,休谟编撰的《英格兰史》在同时代人看来,似乎是在向欧洲读者讲述欧洲主题,并为其他国家的叙事提供史学模式。《英格兰史》以倒叙的方式记载了上自凯撒大帝入侵,下迄威廉姆三世即位的历史(一位评论家曾打趣说,此种叙事方式正如女巫施的咒语)。记载17世纪的两卷分别于1754年和1756年发表(围绕斯图亚特王朝时期),记载都铎王朝时期的两卷于1759年发表,记载中世纪之前和中世纪期间的两卷于1761年发表。②

---

① 沃波尔评论称:"休谟的叙史风格是英国历史上最好的,他模仿伏尔泰的方式让人十分喜爱。"参 *Horace Walpole's Correspondence*, ed. W. S. Lewis(48 vols.; New Haven, 1937—1983), XXXV, 214。鲍斯韦尔(Boswell)引用了约翰逊的话:"若不是伏尔泰编写了《路易十四时代》,休谟也不会撰写《英格兰史》。"参 *Boswell's Life of Johnson*, ed. G. B. Hill, revised L. F. Powell(6 vols.; Oxford, 1934—1950), II, 53。

② 我的悉数观察和大量引用均源于休谟最早编撰的内容,以便向读者说明《英格兰史》在休谟初期编撰的过程中是如何演变的。记载斯图亚特王朝的第一卷 *The History of Great Britain, Volume One, containing the reigns of James I and Charles I*(1754),最容易获取到的版本是 Duncan Forbes'Penguin edition(Harmondsworth, 1970),斯图亚特王朝第一卷将引用这一版。记载斯图亚特王朝的第二卷出自 *The History of Great Britain containing the Commonwealth, and the reigns of Charles II. and James II* (1756, dated 1757),斯图亚特

[57]休谟在一生中对所有这几卷都进行了大幅修订。他去世后,1778年出版的《英格兰史》收录了他的最终修订版,此版之后便一直是标准版。围绕斯图亚特王朝时期的两卷,最初以"大不列颠史"("The History of Great Britain")为题出版,从许多方面来看,这两卷都是《英格兰史》中艺术成就最高的部分。后来,休谟越来越倾向于以英格兰为轴心,叙述苏格兰和威尔士的历史,在他出版记载都铎王朝时期的两卷后,"大不列颠史"便更名为"英格兰史"。初看这一标题,似乎表明休谟在编撰历史的过程中关注的民族范围在不断缩小。事实上,情况正好相反,因为在休谟看来,英国史作的多样性并不那么重要,他更希望于现代自由兴起背景下,从更一般的史学角度来关注英国史事。因此,我将着重讨论《英格兰史》的最早版本,因为它们反映了休谟更迭的兴趣和优先关注点。

《英格兰史》的现代批评家里,福布斯(Duncan Forbes)最强调

王朝第二卷将引用《大不列颠史》这一版。休谟对记载斯图亚特王朝历史的两卷进行了大量的修订(在1759年的版本中尤为明显)。1759年,记载都铎王朝历史的两卷在《英格兰史》中以"都铎王朝"为题出版。记载中世纪的两卷以"自凯撒大帝入侵到亨利七世即位的英格兰史"为题于1761年出版(书中记载的出版年份为1762年)。除了上述提及的版本,为了突出哪些是修订部分,并方便查阅,我还引用了1778年《英格兰史》最终版的现代重印版 *The History of England*, ed. William B. Todd(7 vols.;Indianapolis,1983)。1778年版的第一卷和第二卷对应中世纪的第一卷和第二卷,第三卷和第四卷对应都铎王朝的第一卷和第二卷,第五卷和第六卷对应斯图亚特王朝的两卷。对休谟修订部分的重要论述参见 Graeme Paul Slater's 'Authorship and Authority in Hume's *History of England*'(Oxford D. Phil,1990)。

休谟历史观的世界主义性质,"正是全欧洲范围的文明进步",他评论道,"让休谟的《英格兰史》总体上具备了那种它具有的主题统一性",即"欧洲中心主义"。正如福布斯在其他地方指出的那样,"只有把休谟关于政治的所有著作放在一起考虑时,这种统一性才会显现出来"。① 事实上,正如福布斯所讲,休谟致力于获得英国历史的政治和宪制材料(如在他之前的诸多英国史学家所调查和重新整理的材料),并把这些材料嵌入一个社会的、国家的乃至最终欧洲的因果结构中。② 休谟对此种更广泛结构的哲学式把握,[58]使他能够以明显超脱的视角看待英国历史的独特性和狭隘性。他的史学叙事在文体和类属上都不拘一格的深层结构,大量阐述在《道德和政治论文集》(Essays)的政治理论中,此书里的多篇文章发表在《英格兰史》之前的相近时期。

本章将基于福布斯对休谟《英格兰史》的世界主义主题的研究成果,探讨休谟如何形成其独特的历史世界主义,他的历史世界主义不仅结合了《道德和政治论文集》里的哲学政治学,更重要的结果或许是,他在编撰六卷本的过程中接纳了叙事技巧

---

① Duncan Forbes,'The European, or Cosmopolitan Dimension in Hume's Science of Politics',*British Journal for Eighteenth – Century Studies*,I(1978),59; Forbes,'Introduction' to *The History of Great Britain*,23.

② 对作为政治和宪法史学家的休谟与17、18世纪的前辈们进行的对话的论述参见 Duncan Forbes,*Hume's Philosophical Politics*(Cambridge,1975); Victor Wexler, *David Hume and the History of England* (Philadelphia,1979); Laird Okie,*Augustan Historical Writing:Histories of England in the English Enlightenment*(Lantam,MD,1991)。

的局限性,并由此能与其他文学形式互通。至少在最初阶段,我们有必要抵制很多休谟研究者的如下倾向,即把《道德和政治论文集》的哲学,映射到与之截然不同的《英格兰史》图景上。在这个过程中,我们将深入了解到,休谟如何通过艺术地解释人物性格和行为的偶发性,为自己建立起了世界主义史家的权威。相比之下,从史学的审美秩序中得出伏尔泰式历史世界主义(休谟无疑会同意这一点)似乎太过容易。

为了理解休谟有关世界主义视角的演变,我们需要按照《英格兰史》的出版顺序——始于斯图亚特王朝时期,止于中世纪完结——来研究该书各卷。在记载斯图亚特时期的两卷,尤其是未经修改的最初版本中,视角或语境方面都没有明显的世界主义倾向。这两卷对伟人的行事动机和行为进行了细致入微、引人入胜的分析,看上去似乎属于那种考察和制定审慎治国之道的古典史作。其中对个人和集体堕落毫不留情的剖析带有塔西佗式风格,而把政治活动描述得像进行中的演讲又是修昔底德式的。① 直到在17世纪叙事中增补了都铎王朝和中世纪部分,《英格兰史》在欧洲史学发展模式中的地位(尽管非典型,甚至偏离常规)才显露无遗。对斯图亚特王朝两卷的后续修订进一步确认,欧洲文明史的影响已经嵌入都铎王朝时期和中世纪时期。然而,记载斯图亚特王朝的两卷(包含《英格兰史》中许多最令人眼花的文

---

① 关于休谟的《英格兰史》和审慎的治国理念参见 Nicholas Phillipson, *Hume* (London, 1989), 76–82。

学表述)起初作为独立卷出版的事实提醒我们,阅读这两卷时不宜将其与其他卷里的欧洲进步叙事联系得过于紧密。[59]休谟通过探索一种不偏不倚、历史主义的方法研究英国宪政史,形成了相对欧洲式的视角。这种探索可被视为休谟最早、最艰难的阶段,这个阶段的他在研究饱受争议的、分裂的17世纪英国史。

无偏袒性与艺术性

休谟常说,他是受到鞭策才记述17世纪英国历史的,因为他观察到,没有一个前人能完全摆脱或辉格党或保守党的偏见,而写出一部不受党派偏见影响的作品。起初,休谟十分欣赏托伊拉斯(Rapin de Thoyras),但他后来渐渐意识到后者高深的作品中也受到党派偏见的玷污。①"未曾有人挺身而出,"休谟在《英格兰史》的最后几页评论道:

> 完全尊重真理,敢于在怀有偏见的公众面前不加掩饰、毫无伪装地展示真理。(227:VI,532)

公众未能认清并赞赏休谟"尊重真理"的无党派特征,这让休谟极为恼火。②摆脱辉格派和托利党视角,或至少与二者有间隔,是

---

① Duncan Forbes, *Hume's Philosophical Politics*, 233–240.

② 比如,'Of My Own Life' (1777), *Essays Moral, Political and literary*, ed. Eugene F. Miller (Indianapolis, 1985), xxxvii。

休谟《英格兰史》里一直支配其关键讨论的要素,而我并不打算掺和这场争论。①福布斯说休谟是"持怀疑论的辉格党人",而非托利党人或其他类型的辉格党人,尽管这种看法现已被广泛接纳,但这一归类也未能充分反映休谟政治思想的进化论本质。②《英格兰史》中有很多旁白和离题之言,是关于某些特定历史时刻对各种宪法设置的惯例性理解方式,这些旁白和离题话常常被现代阐释者们放在一起,以表明休谟认为英国曾拥有的不是一部宪法,而是一系列宪法。对休谟而言,理解英国人在特定时间以特定方式行事的关键,往往在于当时国家的宪法是什么,人民如何理解它或如何围绕它展开论辩(比如 17 世纪的大部分时期便是如此)。少有评论关注到,休谟把英国不同宪法的延续理念与政治语言的进化联系起来解释。休谟一再提醒他的读者,辉格党和托利党对过去的解读都存在错时的谬误。[60]劳德大主教(Archbishop Laud)就是一个典型例子,辉格党史家和论辩者们全都谴责他心胸狭隘、不懂宽容。通过委婉地批评辉格党这种有欠考虑的态度,休谟指出,宗教"宽容"概念当时才刚刚被纳入欧洲政治思想体系,指望处于压力下的英格兰政府把宽容理念作为官方措施着实有点过分,

---

① 关于各党派对《英格兰史》的立场,参见 Forbes, *Hume's Philosophical Politics*; David Wootton, "Hume, 'The Historian' " in *The Cambridge Companion to Hume*, ed. David Fate Norton(Cambridge, 1993), 296 – 307。

② Forbes, 'Sceptical Whiggism, Commerce and Liberty' in *Essays on Adam Smith*, eds. A. S. Skinner and Thomas Wilson(Oxford, 1975)。

他的施政准则在英格兰未曾改变过,曾经也盛行一时,而且在除荷兰以外的所有欧洲国家也广受推崇。把那些准则改成现代宽容准则,定会被认为在实施非常大胆且危险的事业。(589-590:V,575,从孟德斯鸠关于国家管理的宽容思想基础上扩展而来)

休谟对"宽容""宪法"和"政党"等术语概念演变的讨论,极大地影响了罗伯逊对公民自由和宗教自由历史的研究,不过与罗伯逊不同,休谟主要倾向于关注调动政治行动的语言而非作为禁锢房所的语言。

起初,休谟的政治中立性体现在,他先挑衅地驳斥辉格党人(关于斯图亚特王朝的第一卷)的陈词滥调,接着对托利党人的论调(关于斯图亚特王朝第二卷)也如法炮制。在关于斯图亚特王朝两卷的后半部分,以及后来关于都铎王朝和中世纪时期的几卷里,休谟开始将英国的独特性故事放置在一个更普遍的欧洲框架中,如此形成稳定的观点视角。在关于斯图亚特王朝的两卷中,休谟采取了另外两种更重要的方式,使其哲学视角也得到巩固,同时也使斯图亚特王朝时期的两卷与《英格兰史》其他部分有所不同。第一种方式与休谟致力于创作一部17世纪宗教狂热的社会史有关。这一时期,关于宗教自由和公民自由进步的讽刺史诗正在重建,创作就发生在这样的时代,作者的立场是把奥古斯都时期的讽刺作家与当时的社会哲学家结合起来审视。休谟采用的第二种确立自己史学权威的方法是,借用情感小说家或悲剧作家超然而又感性的态度。①无论是《英格兰史》通篇的灵活性,还是他对史学资料精心的艺术处理,究其根本都是为政治服务。这两种视角,使休谟能够在其读者和他们历史的政治意义中提炼出一次异常复杂的(用休谟的术语讲即"公正的")遭遇。

私人情感和公众影响

几年前,希尔森(J. C. Hilson)提出,某种程度上讲,休谟的《英格兰史》属于[61]如斯密(Adam Smith)、卡内斯(Lord Karnes)和布莱尔(Hugh Blair)等当代苏格兰修辞学家描述的情感充沛的历史编纂学(Sentimental historiography)。②希尔森解释说,对史家和读者而言,"情感充沛的历史编纂学"本质上是一种观看体验,理想的观众既公正又能共情,既理性又感性。③希尔森引用了休谟写给缪尔(William Mure)的一封信,信中阐明了休谟设想如何让男性和女性读者都产生既公正又能共情的回应:"史家的首要品质是真实公正;其次是有趣。如果你说我对两党的态度都不公正,如果缪尔夫

---

① 关于休谟与小说的关系,参见 Leo Braudy, *Narrative Form in History and Fiction: Hume, Fielding and Gibbon* (Princeton, 1970)。

② J. C. Hilson, 'Hume: The Historian as Man of Feeling' in *Augustan Worlds: Essays in Honour of R. A. Humphreys*, eds. J. C. Hilson, M. M. B. Jones and J. R. Watson (Leicester, 1978).

③ Ibid., 209.

人没有为可怜的查理国王感到难过,我就把我所有论文都烧掉,回归哲学。"若干年后,休谟回忆说,他也"曾妄想为查理一世的命运大方地抹一把泪"。①希尔森接着评价《英格兰史》——这是迄今为止对《英格兰史》最好的文学评价之一,并且在学术上详细解释了休谟的人物分析法如何情感充沛——意指此词准确的、苏格兰式含义(而不含通常认为的讽刺或怀疑意味)。希尔森的判断依据是休谟记录的查理一世和苏格兰女王玛丽辞世前的最后时光。

希尔森认为休谟《英格兰史》具有情感感染力的论断颇具说服力,而且休谟在其书信和论文里表现出对最能欣赏其情感的读者群体——女性——有特别的兴趣,这也能证实希尔森的论断。②希尔森认为,这种富含情感的叙史方式是18世纪对传统经典人物观——一个人的好坏取决于其是否品德端正、谨言慎行——的独特更新。除此之外,关于休谟的《英格兰史》在情感方面如何可能与其对英国政治史更广泛的重新评价有关联,希尔森并没有给出任何解释。例如,他可能暗示过,情感丰富的史家持超然而有共情力的立场,在休谟看来是宪政史家政治公正必然的文学结果。有些现代批评家试图以这种方式将《英格兰史》的文学和政治手法联系起来,然而,他们一旦开始更仔细地思考休谟对艺术和生活的共

---

① Hume to William Mure(24 October 1754), *Letters*, no. 102. 有关休谟鼓励女性读者阅读《英格兰史》的论述,参见 Wootton, 'David Hume, "The Historian"', 282; 'Of My Own Life', *Essays*, xxxvii.

② "我向我的女性读者们极力推荐学习史学。"(《论学习史学》[*Of the Study of History*, 1741], *Essays*, 563)

情态度,就会很快遭遇难题。在关于都铎王朝的两卷出版的同年,斯密出版了他关于同理心道德和社会功能与想象中的旁观者的论著《道德情操论》(The Theory of Moral Sentiments)。休谟在为此书编纂的文摘里特别指出斯密的中心思想,即"有一种与所有同理心相伴的快乐"。① [62] 同一年,在给斯密的一封信里,休谟对《道德情操论》的这一思想作了发人深省的批判:

> 事实上,由于同理心激情是主体下意识反应的意向,它必然带有主体的特性,如果是这样,主体会感到痛苦……人们通常认为,很难阐释为何人能从观看悲剧中流出眼泪、体验悲伤和同情中获得愉悦;倘若所有同理心都令人愉悦,那情况就完全不同。医院会成为更令人愉悦的场所,一个舞场。②

与斯密不同,休谟发现,面对现实或艺术场面的同理心(或现代术语中的"共情")可能是痛苦甚至令人不安的体验。因此我们可以推断,当休谟确实引起《英格兰史》读者的情感共鸣时,他有时设想的,与其说是对读者富有同情心而又超然的立场的肯定,不如说是对文本中和煦叙事流的某种破坏。我们将在下文看到休谟如何精准地运用和操纵情感上打动人的事件和人物的破坏性潜能。值得一提的是,在这一阶段,情感在《英格兰史》政治叙事中的作

---

① 摘要部分及休谟的著述案例,参见 David R. Raynor, Hume's Abstract of Adam Smith's *Theory of Moral Sentiments*, *Journal of the History of Philosophy*, 22 (1984), 51–75。休谟"*Theory*" (I. i. 2. 6) 这章节的讨论见摘要第67页。

② Hume to Smith (28 July 1759), *Letters*, no. 169.

用,不仅仅是增强作者和读者对超然的旁观者的模拟体验。休谟的情感词汇激起的阐释可能性,往往与《英格兰史》更大的政治叙事不连贯。

1756年左右,休谟在一封信里写道:

> 在描写政治及君主和伟人的性格方面,我认为自己是很克制的。我对事物的看法更符合辉格党人的原则;我对人物特征的展现更符合托利党人的偏见。没有什么能证明世人通常更看重人而非物,正如我发现托利党人普遍更记得我一样。①

福布斯认为这句话完全没用,而且很"肤浅",其他史家也普遍认同福布斯的观点。②不过,就人物与事件的根本戏剧性而言,关于斯图亚特王朝的两卷的确不可否认地遵循了这一模式:君主,尤其是詹姆士一世和查理一世,以及查理二世(出现在该部分更早期的几个版本中)和詹姆斯二世等,因其遭遇的各种困境和对王权的绝对主义看法,都得到托利党人的广泛同情。即便如此,除了在这两卷呈现的皇室和贵族的个性之外,休谟与辉格党人一样——他尽管表现得很谨慎,赞成一套更大的"事物"体系,在这个体系里,英国人民要求并最终将获得一部自由宪法。在该书中,读者的反应

---

① Hume to John Clephane(? 1756), *Letters*, no. 122. 关于信中涉及的对《英格兰史》的其他讨论,参见 Donald W. Livingston, *Hume's Philosophy of Common Life*(Chicago,1984),263。

② Forbes, *Hume's Philosophical Politics*, 292.

在历史中不断受到"人物"与"事情"需求之间的张力的锤炼。这不仅仅是要求读者对君主的私人性和公共性分别评价。通过描述斯图亚特王朝时代的核心困境,休谟甚至使其部分读者无法做出政治上有偏向的回应。这个核心困境是:君主们的公共自我和私人自我,与他们身处的经济、社会和不可避免的宪法之间,存在严重的"不协调"。休谟经常坚称,他后来对关于斯图亚特王朝的两卷的所有修改都偏向于托利党。①有许多这样的例子能够证明这一说法(例如,在1754年,休谟删除了讨论公众对白金汉公爵的"公众敌意"和查理一世不愿与之同谋的一段),虽然也有许多偏向辉格党的修改例子(258)。事实上,休谟做的很多修订都是为了锐化对比效果——对斯图亚特王朝时期的君主(尤其是前两任君主)的托利党式看法,与他最终的、虽然不情愿的辉格党式妥协以认可1688—1689协议之间的对比。②这样做的目的是进一步迷惑读者,使他们无法从叙事中推断出作者的政党立场。

没有哪个人物比查理一世更能体现君主与其时代之间的严重

---

① 'Of My Own Life', *Essays*, xxxviii; Hume to Gilbert Elliot (12 March 1763), *Letters*, no. 203; Hume to Elliot (21 February 1770), *Letters*, no. 439. 在最后一封信中,休谟写道:"对于《英格兰史》中不易被察觉的许多辉格主义式的恶毒煽动表述,我要么淡化,要么抹去。" Slatter('Authorship and Authority', 225 - 234) 找到了休谟对斯图亚特王朝(尤其是前两任君主)态度软化的许多例子。

② 许多史学家指出,休谟的辉格主义与本世纪早些时候支持沃波尔辉格派的理论家和宣传家有密切联系,后者自1688年以来一直强调英国宪法自由的新义。参见 Isaac Kramnick, *Bolingbroke and his Circle: The Politics of Nostalgia in the Age of Walpole* (Chicago, 1972)。

"不协调",也没有哪个人物比他更具有明显的托利党热情。查理一世私底下具有绅士的美德和优雅,作为公共统治者也具有自律和尽职的家长式作风:"一位称职的丈夫,一位慈爱的父亲,一位温和的主人,一位踏实的朋友。"所有这些颂词都以他私人生活中的行为为根据。同样,作为君主,从外观品质来看,查理一世出类拔萃;论及内涵方面,也挑不出他的毛病。查理的主要过错在于,他没有根据不断变化的环境改变其关于王室特权的承袭(休谟认为此举具有历史正当性)观念,

> 在其他任何时代或国家,这位君主统治肯定能使国家繁荣,人民幸福。但查理一世高估了自己拥有的权威,这使他无法审慎地屈服于已经开始在他的臣民中盛行的自由精神。(329:V,221 "开始"一词是斜体)

正是查理的不审慎,而非什么糟糕的王室暴政行为(一些辉格党人会这么说),使他走上与下议院发生冲突的道路,并酿成了他个人的悲剧。

[64]随着悲剧的展开,休谟让自己深入查理国王富有情感的内心,把他美化成一个情感丰富的男主角。例如,在描写1645年冬天,查理发现自己连忠于他的官员的工资都付不起时,休谟想象,"他那些*更慷慨的朋友们,理解他的不幸、尊重他的美德以及尊严,这种深情厚谊一定会给查理带来新的痛苦*。(楷体为作者标记,610:V,479)。休谟赞赏查理的尊严、对待家人和朋友时的温柔体贴、一心一意,这类赞赏在查理接受审判、向孩子们作最后告别

的场景中达到高潮(675-680:Ⅴ,535-539)。尽管克拉伦登(Clarendon)的《英国叛乱史》(History of the Rebellion)是这部分内容的主要来源,但若论及对保皇主义的狂热,休谟甚至更在这位最托利党式的前辈之上。例如克拉伦登提到,查理在受审的路上遭到公开侮辱,"[有人]朝他脸上吐唾沫,国王陛下面不改色地用手帕擦掉了"。①休谟用更富情感的语气叙述了这一事件,他成倍增加了牵涉其中的士兵数量,并强调查理虔诚的英雄主义:

> 在押解查理前往法院的那条过道上,一些[士兵]获准可向他做最残忍无耻之事,朝他脸上吐唾沫,这种非人的侮辱,对查理产生的唯一影响只是激发了他的虔诚感。(678:Ⅴ,537)

在关于行刑的部分,休谟不得不依靠克拉伦登以外的其他资料,因为这位前辈史学家省略了那一事件的所有细节。休谟后来在《论悲剧》("Of Tragedy")中解释道:

> [克拉伦登]本人,以及那个时代的读者,都对当时事件过于关注,他们对国民的痛苦深有感触,而另一个时代的史家和读者却会认为这是最可悲也最有趣之事。②

---

① Edward Hyde, First Earl of Clarendon, *The History of the Rebellion and Civil Wars of England, Begun in the Year* 1641(3 vols.; Oxford, 1702—1724), I, 196.
② 'Of Tragedy'(1757), *Essays*, 223-224.

因此,休谟对查理被处死及其死后影响的描述,尽管有着明显的克拉伦登式笔法(例如,休谟说,这一事件"给这个国家留下了不可磨灭的污点"),都获得了"令人怜悯又有趣"的感伤悲剧元素:

> 布道坛被无法抑制的眼泪沾湿了。(682:V,541)

在悲伤中突然聚集的英国人民的双眼,是休谟传达这场悲剧的视角:

> 观众悲痛欲绝,实际上不只是观众,整个国家都沉浸在无法言述的悲伤、愤慨和惊讶中。(682:V,540-541)

休谟对查理一世殉道的悲惨演绎,在18世纪被大量模仿,尤以显然更多愁善感的托利党史家戈德史密斯(Oliver Goldsmith)为甚。①

[65]除了在某一方向上拓展叙事史的情感范围外,休谟的情感表达还对作品中的政治分析产生了重要作用。处决查理一世引发了他关于人民对君主的反抗权的普遍思考(685-687:V,544-546)。休谟的结论是,为了王国的幸福,精英阶层最好不要过多谈论人民的反抗权,而要向人民灌输君主制神秘性倡导的"服从主义"。休谟告诫其读者,"这种错觉,如果它属于错觉的话,教导我们的是把君主这一角色(persons)奉若神明",这种错觉对国家和平

---

① Oliver Goldsmith, *The History of England* (4 vols.; London, 1777), III, 314. 戈德史密斯复制并美化了休谟的话。

十分"有益",因此就算处死国王也几乎不应该被粉碎(686:V,545)。在对查理一世和斯图亚特王朝其他几位君主的描述中,休谟可能确实在委婉表示,曾于17世纪通过把君主"奉若神明"而实现的作用,在18世纪可能通过对君主制的情感依附得以实现。为了吸引他的读者喜爱君主制,休谟不仅显得被自己描述的事件感动,还采用了社会学的情感技巧。

与休谟同时代的人里几乎没有人需要被提醒,处决查理一世是英国历史上的一个污点,无论其采用的是虔诚的还是感性的语言。几年后,麦考利(Catharine Macaulay)提出的另一种说法引起了众怒。①麦考利认为,休谟对查理一世托利党式的悲惨叙述饱含感情,其目的是提供一种令其读者(尤其是其中的辉格党人)满意的方法,使他们能整合自己对这一时期发生的个人和公共事件的反应。查理一世的故事造成的情感创伤在伤感的话语中再现,这种话语既表现又吸收了它的破坏性政治意义。因此,即使最顽固的辉格党人也不得不认同查理是个"好人",这意味着任何辉格党人都可能意识到,是查理的个人美德滋养了他的公共责任感(不管他对自己的公共责任有何误判)(684:V,542)。然而,当休谟描写查理二世和詹姆斯二世时,他对君主的同情叙事模式受到了严峻考验。这是因为,尽管休谟描写斯图亚特王朝后几任君主时仍保留着托利党派"就人而论"的风格且基本上比较宽厚,但他最终发

---

① Bridget Hill, *The Republican Virago: The Life and Times of Catharine Macaulay, Historian* (Oxford, 1992), 334.

现,这些君主既不够善良,又不够悲惨,不足以唤起读者完全的情感反应。詹姆斯二世缺乏美德,这体现在他把个人喜好凌驾于公众要求之上。乍一看,休谟对詹姆斯二世的描述,至少显得好像在制作另一出皇室美德惨遭诋毁的悲情剧。詹姆斯二世和他父亲一样,在"家庭生活"方面的"行为无可挑剔"(434:VI,520)。詹姆斯二世的个人情感深沉,虽然他似乎无法激起别人的感同身受,比如,詹姆斯二世被废黜前几天,[66]女儿安妮背弃了他,此时在詹姆斯心里,父女之情比国家未来更重要:

> 他一获悉安妮叛变的消息,便失声痛哭。毫无疑问,从这件事上,他预见到自己将完全失去王权,但他心里更迫切、更密切的关注却是对其父亲身份的考量,即他发现自己在最不幸时还被儿女抛弃,而且是被那个最有德性、他一直以来都认为是最敦厚的女儿抛弃。(428:VI,513)

然而,詹姆斯错在让其私人自我和社交圈("他的个人脾气"和"那些他背地里向其咨询的人们")成为"其行政管理的源泉"(377-378:VI,452)。詹姆斯的公众形象,远不是(如查理一世那样)建立在个人美德的基础上,而只是他时而戴上,时而摘下的一副"面具"(398:VI,477)。

休谟对詹姆斯二世的悲情描述足以让他的读者重新评价他的辉格党偏向,虽然他分析说詹姆斯政权的失败归根结底是辉格党的失败。詹姆斯二世缺乏公共责任感,从不怯于践踏人民的宗教情感(392:VI,470)。为了进一步强化斯图亚特王朝第二卷中的辉格党式取向,休谟转而用富含情感的词汇描写詹姆斯二世治下受苦难的人民。休谟生动地描述了其对蒙茅斯叛乱(Monmouth's rebellion)的暴力镇压一事。他重述了一位来自布里奇沃特的少女的故事,少女恳求詹姆斯座下的一个凶狠残暴的亲信柯克上将(Colonel Kirke)释放自己被捕的兄弟:

> [她]动用了自己的全部魅力,扑倒在柯克脚边,泪流成河,楚楚可人的样子美丽纯真。(386:VI,462)

柯克("暴君""放荡的野蛮人")要求她献上贞操来换取兄弟的性命。即使在如愿后,柯克也还是当着她的面绞死了她的兄弟(386:VI,462-463)。像所有遭到毁灭的女孩一样,少女陷入了疯狂的悲惨命运:"狂怒、绝望和愤慨占据了她的思想,永远剥夺了她的理智。"(386:VI,463)为避免使读者认为这只是一起孤立事件,休谟补充道,

> 整个国家的人民,无论无辜还是有罪,都遭受了这个野蛮人的蹂躏(386:VI,463)。

休谟对查理二世和詹姆斯二世的描述有着许多相似之处。休谟欣赏甚至宽容喜爱家庭生活的查理,在"私人生活"方面,查理二世和他兄弟一样,表现出许多美德:

> 他是个随和大方的爱人,礼貌殷勤的丈夫,亲切友好的兄弟,宠爱子女的父亲,温厚和善的主人。(371:VI,446-447)

休谟完全不管查理毫无顾忌乱交的一面。他赞赏、附和德莱

顿(Dryden)把查理二世比喻成"积极地把温暖施与妻子和奴隶"的大卫王(King David)(453:VI,543)。和兄弟一样,查理"更适合过私人生活,尤其是面向公众的个人生活",[67]他的王室身份完全融入个人身份中,而正是其个人德性和情感已经完全堕落:

> 他有一颗不太能获得真诚友谊的心,他私底下对人类的看法很糟糕,并且极不信任人。(158:VI,189)

休谟从伯纳特(Gilbert Burnet)的《我这个时代的历史》(History of his Own Time,第一部分发表于1724年)中得出最后结论:

> [查理二世]对男人和女人的意见都很大……他认为没有人是出于爱而侍奉他,因此他与这世界两不相欠。他认为别人不爱他,因此他也不爱别人。①

伯纳特笔下的查理二世是一个伪君子、伪善者、彻头彻尾的现代提比略(Tiberius),休谟明确反对这个人物形象。然而在其他方面,休谟对查理二世的描述却得益于伯纳特。伯纳特最喜欢用"闲适"(easy)一词来形容查理:

> 他轻松闲适,平易近人,乐于以此特征塑造自己的一切。和他相处长久的秘诀就是:变得简单轻松,把一切变成让他感到轻松的存在。②

---

① Gilbert Burnet, *History of his Own Time* (Dublin, 1724), 55.
② Ibid., 54.

休谟在伯纳特描述的基础上,扩展出一个更吸引人的君主形象,后者危险却闲适地坐在宝座上,"他天生的性情强烈地渴望让自己闲适,让其他所有人闲适";"正是这种悠闲自在生活的魔力,以及同样的对愉悦的激情或享乐的欲望,让查理后半生沉迷女色"(256:VI,309)。在德莱顿的《押沙龙与阿齐托菲尔》(*Absalom and Achitophel*)中,"被宠坏的"普通人"闲适得放荡",而阿齐托菲尔/沙夫茨伯里(Achitophel/Shaftesbury)则"挥霍他的闲适"。[1]休谟推翻了这种闲适归因,将沙夫茨伯里和人民的狂热和偏执,与查理的懒散和冷漠对比。伯纳特用"闲适"这个词来象征查理的虚伪面具,而休谟用这个词来概括私人领域对公众领域的篡夺。

为了进一步强调这点,休谟将查理不恰当的"闲适"与其对手路易十四的意志坚定的果敢行为对比:

> 路易利用一切机会赞扬他的人民,而查理沉湎于懒惰和享乐,忽视了所有高贵的治国艺术。(248:VI,299)

休谟紧紧跟随伏尔泰(在某些情况下,甚至附和《路易十四时代》中的某些言论),把路易十四描绘成一位现代主义者,通过施行集中化的财政和军事管理为国家谋福利。几乎所有伏尔泰和休谟的前辈,包括孟德斯鸠,都曾谴责路易十四是专制或普遍君主政体的化身。然而休谟和伏尔泰一样,赞扬路易成功地驯服了贵族的

---

[1] John Dryden, *Absalom and Achitophel* (1681) in *Poems*, ed. James Kinsley (4 vols.; Oxford, J 958), I, lines 47 and 168.

"反叛精神",征服了高等法院,鼓励人民[68]勤奋勇敢:

> 他把财政开支缩减到有序状态;创建了海军;军队扩编且纪律严明;弹药库和军用品也得以供应;而且……他恢弘的宫廷获得的支持胜过他之前的任何一位君主。(181:Ⅵ,216-217)

这与《路易十四时代》中的一段话相呼应:"军队恢复了纪律,财政秩序也恢复了。他的宫廷装饰得富丽堂皇、庄严气派。"① 透过查理二世慵懒闲适、毫无生气的宫廷,休谟隔海瞥见了路易十四辉煌而冷酷的凡尔赛宫。

在关于斯图亚特时期的第二卷的后期版本中讲述闲适的查理和野心勃勃的路易十四时,休谟愿意按照新的证据改变对二者生活叙事的平衡,这表明了休谟作为史家的学术热忱。休谟通过翻找巴黎苏格兰学院的文件,揭露了一些令人不安的事实——有关查理与路易十四的秘密交易以及查理的宗教态度。正如休谟向哈德威克伯爵(Earl of Hardwick)解释的那样,詹姆斯二世的回忆录让人大吃一惊:

> 我从这些回忆录中看到,我在某一点上有些误解了查理的性格。我认为查理粗枝大叶的性格使他不可能固执己见,

---

① Siecle de Louis XIV, ed. Pomeau, 977. 有关这一时期路易十四的肖像,参见 N. R. Johnson, 'Louis XIV and the Age of Enlightenment: The Myth of the Sun King from 1715—1718', *SVEC*, 172(1978)。

他一生都在自然神论和罗马天主教之间徘徊,但我发现哈利法克斯勋爵(Lord Halifax)更理解他的内心情感,他说查理国王只是为了掩盖对天主教的狂热才假装反宗教。①

休谟的研究得到了达林普尔(John Dalrymple)的《大不列颠和爱尔兰回忆录》(*Memoirs of Great Britain and Ireland*,1771)的进一步支持,该书引用文献证据"证明"查理二世秘密计划将天主教定为国教。此后,休谟开始对《英格兰史》进行零零碎碎的修改,着重强调查理与法国的共谋、对天主教信仰的忠诚,以及最严重的密谋"改变国教,颠覆英格兰宪法"的行为(1983,Ⅵ,308,448,286)。查理二世一直深受反对沃波尔的托利党人的喜爱,沃波尔把粗野的汉诺威王朝君主(Hanoverians)("第二任统治的蠢货与第一个蠢货一样蠢")与欢快优雅的君主对比。②尽管休谟宣称修改时会"始终站在托利党这边",但他不得不牺牲自己对查理二世描绘的艺术统一性,以一种更辉格党式的、事实上是伯纳特式的手法来描写这位君主。这样一来,休谟就无法再保持他原有的辩证式叙事方式,[69]即对查理二世持温和的托利党式同情,又辉格党式地理解文艺复兴时期英国历史的大致方向。

---

① Hume to Hardwick(23 July,1764),*Letters*,no.245. 有关休谟关于查理二世的发现,参见该书中的第178和248封信。

② Ronald Hutton,*Charles the Second,King of England,Scotland and Ireland*(Oxford,1989),446.

不可避免的辉格党性质

休谟在关于斯图亚特时期的第二卷的早期和后期版本中都认为,查理二世和詹姆斯二世不仅没有看清国内发展总体趋势,而且也没有看清欧洲事务发展的总体趋势。查理在外交政策上的懒惰或偏心,导致他的国家陷入两场与荷兰人的战争(休谟认为完全是徒劳的),且忽视了自身作为对抗法国的堡垒和平衡欧洲势力的仲裁者的特殊国际地位。查理拒绝在1677年支持荷兰人(Dutch),以建设性地干预法国与荷兰(Holland)的和平谈判,这是休谟引用的查理在外交政策上犯傻的众多例子之一:

> 这无疑是紧要关头,因为国王本可以轻松地维持欧洲均势,这是英国已经牺牲了无数生命和财富一直在努力维持的……错失这一机会造成的损失是难以弥补的。(255:VI,308)

休谟对这一时期欧洲总体格局和命运的看法,以及对英国未能支持荷兰利益的痛斥,都明显借鉴了坦普尔(William Temple)的《回忆录:自1672年战争爆发以来基督教世界发生了什么》(*Memoirs of what Past in Christendom from the war begun 1672*, 1692)。坦普尔是1660年代末英国驻海牙(荷兰中央政府所在地)大使,英格兰、荷兰和瑞典三国同盟的缔造者,欧洲题材叙事的辉格党英雄。休谟钦佩坦普尔是一位"没有被充斥着整个国家的泛滥成灾的罪恶和淫乱所污染"的作者,这种钦佩仅次于他对这位私底下"富有荣誉感和人性"的个人的尊重(454:Ⅵ,544)。坦普尔的《回忆录》被休谟用来说明查理外交政策上的盲目性(仅在后期版本中记述,Ⅵ,220-221)。休谟对荷兰历史的解读倾向是奥兰治主义而非共和主义,他在撰写奥兰治家族的威廉的故事前就奠定了辉格党基础(威廉在战斗中的英勇行为被热情洋溢地强调)。这一解读也源自休谟对18世纪前夕欧洲事务均衡的评估(241:Ⅵ,291)。坦普尔曾探求过一种建立在相互平衡、各国自治基础上的欧洲稳定模式,休谟仍然倡导这一模式。休谟早前曾指出,如果没有这种平衡体系,人类本性及其所能具有的更广泛的同情心,会在国际竞争的氛围中变得扭曲。①

在整个关于斯图亚特王朝的两卷里,休谟一直恳请读者们(尤其是辉格党人中那些仍然顽固地敌视斯图亚特王朝的君主们的读者)重新整合他们对这个时代公共历史的理解与对国王们个人困境的感知。休谟指出了根植于17世纪历史最深层处的不可避免的辉格党性质,并对欧洲现代化进程作了概括性的描述。从一开始,《英格兰史》描述的所有动荡就都指向着新教、君主立宪制和政治自由的最终结局。17世纪的故事的解决方案是喜剧式的,尽管它的终结故

---

① 'Of the Balance of Power'(1752), *Essays*, 340-341; John Robertson, 'Universal Monarchy and the Liberties of Europe: David Hume's Critique of an English Whig Doctrine' in *Political Discourse in Early Modern Britain*, eds. Nicholas Phillipson and Quentin Skinner(Cambridge,1993).

事在语气上更接近于夸夸其谈的民族自由史诗,而不是欢欣鼓舞的辉格党进步史。休谟在总结詹姆斯一世的统治和光荣革命时明确指出,这项决议既不能保证英国的稳定,也不能保证英国拥有"最佳治理体系"(226;Ⅵ,531;304:Ⅵ,367)。虽然休谟赞同辉格党人关于1688—1689协议的看法,即1688—1689协议确实"解决了关于英国宪制性质的所有争议",但他明确表示,这些事件实际上源于一系列意外事件和"各种事件造成的一种不可避免的形势",与辉格党名流里那些英雄即拟就协议的国会成员们的指导智慧没有任何关系(443-444:Ⅵ,531)。

在许多情况下,休谟以一种模仿史诗甚至滑稽剧的方式呈现这些意外事件和不可避免的事件。就像巴特勒(Samuel Butler)的《胡迪布拉斯》(*Hudibras*)(休谟曾详细地赞赏分析其"公正且无与伦比的智慧")中那样,内战被想象成一部微型版《法萨利亚》(*Pharsalia*,454:Ⅵ,544)。休谟从古代历史和17世纪重演的差异中提取出苦涩的幽默。他丈量了皮姆(Pym)、哈姆登(Hamden)和万尼(Vane)等英国共和党人与加图(Cato)、布鲁图斯(Brutus)和卡修斯(Cassius)等罗马英雄之间的差距:

> (这里)只比较一种情况并考虑其后果。这些高贵古人的闲暇时光全都用在研究希腊人的雄辩和哲学上,研究优雅文学和文明社会的养成方面;而现代人的整个话语和语言都被难以理解的行话玷污,充斥着最低级、最庸俗的虚伪。(418:Ⅴ,304)

与此同时,苏格兰人正用与雅典人相反的方式摧毁着其他国家的文明:

> 从未有人如优雅的雅典人那样把科学和人文科学传向野蛮的世界……正如从未有人如苏格兰人一样高高兴兴地把他们野蛮的热情和神学狂热传递给邻国。(449:V,333)

在描写詹姆斯二世作为英格兰国王的最后的日子里,休谟塑造了一个相当可悲的、专横的罗马皇帝形象:

> 这的确是件奇特之事。一位君主,犯下的主要错误源于他不够审慎以及信念被误导,他竟然因反感宗教而遭到家人和朋友的如此对待,[71]就连尼禄(Nero)、多米提安(Domitian)甚至是最凶残的僭主……也从未被家人和朋友这般对待过。(428:VI,513)

英国历史的经典类比尤其受到激进的辉格党人和乡村党辩论家们的喜爱。这些类比就像喜剧史诗,其机制十分可笑,但结果却令人欢喜。[1]

---

[1] Frank M. Turner,'British Politics and the Demise of the Roman Republic,1700 – 1939' in *Contesting Cultural Authority:Essays in Victorian Intellectual History*(Cambridge,1993). 1688 到 1689 年,休谟去世前,本想删去结尾处"我们目前所享有的唯一、幸福的政府"中的"幸福"一词,从而进一步限定英国的幸福结局。然而,他改变了主意,"英国政府因享有过度的自由,肯定很高兴,尽管可能不会长久,但我相信恢复这些自由也是好的"。参见 Hume to William Strahan(3 March,1772),*Letters*,no. 472。

我在讨论休谟对宗教狂热的描述时,会用更多篇幅论及他笔下的自由史中模仿英雄诗的成分。

各种通用暗指模式当然只是休谟解释17世纪英国历史的更大必然性时采用的众多手法之一。尽管休谟笔下的人物似乎常常走出了模仿史诗的戏剧世界(詹姆斯一世自欺欺人地认为,自己是一个大陆式绝对君主;苏格兰人认为"温和、人道"的查理一世与"奸诈、残忍、无情"的西班牙国王腓力二世一样坏),但他确实解释说,这在一定程度上是因为他们不得不在一个陌生的全新阶段行事(83:V,19;366:V,258)。休谟在关于斯图亚特王朝那两卷的开篇描述了这一不断变化的阶段:经济不断发展,这保障了平民的财富,同时又造成了君主的贫穷(107:V,39);除了生活方式变得更文雅外,部分平民还受到欧洲反宗教改革智识骚乱的影响,养成了独立自由的思维习惯(82:V,18)。17世纪早期英格兰发生的变化,将累积为一场思维习惯上"普遍但毫无意义的革命",这场思想革命之后将促成一场政治革命(82:V,18)。詹姆斯一世的时代是一个非常短的黄金时期,至少对一部分居民来说如此:

> 在如此温和仁慈的君主统治下,英格兰的绅士阶层的境况或许值得被称为达到了人类本性能够达到的幸福状态。(230:V,135)

休谟对17世纪早期的描述,有意识地改编了(并按时间顺序回溯)克拉伦登描述查理一世统治初期田园生活的挽歌:

> 这个王国……享受着极致的宁静和最大限度的幸福,这是之前的任何年代的任何人,这么久以来都没有被赐予过的幸福,它让基督教世界的其他所有地方惊奇和嫉妒。①

[72]休谟回应了克拉伦登关于英国幸福的观点,保留了克拉伦登对个人和艺术修养在这个时代达到空前高度的强调(227:V,132)。②休谟补充说,那些后来使英国有别于欧洲其他国家的"极端暴力"行为还尚未出现。他选择忽略克拉伦登关于农牧业管理得当或不善的隐喻。对于克拉伦登来说,英格兰和苏格兰是一个"种植"了艺术和科学的花园,后来却被查理一世及其亲信的"不善管理"毁掉了:

> 我们现在哀叹的王国,过去曾被视为世界上唯一的花园。③

克拉伦登希望,英国人能凭借其谦逊睿智,回归其在查理一世时期的田园生活。相比之下,休谟在《大不列颠史》中记叙詹姆斯一世黄金时期时采取的组织模式,是结合了赞扬和预期描写法的狡猾句法,比如这一句:

---

① Clarendon, *History of the Rebellion*, I, 58. Slater('Authorship and Authority', 130 – 134)在休谟的著作中发现了许多他与克拉伦登的相似之处。
② Ibid., I, 59.
③ Ibid., I, 59, 53.

>因贸易而获得的巨大财富更罕见,迄今为止,还未能扰乱各阶层的人,还没有把金钱视为阶级差异的主要基础。(228:V,132)

詹姆斯一世统治时期的英格兰富庶,但不是过于富庶,国家是君主制却不压迫,文明开化但不自我放纵(226－230:V,132－135)。休谟告诉我们,获得更大自由的代价将是,这种本来适度的自由及在其帮助下创造的理想平衡遭到破坏:

>那以后出现的变化,使个人的自由和独立更大、更完全、更稳固;而公共自由和独立则变得更不确定、更岌岌可危。(226:V,128－129)

休谟因此将克拉伦登的田园牧歌时刻重新安置在一种更广泛、充满各种更讽刺的必然性的结构之中。

社会的狂热历史

在关于斯图亚特和都铎王朝时期的几卷里,休谟刻意用大量篇幅描写各种社会和宗教力量,这些力量摧毁了詹姆士一世时期的乡间宅第式世界,在原地构建起某种更古怪、更不稳定的替代物。至查理一世治期,无节制的宗教已经成为英国人民的特色:

> 在所有欧洲国家中,英国人民在那时陷入了最低级、最可憎的偏执,而且持续了很长一段时间。(264:V,164 明确指出这种"偏执"是"宗教精神")

这种普遍的偏执在 17 世纪 70 年代后期的天主教阴谋事件(Popish Plot)中仍然显而易见:

> 历史上很难再找到一起如此全民狂热、偏执妄想的事件了。(296:VI,348)

休谟认为宗教狂热是这个民族最鲜明的特征,他常常将其狂热程度与该国不同地区的不同社会发展阶段联系起来。例如,尽管苏格兰狂热主义[73]显得与 17 世纪 30 年代的英格兰狂热主义相似,但休谟表示,苏格兰狂热主义实际上产生于一个社会发展水平相当落后的地区:

> 英格兰清教徒对教宗制的恐惧,在苏格兰民众身上也能看到;而苏格兰民众中有些人由于更没有教养,更不文明,似乎更容易被煽动,而变得更加凶狠。(360:V,252)

苏格兰高地的人是这个国家"最混乱、最不文明的人民",他们的狂暴源自更落后的发展水平(292:VI,329)。英国的爱尔兰殖民臣民甚至更落后(被称为"野生民族",a wild nation),尽管詹姆斯一世和查理一世竭尽全力"纠正他们身上一直以来的懒惰和野蛮风气"(427:VI,313 修改其称呼为更科学的说法"野蛮民族",a rude people)。这种野蛮表现为宗教极端主义(460:V,343)。不列颠王国境内都以狂热偏好而著称。虽然这种倾向是根据社会发展的基本等级来衡量的,然而具有讽刺意味的是,往往是这个国家中处于社会发展初期的那些地区(苏格兰和爱尔兰)把英格兰拉低到了同它们一样野蛮的水平(449:V,333)。

休谟在撰写《英格兰史》之前,就表现出对人性中的宗教冲动的哲学兴趣,这种兴趣随着此书写作过程的推进不断发展。在其关于《宗教自然史》(The Natural History of Religion,1757)的专题论文中,休谟探讨了宗教信仰的自然原因和社会机制。① 在关于斯图亚特王朝时期第二卷的序言手稿中,可以找到类似论述,但那里在修辞上更有策略地将宗教行为的道德层面和社会层面区分开来:

> 宗教的恰当职责是改善人们的生活,净化人们的心灵,强制人们履行所有道德义务,确保人们服从法律和行政官员。宗教实现这些有用目的的运作方式,虽价值无穷,却悄无声息,而且很少在历史洪流中被人察觉。只有那种鱼目混珠的异教煽动派系才会点燃内讧、煽动叛乱,在世界公共舞台上独树一帜。②

---

① The Natural History of Religion in Philosophical Works eds. T. H. Green and T. H. Grose(London,1889),IV.

② Ernest Campbell Mossner,The Life of David Hume(second edn,Oxford,1980),306-307.

休谟决定不出版这篇序言,但他在《英格兰史》中审视了"在历史中被察觉到"的那些宗教动机行为。乍一看,这些研究似乎与这一范围更广的哲学工程完全一致。许多批评家热衷于假设,猜想休谟的《英格兰史》只是扩展了《宗教自然史》的哲学研究范围,即研究英国人在其历史背景下的行为模式。①[74]这种解释认为,英国历史为休谟提供了一套关于人类信仰本能的自然工作机制的地方性表现形式。休谟自己在《英格兰史》早期文本中频频加入了产生这类效果的表述:

> 史学向更遥远的后代凸显自身,比任何区域性或风行一时的神学能够企及的都更遥远。各个教派的特征将得到研究,它们之间的争论将被完全遗忘。(96:后来被删减)

《英格兰史》中似乎出现了两种观点的交汇:一种是休谟关于英国偏离欧洲更文明、更顺从的宗教行为道路的世界主义理念,另一种是他对宗教信仰的极端社会运作形式的哲学分析。

尽管《英格兰史》有各种哲学规定,但进一步审视会发现它的哲学盔甲上有裂痕,这是由英国历史的本土普遍条件造成的。虽然休谟声明他的意图是探索各种宗教信仰偏离形式的历史活动,然而事实上,从哲学方面来理解,其文本往往在历史和哲学这两个不同类别的领域间拉锯。这种拉锯表现在两方面。一方面是休谟剖析宗教狂热的哲学论调与他谴责宗教狂热是民族之恶的讽刺论调间的张

---

① 比如 Livingston, *Hume's Philosophy of Common Life*, chapter 8。

力;另一方面是休谟对狂热行为背后动机的描述方式,与对人性中迷狂根源的高度抽象评论的社会学式独特解释有所不同。然而,休谟对宗教行为的矛盾表述,并未使《英格兰史》令人困惑,而是使其错综复杂。休谟笔下关于宗教的自然史、社会史和民族史之间的张力和矛盾,与他眼中整个英国历史的一贯与例外之间的张力相称。

休谟在记载斯图亚特王朝时期的两卷中,对宗教狂热的描述源于更古老的英格兰宗教讽刺传统。从琼森(Ben Jonson)笔下的戏剧角色"忙碌的土地狂热者"(Zeal - of - the - Land Busy),到斯威夫特(Swift)笔下的"思想机器操控员",这些讽刺作品都针对新教式不从国教者的过度热忱(通常被称为"狂热")。除了知道这些,休谟应该还熟知对天主教轻信"迷信"的讽刺传统,这些讽刺传统被改编的最新例子可见于伏尔泰《路易十四时代》对詹森主义者、寂静主义者和耶稣会教徒愚蠢行为的尖刻讽刺。休谟本人是一个富有创造性和娱乐精神的讽刺作家,他既讽刺迷信,又讽刺狂热。尽管休谟在给他法语译者的信件中宣称,他"一直避免……通篇讽刺和颂扬",但在《英格兰史》的许多章节里,他并没有克制自己的讽刺冲动,尤其是涉及宗教问题时。①他对讽刺的喜爱,最明显地表现在[75]有机会将这两种形式的宗教极端主义的冲突戏剧化的时候,例如他描述的劳德大主教试图把一种新的礼拜仪式强加于苏格兰人民。劳德在苏格兰和英格兰都主持过新教堂落成的祝

---

① 'Some Thoughts on Freethinking' in *The Prose Writings of Jonathan Swift*, eds. Herber Davis *et al.* (16 vols. ; Oxford, 1939—1974), IV, 49.

圣仪式,对此,休谟极尽可能地讽刺,称其为一出荒谬的高级戏剧(333-334:V,224-226)。在下述引文里,休谟描述了这一仪式中的一个特定时刻——大主教开始准备圣餐:

> 念完大篇祷词后,劳德走向圣餐所备物,轻轻地抬起餐巾的一角,餐巾上放着面包。他看到面包后,突然放下餐巾,飞快地向后退了一两步,向面包鞠了三次躬,然后再走上前,打开餐巾,像刚才一样鞠躬。
>
> 接着,劳德把手放在有盖的杯上,杯里盛满了酒。他放下杯子,往后一退,朝它鞠了三次躬,然后再次走近,打开盖子,往杯里一瞥。看到酒,他放下盖子,像之前那样后退、鞠躬。然后,劳德开始领圣餐,并发给其他人。(334:V,225-226)

"轻轻地""飞快地向后退了一两步""一瞥"等描述,调侃地捕捉到这一礼拜仪式的戏剧性庄严场景。这段话的幽默,并没有完全囊括休谟对劳德总体上强烈否定却又比较复杂的评价,但它通过向读者展示劳德式教会仪式的装模作样的喜剧式外缘,加强了对其的政治攻击。

关于苏格兰人对引进劳德教会创新仪式的反应,休谟的叙述也同样有趣:

> 那件白袍是一块天主教破布;圣餐仪式规定的每一个动作或手势,都是迈向精神的巴比伦的一步,是他们如此恐惧和厌恶的对象。(147:V,69)

苏格兰教会代表大会憎恨劳德给予苏格兰主教更多权力,他们在讲道坛上怒喝,

> 控诉那些[代表他们的]主教都有罪,他们所有人都是异端,犯下买卖圣职、贿赂、伪证、欺骗、近亲通婚、通奸、乱伦、咒骂、酗酒、赌博、违反安息日,以及他们指责的控告者犯的所有罪行。(369:V,261)

正如此处的描写一样,休谟的讽刺方法常常包括模仿狂热分子华丽和不羁的语言。像斯威夫特一样,休谟把无形的语言与失礼的癫狂联系在一起。斯威夫特曾赞许地引用过一位爱尔兰教士的话:

> 要是最聪明之人无论何时都用粗鲁无礼、轻言肆口的方式表达突然涌现的内心想法,人们会认为这个聪明人失了智。①

休谟最喜欢的[76]手法是疯狂枚举。例如,他将此法运用于展现狂热的化身——克伦威尔(Cromwell)——年轻时的狂躁野心:

> 他灵活的头脑,注定了他不会屈于这已被判定的卑贱身份,同时也注定了他会自食其果。他沉溺于对幻想、启发、启示的想象中……他传道、祈祷、战斗、惩罚违抗者、奖赏顺从者。这种狂野的热情……仍不胫而走;所有人都把目光投向这位如此虔诚、如此成功的领袖身上。(II,46,47:VI,56,58)

---

① 'Some Thoughts on Freethinking' in *The Prose Writings of Jonathan Swift*, eds. Herber Davis et al. (16 vols.; Oxford, 1939—1974), IV, 49.

和斯威夫特一样,休谟也无法抗拒研究狂热主义奇异能量的吸引力,这种狂热来源于一种过分和错乱的自我意识,让他着迷。对休谟来说,这种自私的狂热是典型的苏格兰思想特质,也是狂热分子的普遍特征:

> 通过滋养每个个体身上最狂野的欣喜精神和对献身的迷狂,在某种程度上把每个个体都圣化了。(368:V,260)

热情和野心的原材料创造出不可思议的巨大自我,克伦威尔是一个极致案例。同样,克伦威尔这一案例并不属于休谟有关个人生活和面对公众之间"契合度"多少的理论。正如希尔森所指出的,克伦威尔根本没有脱离为公众所知的狂热分子身份之外的个人自我。① 对休谟来说,克伦威尔"与他最疯狂的[追随者]一样,本质上也是一个疯狂的狂热分子"(90:VI,109)。对于克伦威尔的私生活,休谟的评论只有一句:

> 即使他的私生活不值得称赞,也绝不会受到责难。(91:VI,11)

休谟对克伦威尔生命末期的描述十分引人入胜:在生命最后的阶段,克伦威尔对自己公众形象的信心崩塌了,因为缺乏内在精神寄托,他心惊胆战,身体因担忧而疲惫不堪。一段简短的引用只能让读者稍许体会到休谟描绘克伦威尔跌下神坛的艺术:

---

① Hilson,'*Hume:The Historian as Man of Feeling*',217.

> 当他回想起自己无数不知其名、毫不妥协的敌人时,社会交往令他害怕。但当他撤离了他找来保障自己安全的随从后,独居又令他震惊。
>
> 他的身体,也由于受到内心焦虑的影响,开始发生变化。他的健康状况似乎明显恶化。(87:Ⅵ,105)

这让我们想起了德莱登的《阿齐托菲尔》(*Achitophel*,"一个狂热的灵魂用尽一切办法/把侏儒的躯体折磨得腐烂",第156－157行),也让我们想起了克拉伦登对克伦威尔的描述——伟大的伪君子,这一描述被休谟大量引用。克拉伦登给这位"勇敢恶人"的盖棺定论为休谟提供了主要素材。克伦威尔成了一个失去了"心灵的宁静"、既害怕陌生人又害怕孤独的人,因此他的身体在焦躁中腐烂;他又是一个虽然有些许德性,但恶行更多的人,一个虚伪中又有些许雅量的人。①休谟节选并重组了克拉伦登的[77]观察论述,塑造了一个总体上更不值得同情的人物形象,一个被自己的过分热情吞噬的狂热分子。尽管如此,在整个斯图亚特王朝部分的第二卷中,休谟对克伦威尔的描述保留了一些克拉伦登个性化的"勇敢恶人"痕迹,克伦威尔从未完全失去休谟塑造的狂热主义普遍现象学的代表人物的地位。

休谟对狂热主义的讽刺既有哲学目的,又有社会目的。从复辟时期起,圣公会的护教者就敏锐地意识到新教极端主义危险的

---

① *History of the Rebellion*,Ⅲ,504,506.

诚挚,并建立起各种讽刺模式,把不信奉国教者嘲弄为社会依从行为。① 斯威夫特的《木桶的故事》(*A Tale of a Tub*)就属于这一传统,即使他相对强制的社会服从理念并不是。休谟沿袭了圣公会辩论的传统,以至于他也认为狂热分子(除了他笔下克拉伦登式的克伦威尔)的热情是真诚而非虚伪的。斯威夫特把他对清教徒狂热引发的唯我主义理解与他认为由此产生的社会混乱联系在一起,休谟可能尤其受到这一做法的影响。在讲述英联邦部分的开篇,休谟评论道:

> 每个人都构建了一个共和国模型。无论多么新颖、荒诞,他都希望把这一模型推荐给他的同胞公民,甚至渴望通过武力强加给他们。(1:VI,3)

随着这种对个人主义行为的过度解释而来的,是社会秩序的解体:

> 在每个地方,各种社会束缚力变弱。人们不正常的激情被投机信念引发,变得越加反社会、不正常。(2:VI,4)

不过,休谟既没有接纳斯威夫特的观点,也没有接纳教宗的观点——明显的社会混乱下存在逻辑颠倒的集体,例如蠢人世界的

---

① George Williamson, 'The Restoration Revolt against Enthusiasm', *Studies in Philology*, 30(1933), 571–603; Phillip Harth, *Swift and Anglican Rationalism: The Religious Background of A Tale of a Tub* (Chicago, 1961).

奇怪一致性，自负的吹嘘者（aeolists）①或思想机器操控员一丝不苟的精巧性。除了上面引用的一些评论外，休谟也没有像奥古斯都时代文学一样，对滥用不受约束的个人判断表现出强烈关注。从德莱顿到斯威夫特，许多讽刺作家都认为，不信奉国教者存在篡夺国家的威胁，从源头上讲，这是圣经解读太过自主的问题。德莱顿曾打趣道：

> 但既然我国苏格兰人在预言中的地位越来越高
> 圣经启发不了他们，但他们却对圣经有所启发。②

休谟的讽刺敌意一般都是针对宗教狂热的集体病态，无论是新教的还是天主教的，而且与他的前辈不同，休谟很少把这种集体狂热归于个人理性的滥用。对休谟来说，宗教激发的群体行为有其自身的动力，不需要内在的[78]心理学解释。它属于沙夫茨伯里和伏尔泰分析过的更广泛的集体行为模式，也与英国人民的"民族性格"有关。

狂热的社会机制

休谟引导他的读者对自己曾做过的最过分的狂热行为一笑置

---

① 中译者注：aeolists 一词由斯威夫特首先用于其作品中，指假装有灵感或思想洞察的自负之人。

② Dryden, 'The Medall', *Poems*, ed. Kinsley, I, lines 165–166.

之,从而将读者与过分狂热主义的过去剥离开,同时他还试图为读者提供一个令人满意的社会分析,将狂热解释为一种本质上的自然现象。在这一过程中,他的《英格兰史》向读者解释了宗教冲动的社会表现,比读者之前可能获得的任何解释都更严谨、更全面。事实上,休谟并不是第一个尝试这一壮举的作家,也不是第一个将狂热与某种程度上的嘲笑结合起来的作家。在其前辈的作品中,休谟可能已经熟悉卡索邦(Meric Casaubon)的《论作为一种自然效应的狂热》(*A Treatise concerning Enthusiasm, as it is an effect of Nature*,1655,1656 年修订),此作以一种令人困惑的哲学式风格(宗教狂热主义虽没有被明确地讨论,却显然是卡索邦此文本的隐形主题)研究不同形式的狂热。坦普尔在《论诗歌》("Of Poetry",休谟可能也知此文)一文中提到了这部作品,并继续呼吁"从其产生的自然原因对激情和迷狂做出清晰的解释"。①坦普尔的呼吁在某种程度上来自沙夫茨伯里著名的《论狂热》("Letter Concerning Enthusiasm",1708)。沙夫茨伯里的论文剖析了狂热的起因,其中包括不宽容和迫害,并提出了一些针对这一问题的温和的补救措施,例如贺拉斯式调侃:"好的幽默不仅是对抗狂热的最佳保障,也是虔诚和真正宗教性的最佳基础。"②沙夫茨伯里将嘲笑的社会目的性理论化,除此以外,他还甄别出一些由宗教狂热引起的普遍社会现

---

① Temple,'Of Poetry',*Miscellanea:The Second Part*(London,1690),7.

② Anthony Ashley Cooper,Earl of Shaftesbury,'A Letter Concerning Enthusiasm' in *Characteristicks*, ed. John M. Robertson(2 vols.;London,1900),I,17.

象。其中一种显然引起了休谟的兴趣,即普遍"恐慌"现象:

> 人们有充分的理由把在大众中唤起的、通过共情的外显或者可以说通过共情的联通而传递的任何一种强烈情感称为恐慌。因此,当人们的愤怒已经不可控制时,正如有时我们看到的情况,流行性狂怒就可以称为恐慌,尤其是宗教一直以来的方式。在这种状态下,它们的表达方式本身就具有传染性。狂怒在人群中一个接一个地面面飞传,这种病态一眼可知。①

休谟在描述 17 世纪 70 年代围绕着所谓的"天主教阴谋"爆发的集体式歇斯底里时,脑子里定是回想着这段话,[79]若是不将其归因为普遍"恐慌",这一事件将显得不可思议,且完全无法解释:

> 当人们怀着这种胆怯嫉妒的意向时,忽然一声"阴谋"在(人民)耳边爆发:他们从蛰伏中惊醒,像在黑暗中被吓坏的人,把每个人形轮廓都视为幽灵。每个人的恐惧成为他人恐惧的根源。一种普遍的恐慌感正在蔓延,理性、论证、常识和一般人性对他们都失去了影响力。(275:VI,333)

紧跟沙夫茨伯里,休谟将大众行为中的宗教动机问题归为一种更普遍的群体行为心理学。休谟对人民的贵族式嘲笑具有沙夫茨伯里式论调,同时他也深入分析了宗教性歇斯底里的社会机制。休谟的这一洞见也可能得益于坦普尔的反思性论文《论民众

---

① Ibid.,I,13.

的不满》,一些文字特点证明休谟十分熟悉这篇文章。①坦普尔的文章探讨了民众骚乱的各种起源,或是出于世俗动机,或是出于宗教动机,抑或是人类对躁动的"自然倾向"。②与休谟一样,坦普尔也指出,往往是受过更多教育的人的公开猜测煽动了大众的躁动:"从这最初的源泉中迸发出的派系之流,随着时间流逝和偶然事件的发生,会湮没最明智政府的宪制和法律。"③尽管坦普尔对内战的各种原因和影响给出了些许不同的解释,但他和之前的霍布斯(Hobbes)以及之后的休谟一样,都认为内战是一场政治和宗教观点的战争,在战争中,民众的不满情绪无论多么无缘无故,都有其冲击力。④

坦普尔尽管资助过斯威夫特,但他从未完全认可讽刺。在休谟的前人中,坦普尔和其他作家一样,一直在寻找一种更哲学的新

---

① William Temple,'Of Popular Discontents', *Miscellanea: The Third Part* (London,1701).坦普尔设想了一个"完美的政府方案",它可能会弥补这些社会弊病。但他很快就意识到,没有任何一个没有瑕疵的政府会被一直陷害:"我们可以假设一个机构进行政治活动,在最初构想或执行起来时遭到了完美的陷害,但它也必然会因为各种意外事件,并随着时间的流逝而逐渐衰亡。"(p.20)休谟在写"完美联邦理念"("The Idea of a Perfect Commonwealth,1752")时,可能曾想到了这段话:"不用问这样的政府是否会永不衰败……也许即使最精确的政治机器,比如弹簧,也可能生锈,并干扰机器正常运作。"(Essays,528 – 529)

② 'Of Popular Discontents',17.

③ Ibid,10 – 11.

④ Ibid,38;Thomas Hobbes,*Behemoth;or,the Long Parliament*(written late 1660s,published 1682).

语库,以探讨盛行的狂热主义和动荡问题。①尽管休谟可能已被坦普尔的计划吸引,但在描述狂热主义的历史表现时,他并不愿意完全放弃愤怒的讽刺口吻,[80]也不愿解释纯粹因果结合的哲学解释模式。休谟在总结内战诸事件时,并没有掩饰他对人民愚蠢无知的愤怒,他爆发式地使用了一连串听起来很暴躁的抽象名词,哲学家或许会在这些抽象名词之间加上连接词:

> 在这一时期,没有哪个民族能比英国民族在内心经历的变化更突然、更彻底。他们从平静、和谐、顺从、清醒,一下子变成了派系纷争、狂热、反叛,甚至几乎疯狂的状态。英国各党派的暴力超过了我们现在所能想象的任何事情。(117:Ⅵ,141)

休谟对内战近乎滑稽剧的描述,再次让我们想起了《胡迪布拉斯》("在内战爆发的最初几次高潮时,人们争论不休,不知其因")。在之前几页里,休谟细致地记录了促使人们的行为方式发生"突然和彻底"变化的各种原因和动机,但在最后的分析中,他称自己被这一切弄糊涂了。研究行为和动机的政治史家、社会史家和经济史家,在此处和整个《英格兰史》中变成了令人困惑的哲学式探究者——他们研究人类本性的神秘机制。讽刺和滑稽艺术保护了这种令人困惑的哲学完整性。对休谟来说,狂热主义,无论是因迷信而起还是因激情而起,都有其自身的动机。必须将其放在

---

① A. C. Elias, Swift at Moor Park. *Problems in Biography and Criticism* (Philadelphia,1982),156.

历史中对待,既要参考其他解释体系,又要独立于其他解释体系。

休谟确实在几个场景中提醒其读者,人类对宗教狂热的激情可能足以解释一个特殊事件。对于证据并不充分的火药阴谋(译按:此阴谋的密谋者策划于1605年11月5日在威斯敏斯特炸死詹姆斯一世和随行的国会人员)的策划者,他评论道:"那不过是偏执的狂热,以理性为掩盖的最荒谬的偏见,在使命的幌子下掩藏着的最罪恶的激情,引诱他们采取将自己引向毁灭的行为。"(95:V,31)查理一世在位初期,休谟评论了狂热主义取代英格兰人行为的其他每种动机的方式:"最重要的是,狂热主义精神在整个国家四处扩散,让所有关于属人的审慎的观点失望,扰乱了每个动机对应的行为,那些动机通常影响着社会。"(329:V,221)这与伏尔泰在离题话里描述的17世纪隔一段时间就会在法国盛行的"流行性狂怒"(fureur épidémique)有一些共同之处,他的描述语调令人困惑又暴躁。伏尔泰对《英格兰史》的评论热情洋溢,他赞扬休谟在谈到这种流行病时超然的医学态度:"我们在谈论一种超越物质的精神,谈论弱点、错误和野蛮时,就像医生谈论流行病一样。"① 然而,我们如果仔细研究伏尔泰[81]在《路易十四时代》中对新教狂热主义的审视,就会发现一种截然不同的历史智慧在发挥作用。在讲述废除南特敕令时期的胡格诺派教徒的那章(休谟在记载斯图亚特王朝时期的第二卷里,对这部分内容进行了改写和回应),伏尔泰发现了"教条主义精神"(esprit dogmatique),几个世纪以来,这种教条主义养成了分裂意

---

① Voltaire, *Moland*, XXV, 173.

识,并最终产生更具颠覆性的政治身份意识(共和精神)。伏尔泰在《论狂热主义》(Letter Concerning Enthusiasm)中,改写了沙夫茨伯里对胡格诺派殉道冲动的嘲讽,讽刺这些受迫害的人顽固迂腐。① 然而,伏尔泰对各种迫害的历史背景细节——经济和立法变化、权力斗争(助长了胡格诺派的教条主义思想,并最终加剧了他们受到的迫害)——的兴趣,极大地削弱了他的讽刺论调。事实上,无论是新教式还是天主教式的狂热主义,在伏尔泰著作中展示出的破坏性都比在休谟《英格兰史》中的更低,也是更容易解释的社会力量。与《路易十四时代》形成鲜明对比的是,休谟对英国历史上狂热主义的描述不同寻常的专注,往往破坏了完整的叙事因果结构。除了史家的发展视角,读者还会看到讽刺作家对混乱的看法,以及哲学家对人类激情的个案史研究。如果说休谟在记载斯图亚特王朝时期的两卷中没有调和这些不同视角,这也许是因为,他不希望把英国历史上各种不可预测的不稳定力量分解成一个看似封闭的艺术整体。

---

① Shaftesbury, *Characteristicks*, I, 20 – 1 ; Voltaire, 'Du Calvinisme au temps de Louis XIV', *Le Siecle de Louis XIV*, ed. Pomeau, chapter 36. "近五万个家庭,在三年的时间里走出了王国,还有其他人跟随。他们给外国带来艺术、制造业、财富。"(Pres de cinquante mille families, en trois ans de temps, sortirent du royaume, et furent apres suivies par d'autres. Elles allerent porter chez les etrangers les arts, les manufactures, la richesse, *Siecle*, 1055)对比休谟的话:"最有用、最忙碌的行业里有超过半数的人离开了法国,并与大量财富、艺术品和制成品一同去到别的国家,这件事的主要后果是,这些国家变得更富有。"(Above half a million of the most useful and industrious subjects deserted France; and exported, together with immense sums of money, those arts and manufactures, which had chiefly tended to enrich that kingdom, 393 : VI, 471)

《英格兰史》出版后的一段时间里,休谟在威尔克斯(Wilkes)在米德尔塞克斯当选为国会议员引发的大众骚乱期间,再次提到英格兰人独特的暴躁脾气:

> 这比提图斯·奥兹(Titus Oates)和天主教阴谋还要荒谬,而且对这个国家来说更是耻辱,因为以前的愚蠢行为由宗教产生,还是有源之水,即按照统一规定,它有权把荒唐的东西强加给所有民族和所有年龄的人。而现在的荒唐行为是我们国家特有的,而且是相当可笑的。①

当然,《英格兰史》中最具讽刺意味的是英格兰人的放肆言行,尤其是狂热主义型,后者几乎总打着自由的旗号。[82]例如,独立派教徒首次提出要制定宗教宽容的社会政策,休谟评论道:

> 太了不起了,如此合理的教义,不是源于推理,而是源于极度的放肆和狂热主义。(571:V,443)

休谟在早期论文《论迷信与狂热主义》("Of Superstition and Enthusiasm",1741)里解释了狂热主义有助于促进自由,而迷信通常促进政治被动性的机制。尽管此文与《英格兰史》在这一点上趋同,但我之所以现在才开始讨论这个问题,是因为我希望向读者表明,《英格兰史》在讨论宗教极端主义时采用了截然不同的方式:首先,《英格兰史》不会如此费心竭力地区分迷信和狂热主义;其次,

---

① Hume to Blair(28 March 1769),*Letters*,no. 427.

《英格兰史》研究的是群体行为的各种病理现象,包括迷信体系和信仰的狂热主义体系共有的群体性为,以及一般群体行为。归根究底,休谟的《英格兰史》并没有舍弃早期论文的结论,即从长远来看,狂热主义和公民自由既契合又矛盾。他认为,明智的英国立法者应该始终努力安抚英国人民崇尚自由背后隐藏的危险狂热精神,对人民的某些要求作出让步。例如,光荣革命"使许多有利于自由的重要问题通过决议",因部分表现出这种实用主义智慧而受到称赞(443;VI,581)。

都铎王朝旧事

1759年,继记载斯图亚特王朝的两卷之后,关于都铎王朝的两卷在许多方面对《英格兰史》进行了回溯性的重新定位(现在的《大不列颠史》就是这样)。同年,休谟出版了斯图亚特王朝部分的修订校正版。当然,记载都铎王朝的两卷都有自己的主题目的,尽管在一定程度上也是由于需要为接下来几卷的编撰提供一个解释背景。记载都铎王朝的两卷没有模仿斯图亚特王朝那两卷的心理学、社会学和一般复杂性,结果是,读者相比之下更容易理解都铎王朝的两卷,但其艺术成就相对较少。都铎王朝两卷巩固了这部史书的早期成就,许多斯图亚特王朝两卷中未得到分析的主题,都在叙述都铎王朝治下的英格兰篇幅中得到处理。其中之一是新教狂热主义的本质及其矛盾的自由主义。另一个主题是,17世纪的英国与欧洲大多数其他国家发展道路不同,前者选择了开明专制君主制,二者之间由此存在的政治分歧和文化分歧如何。为了强调17世纪英国发展的特殊性质,休谟将其描述下的都铎王朝时期置于稳定和(以当代欧洲标准)正常状态。

[83]休谟有意识地在记载都铎王朝的两卷中寻找英国和欧洲历史之间的连续性,甚至宗教改革(关于斯图亚特王朝的两卷里隐含着英国特殊性的来源)也在欧洲语境中被重新解读。休谟在开篇大胆讲述了允许教会人士劝诱公众改变宗教信仰(或者如他使用的语言,寻找"客户")的危险后果,描绘了一幅英国16世纪早期的天主教堂场景,和欧洲其他国家一样,英国正处于一个新的荣耀顶峰(I,117 - 118;III,135 - 137)。就在这时,路德(Luther)出现了。休谟以惯用的一连串形容词的方式描绘了路德("天生顽固、易怒、固执己见的人")和一群谴责天主教会的"可恶、可憎、可恨"的追随者,称其是圣经文本已经预言的"一切邪恶和污染的根源"(I,120,122;III,139,141)。尽管休谟认为欧洲宗教改革源于各种偶发事件的复杂并发,但他也选出了这种过分狂热主义背后的一个特殊原因,即印刷术的传播。矛盾的是,它促进了人们对新奇事物和知识的兴趣,并且天主教会也从中获得了新的荣耀(I,121;III,140)。但改革派传播的新观点在全欧洲引起了普遍"恐慌",人们"感到焦虑不安,甚至处于最对立面的也如此"(I,184;III,211)。休谟讽刺改革者粗俗狂热,尤其是他家乡苏格兰的那些改革家们(II,420;IV,22)。然而,英国宗教改革的初级阶段刚起步,休谟就把讽刺的中心瞄准了这个国家的狂热主义历史:

国王的权威是如此绝对,以至于宝贵的自由火苗被点燃后,只有清教徒独自保存下来。清教徒的原则显得那么草率,习惯显得那么可笑,但英国人却把他们全部的宪制自由托付给这个教派。(II,527:IV,145–146)

作为关于斯图亚特王朝的两卷的大纲,这似乎有些简化,休谟对17世纪狂热主义史的讽刺,实际上并没有固化在这一个正在形成的悖论上。休谟认为自己在《英格兰史》第一部分里犯了一些不可理喻的蠢错,他当时被这些东西弄糊涂了,可能应选择在第二部分里少冒一点文学上的风险来表达他的理念。

尽管休谟对清教徒教派保持的自由传统持谨慎的赞赏态度,但他怀念英国曾参与其中的欧洲文艺复兴时期的天主教文明,文艺复兴"促进了各国交流,而且倾向于将欧洲所有部分都融合进一个巨大的共和国里",还传播了"一种普遍的高雅品味,通过将其与宗教结合"(I,118:III,137 把"共和国"替换成"相互紧密联系的整体")。英格兰是16世纪早期欧洲文艺复兴文明的一部分,在都铎王朝时期经历了经济、政治和文化革命,[84]然而,令休谟明显失望的是,到了17世纪30年代,英国又退回到其自己的文化世界。休谟将都铎王朝时期描述为英国最充分地参与并影响欧洲国家联盟命运的时期,他回顾说,斯图亚特王朝时代是英国获得超乎寻常的独特性的时代。关于斯图亚特王朝的两卷并非一直把英国历史的独特性置于比较主义或世界主义视角下。然而,从都铎王朝两卷及后来中世纪部分提供的更广泛背景来看,像福布斯这样的评论人士倾向于从这种世界主义角度,来解读关于斯图亚特王朝的两卷。①更准确地说,都铎王朝两卷的存在,以及后来中世纪两卷的出现,实现了对《英格兰史》斯图亚特王朝两卷的世界主义式再定向。

以更具有比较性的欧洲视角重新定位《英格兰史》的过程始于亨利七世的故事,并贯穿都铎王朝两卷全篇。这一过程在亨利七世那部分表现得最为清楚,在这部分,休谟不断与他最丰富的资料来源之一——培根(Francis Bacon)的《亨利七世治期史》(*The Historie of the Reigne of King Henry VII*,1629)——对话。正如休谟在脚注中指出的,这部分的许多观察结论都源于对培根观点认同与否的认真思考,通过回顾他的资料来源,我们能够看到他撰写的都铎王朝时期历史选择的走向。休谟有时无法抗拒培根绝妙唬人的塞涅卡风格的影响,例如,他告诉读者,珀金·沃贝克(Perkin Warbeck)"潜伏在野蛮的爱尔兰人中的时候,如何*厌倦了他不得不过的野蛮生活*"(楷体为作者标注,I,43∶III,53)。培根笔下的亨利七世是一位治国精明、精力充沛、吝啬小气的君主:

> 他是英格兰的所罗门,因为所罗门也向他的人民征收过重的苛捐杂税。②

---

① Forbes,'*The European, or Cosmopolitan Dimension in Hume's Science of Politics*',58.

② 培根的 *Henry VII*,231 – 232. Slater(Authorship and Authority,153 – 156)对于休谟弱化培根写作风格这一做法,以改变培根观点的方式,给出了一段有趣的阐述。

在培根看来,亨利是英国第一位伟大的立法者、经济改革家和外交事务家。培根认为亨利给予议会的特权与他撤回的一样多,休谟从反对培根这一观点开始讲述。①休谟承认亨利的统治是"英国宪制的一个新纪元",但原因却恰恰相反,是因为国王获得了前所未有的特权(I,61;III,74)。休谟的亨利七世是一个偶然出现的暴君。让培根如此钦佩的治国技艺,在休谟笔下实际上是国王的铁腕管理手段突然间摆脱了其他权力的阻碍的表现。亨利的绝对主义,在休谟看来不是"国王永远关注强权和大众"(培根会这么说)的结果,而是一场更客观的经济革命的结果。和欧洲其他国家一样,在英国,[85]这场经济革命使资源逐渐从贵族转移到国王手中(I,66;III,80)。②休谟逐条驳斥了培根对亨利经济政策的赞扬(I,63–5;III,79)。培根在亨利的财政改革中发现,明智的公共政策有时在执行中变得过于贪婪,休谟则看到亨利个人被贪婪支配的激情(I,54;III,66)。在培根看来,亨利的私人自我大部分已经被同化进皇室官僚体系中,几乎没有这类个人的激情。

培根笔下的官僚,在亨利七世统治的大部分时间里,都被亨利执政的合法性问题困扰。培根的叙事结构围绕亨利与错误地质疑其王位的沃贝克之间漫长而令人愤怒的斗争展开。这一戏剧性事件以沃贝克(国王的这只鸡身蛇尾怪)被处决而告终,结束了"记忆

---

① Ibid.,234–235.
② Ibid.,216.

中最漫长的一段闹剧"。①相比之下,休谟对珀金事件的描述比较平淡,组织手法也不一样。与培根不同,休谟的"亨利七世统治史"以16世纪早期欧洲转型的更大叙事为背景。就在亨利较为杰出的政治体制框架外围,休谟描述了君士坦丁堡的衰落、印刷术和知识的传播、新世界的发现,以及其他绝对君主制的兴起。培根坚持强调他的精明君主的欧洲地位和声望;而休谟发现,这种名望是当时发生剧变的欧洲的意外事件。休谟开始撰写《英格兰史》中关于都铎王朝的两卷时,对君主在国家事务中发挥个人作用的信心逐渐减少。培根认为,亨利政府是第一个由有天赋的君主执政、严肃运用现代治国术的政府。休谟看到了都铎统治革命的开端,不过他认为,与其说是国王发挥了作用,不如说是欧洲事务发生了普遍变化。这场革命直到亨利之子亨利八世继位才真正开始:

  自此,现代编年史中更有用、更令人愉快的部分开始了。(I,67;III,82)

在休谟看来,现代史始于亨利八世。

休谟对王室"人员"在国际、经济和社会"事务"中发挥作用的看法越来越受限,这个特点贯穿关于都铎王朝的两卷。亨利八世在位时绝对王权的巩固得益于国王威权主义性格特点,尽管这并非是他处心积虑地为之:

---

① Ibid.,194 – 195.

虽然他(亨利八世)制定的所有措施都源自他不加收敛的性情,然而他随便制定的一个政策都必然指向专权,这种必然性比他能思考出的任何最深刻的政纲都大。(I,186;III,214)

亨利八世与查理一世正好相反,是一位"伟大"却不"善良"的君主,[86]因为在休谟看来,"伟大"意味着个人情感与时代趋势的直观匹配(I,278;III,322)。都铎王朝在沃尔西(Wolsey)、克兰默(Cranmer)和塞西尔(Cecils)温和而明智的管理下,维持并巩固了本朝的权力。在叙事史中,只有伊丽莎白一世被描述成带有更多干涉主义的角色,这并非其个性或性别使然,而是她对二者都有精确掌控的结果:

评估她功绩的真正方法就是放下所有的这些考量因素(性格和性别),而仅仅把她视为一个理性的、被安放在权力位置上、被委任了一个人类政府职位的人。(II,715-6;IV,353)

与父亲和祖父不同,伊丽莎白能执行她的各项计划,因为她已经把她的王室自我融入更占优势的公共理性中。当然,休谟通过淡化伊丽莎白统治风格中的个人因素,表明他摆脱了18世纪史家的普遍看法,即伊丽莎白属于"好女王贝丝"那一类(Good-Queen-Bess-ery,例如博林布鲁克[Bolingbroke]的《论历史研究和应用》[*Letters on the Study and Use of History*]中提到的)。休谟并没有完全丧失对个体人物的兴趣。在撰写伊丽莎白的章节中,他用了大量篇幅描写苏格兰女王玛丽。毫无疑问,休谟注意到了竞争者罗伯逊关于16世纪苏格兰的卷本,该作品原定与休谟关于都铎王朝的两卷同年出版。不过,我们将在下一章看到,在创作《英格兰史》这个阶段,休谟的主要兴趣是那些个人品质中具有公共服务精神的人物,而他眼中的玛丽是一位与其所处时代格格不入的反面君主典型。

"人"与"物"之间的动态关系给有关斯图亚特王朝的两卷注入了艺术复杂性,那种动态关系在都铎王朝两卷中却被削减为关于英国现状成型的更线性的叙述。在记述亨利七世准备即位时,休谟发现了16世纪许多正在进行的发展过程,其中有些在伊丽莎白时期趋于稳定。首先,欧洲各国的军事和经济均衡体系在16世纪初西班牙和法国之间的对抗中诞生。罗伯逊后来在他的《查理五世史》(*History of Charles V*)中详细阐述了休谟此处概述的故事。据休谟描述,在亨利八世统治初期,欧洲势力达到了理想的平衡,掌握着平衡天平的正是英国:

> 在欧洲,几乎没有哪个时期比那时的势力均衡更有保障,而且似乎这种均衡在这一时期也最能维持下去,却不引起其他君主担忧或关注。几个伟大的君主国建立起来。就找到戒备的依据甚至是借口而言,迄今为止其中没有任何一个能超越其余几个。(I,74;III,88)

尽管如此,亨利八世并没有发挥他作为欧洲主要负责人"不可估量的优势",休谟还指责他目光短浅(I,10;III,128)。这种欧洲秩序后来在都铎王朝末期被推翻,[87]但对休谟来说,这仍然是现代外交政策值得追求的目标。

休谟发现,与欧洲国家体系的这些发展同步的是,这一时期的王室权威因为贵族财富的相对减少而稳步增加,并因为宗教改革期间的政教统一得以巩固:

> 从贵族衰落到平民崛起的这段间隔时期,君主利用当时的形势几乎掌握了绝对权力。(II,737:IV,384)

休谟非常赞成英国通过正当法律程序进行不寻常的改革。尽管讽刺宗教改革的同时也中伤了那些比较积极的改革者,但他认为,这次改革虽不是深思熟虑的智慧,却也是伟大的宪法事件:

> 承认[亨利八世]的至尊地位,通过结合灵性的力量与公民力量,并阻止关于各种限制的争论——永远无法在争斗的各党派之间准确地被裁决的争论,给政府引入了一种更简单的方式……总的来说,这些变革带来了许多有益成果,虽然也许那些实行改革的主要负责人既没预见到也不曾意欲获得这些成果。(I,181:III,206-207 用不那么过时的"行政辖区"替换了"党派"一词)

爱德华六世完成了宪法的修改,玛丽没有做什么来推翻这些修改内容。到伊丽莎白统治末期,已经建立起规范化的宪法位置,即女王已成为教会和国家的绝对权威。把伊丽莎白刻画为绝对君主(需要谨慎指出的是,她不是暴君)让18世纪的许多读者感到惊讶,然而休谟坚持认为,伊丽莎白的政权既合法又为她的人民所接受(II,728:IV,370)。其中有一段让人不禁想起他早期文章《论原始契约》("Of the Original Contract",1748),休谟在那里解释说,伊丽莎白的臣民"完全默许她的专制统治",因为他们感受到既成政府措施的正统力量(II,716:IV,354)。此外,休谟发现,伊丽莎白审慎的统治风格是那个时代君主的典型特征:

> 君主的权力,虽然的确不受限制,却是按照欧洲方式行使的,而且君主权力并没有渗入到政府的每一个部分。(II,728:IV,370)

因此,伊丽莎白的统治对宪法构不成影响,不过是一位欧洲君主"一切如常"的做法,但她的睿智和技巧确实令人瞩目。在关于都铎王朝的两卷的结尾处,休谟描述了一个稳定但经济欠发达的伊丽莎白时代的英格兰,这为随后描述经济上更有活力但政治不稳定的斯图亚特王朝时期的英格兰奠定了基础。因此,英国在17世纪陷入狂热与自由的独特混乱之前,创造性地建立了都铎王朝实现的稳定秩序。

中世纪背景

[88]休谟关于中世纪的两卷出版于1761年(出版年份标注的是1762年),这两卷为这个国家的形成提供了更深刻的背景,其观点和方法也自有特色。中世纪部分讲述的最大型故事是一种政治和社会生活方式,即休谟所谓的"封建"制度的实施、巩固和衰落。正如菲利普森(Nicholas Phillipson)曾指出的,必须向读者详细解释

封建制度,他们才能理解都铎王朝政府革命的规模。①与欧洲其他哥特民族一样,封建主义是一种社会组织形式。在考察封建主义缓慢衰落的过程中,休谟发现了一个兼具大量英国本土特色和欧洲其他政体经历的典型过程。休谟以封建秩序的欧洲维度为中心,有意识地促进了同时代的苏格兰人例如卡尼斯勋爵和斯密等正在从事的封建主义研究,后者把封建主义视为社会发展的一个特定阶段。②休谟的社会学词汇集中在三个附录部分(盎格鲁－撒克逊政府部分、封建的盎格鲁－诺曼政权的部分、中世纪后期部分),有时他还在讲述国王和伟人卷章的常规叙述里毫无技巧地使用这些词汇。然而,这样做的整体效果是,在欧洲早期历史的深层洪流中,他比以往更坚定地锚定了英格兰脱离常轨的近期史。

休谟对英格兰封建制度的努力经营和衰落的叙述,无疑要归功于伏尔泰的《风俗论》,这是第一部从国际范围处理这一主题的史学著作。休谟在撰写中世纪两卷时,在一个朋友的书桌上发现并借阅了《风俗论》。③休谟对封建主义在技术发展和城市合并过程中逐渐衰落的叙述,以及对天主教会作为法律秩序力量的关注(尽管天主教会如此迷信、愚蠢),与伏尔泰的著作有许多共同之处。休谟比伏尔泰更强调重新发现罗马法大全在促进更公正的法律结构和法学行业方面的作用,即使在像英国这种传统法律制度仍然存在并且还在发展的

---

① Phillipson, *Hume*, 135.
② 关于18世纪苏格兰封建制度的研究,参见第四章。
③ Hume to Gilbert Elliot, Lord Minto(1 May 1760), *Letters*, no. 64.

国家,罗马法也在发挥作用(Ⅱ,441;Ⅱ,520)。休谟对后封建时期中央集权政府在英国崛起的叙述异常复杂——新的财产形式、商业形式,以及更具活力的人文与科学,这得到许多现代评估者的称赞。①近期已有针对休谟分析封建主义的研究,我的目的[89]并不是要添加些新东西,只是想指出,这些研究大多集中于《英格兰史》的附录章节,因而夸大了中世纪两卷整体的主题连贯性。通读这几卷书需要耗费太多时间,会使这种统一性的印象荡然无存。在做社会学式归纳的字里行间,读者常常会遇到这样一位史家,他对自己材料中难以驾驭的特点感到沮丧:

> 英格兰古代史只不过是各种反转,每件事都处于变动和运动中:一个集团不断地破坏另一个集团建立的东西。(Ⅱ,264;Ⅱ,311)

休谟担心自己掌握的盎格鲁-撒克逊和中世纪时期的史料证据不足,而且怀疑它们作为历史研究对象的内在价值。在《英格兰史》第二卷结尾处告别中世纪并开始向读者们介绍都铎王朝时,他明显松了一口气:

---

① 关于休谟对"封建主义"性质和背景的分析,参见 R. J. Smith, *The Gothic Bequest: Medieval Institutions in British Thought*, 1688—1863 (Cambridge, 1987), chapter 3,还可参见 Wexler, *David Hume and the History of England*, chapter 4; John W. Danforth, 'Hume's History and Economic Development' in liberty in *Hume's History of England*, eds. Donald Livingston and Nicholas Capaldi (Dordrecht, 1990).

我们就是这样通过一系列野蛮时代来追踪英格兰历史，直到我们终于看到文明和科学的曙光，并有希望既在我们的历史叙述中获得更大的确定性，还能够给读者呈现一个更值得关注的景象。(II,439:II,518)

尽管休谟很快修正了这一观点，他补充说，这些野蛮时代的"景象"并非"完全没有娱乐性和启发性"，但他对封建主义衰落的发展性叙述，往往会因英格兰中世纪历史中似乎必然出现的毫无意义的混乱时刻而中断(II,440:II,518)。休谟笔下的中世纪欧洲几乎没有自主生活。他对中世纪欧洲的艺术或骑士精神并不十分感兴趣(吉本后来也这样)，只将其视为他自己时代的开放的、商业化中央集权国家的倒置(I,262:I,296)。就像伏尔泰《风俗论》里关于中世纪的章节一样，休谟对封建主义衰落的渐进式叙事与可怕的野蛮病理学争相出现。有时，休谟从中世纪汲取的经验似乎不够谨慎：

如果某些时期在这方面看起来可怕和畸形，那我们就可以以更大的渴望之情学会珍惜那种科学和文明，因为它们与美德和人性有着如此密切的联系。(II,440:II,518)

附录的散漫特点中潜藏着一个普遍编年史结构。继拉宾(Rapin)的例子后，休谟也以编年史的形式呈现盎格鲁-撒克逊时代。休谟对诺曼征服没有一丁点儿积极看法。这令人惊讶，因为在18世纪，史家已经开始将诺曼征服纳入英国适应性和多种族的世界主义叙事中。拉宾在他的整个中世纪叙事中始终坚持欧洲视角,[90]他称赞这次征服,称其是英国融入欧洲大陆文化和声望的时刻:

  在这场革命后,英格兰人开始在欧洲崭露头角。在此之前,世界其他地方对英格兰人一无所知。这可以说是英国走向辉煌和荣耀顶点的第一步,我们现在就目睹着这一步。①

坦普尔在《英格兰史导论》(*Introduction to the History of England*)中简要叙述了英格兰至1066年的历史,他和拉宾在这个话题上有相同看法:

  (诺曼征服后,)英格兰在海外的统治和权力,以及在国内的尊严和国家地位都变得更加强大。此外,通过这次征服,我们从法国人和诺曼人混杂之地以及其他外国人的伟大策略中获得了更丰富的知识,更多样的文明,更优雅的语言、风俗和礼仪。②

笛福在他的讽刺作品《地道的英国人》(*A True-Born Englishman*,1701)中运用了这种英国世界主义新论调以营造诙谐效果:

  就这样,从各种血统混合中
  一个混种——英国人——诞生了。(行334-335)

---

 ① Paul de Rapin-Thoyras, *The History of England*, trans. Nicholas Tindal (4 vols.; London, 1732—1745), I, 164.

 ② Temple, Introduction to the History of England(London, 1695), 313, 315.

然而,对诺曼征服的世界主义解读始终保持着庄重的语体,这一点从 18 世纪后期柏克(Burke)未出版的《英国简史》(*Abridgement of English History*)中可以看出:

> 英格兰的法律、礼仪和准则突然(被诺曼征服)改变了,场景被放大了。从此,英格兰与欧洲其他国家间的交流就这样开始了,并在一系列的战争和协约中得以保持。①

虽然谨慎,但柏克认同诺曼征服结束了撒克逊原本孤立的这一事实。然而,休谟反对对这一事件做这般世界主义式解读,虽然他承认威廉明智地"具有合法君主而不是征服者的外表",但他强调的是英格兰人立刻遭受了苦难和压迫,而不是任何长期利益(I,169:I,192)。休谟逐条列举了盎格鲁-撒克逊人的政治和文化弱点("人民在很大程度上失去了所有的民族自豪感和精神"),这使他们很容易被外国势力颠覆(I,164:I,187)。他的分析的关注点,在某些方面与弥尔顿(Milton)《大不列颠史》里叙述的类似,即关注盎格鲁-撒克逊人在政治和道德上的沦丧,这使他们最终沦为诺曼人"如此容易征服"的猎物。②在休谟《英格兰史》的最后总结中,诺曼征服成为继罗马帝国之后的黑暗时代"衰退期的"最低点,[91]在那之后,历史的车轮又开始滚滚向上(II,441:II,519)。一

---

① Edmund Burke, *An Essay Towards an Abridgement of English History* (c.1757), *Works*(10 vols.; London, 1803—1812), 369.

② 18 世纪的读者很多都读过弥尔顿撰写的史作,因为它是《英格兰全史》(*Compleat History of England*, 3 vols.; London, 1706)第一卷的一部分。

些18世纪史家笔下与诺曼人的到来相联系的"科学与文明",在休谟《英格兰史》中被推迟到都铎王朝时代前夕(II,439;II,519)。

在讲述完诺曼征服后的几页里,休谟笔下的中世纪英国的发展步履蹒跚。罗伯逊后来在他的《欧洲社会发展观》(*View of the Progress of Society in Europe*,1769)中把12世纪到15世纪描述为欧洲快速发展甚至呈指数级发展的一段时期。尤其是,罗伯逊恢复了十字军东征的名誉,认为即便不从其狂热动机而是从其结果来看,十字军东征也是一件幸事。而且,十字军东征也是欧洲国家间贸易和文化联系发展的一个决定性时刻。相比之下,休谟的观点与伏尔泰相近,他把十字军东征斥为"迄今为止任何时代、任何国家发生过的人类愚蠢行为中最显著、最持久的代表"(I,209;I,234)。休谟默默遵循着伏尔泰的叙述框架,偶尔也使用伏尔泰的词汇。例如,在描述1099年征服耶路撒冷时,休谟直接回应了伏尔泰对原始资料的评论。伏尔泰表示,当代大多数记录都指出,全面屠杀耶路撒冷的非基督徒后,十字军战士一靠近圣墓就失声痛哭。伏尔泰怀疑这种矛盾行为在人的身上是否可能:

> 他们很有可能会给它贴上宗教的标签,但这种以哭泣来表达的温柔,与这种眩晕、愤怒、放荡和冲动精神是不相容的。同一个人可能会兼具愤怒、温柔的情感,但不可能在同一时间表现出来。(1963,I,566)

通过接受资料来源的证据、把这一事件作为野蛮主义悖论的一个例子来关注,休谟似乎理解并修正了这一说法:

他们的虔诚,因基督受难之地的存在而迸发,所以战胜了他们的愤怒,以至于他们的眼泪夺眶而出,表现出所有的温柔和柔情。人的本性是如此自相矛盾!最脆弱的迷信与最英勇的勇气和最凶狠的野蛮如此容易地结合在一起!(I,221-2:I,250)

休谟对十字军东征的叙述,保留了伏尔泰关于拉丁人令人惊骇的"愤怒"的强调,但改进了伏尔泰关于迷信心灵病症的哲学分析。这两位史家都没有预见到,对十字军东征的历史化解读,之后将在罗伯逊和吉本的著作中得到发展。

在很大程度上,休谟关于中世纪的两卷,描述的是都铎王朝施行大陆式政体的准备时期,但诺曼征服和十字军东征部分以及其他部分也反映了现代性的负面景象。[92]对《英格兰史》争论不休的核心,仍然是记载都铎王朝的两卷,这是中世纪的终点,也是该作品里最具国际比较性的部分。《英格兰史》一经完成,记载都铎王朝的两卷就成为衡量17世纪英格兰分化程度的标准:在中世纪末期的去封建主义之后,欧洲国家更倾向于建立开明专制君主政体,这一趋势更为常见,或许也更为可取,但英国偏离了这一趋势。《英格兰史》结尾部分对光荣革命的仓促叙述,承担起预示美好结局的重担。这个结局只在最后几百页才开始显现,无论好坏,光荣革命都标志着与过去政治形态不可挽回的决裂:

它给予大众原则如此大的优势,使英国宪制的性质无可争议。(443:VI,531)

休谟在结尾这几页含蓄地修改了他早期对统一主题的论述，他在《英国政府更倾向于绝对君主制还是共和国》("Whether the British Government Inclines more to Absolute Monarchy or to a Republic",1741)一文里曾预测，即便国家变得更糟糕，

> （鉴于）我们经历了多次动乱和内战之后，也终将在绝对君主制中找到依靠，我们如果能从一开始就和平地建立君主专制，一定会更加幸福。①

《英格兰史》并没有推测回到宪制静默的伊丽莎白时代英格兰的道路，休谟对《革命稳固法》(Revolution Settlement)的讽刺和有保留的欣赏，使他不再确信那条路还存在，即使有，他也不会急于选择这条路：

> 在这座岛上，我们如今所拥有的，即使不是最好的政府制度，至少也是人类所知的最完整的自由制度。(443:Ⅵ,531)

只有像休谟那样拥有欧洲感知力的人，才能鉴别出这样一个自由体系的古怪之处，但是，接受一种政体的社会智慧也需要哲学家，无论这种政体有多大缺陷，它都能满足英国人想要随心所欲、特立独行的愿望。

---

① Essays,53.

罗伯逊对苏格兰史学的拯救

李爱萍 译 朱琦 校

[93]作为史家,罗伯逊在他的年代和 19 世纪大多数时期都声名显赫,其声望仅次于休谟。近期学术界又以某些方式重申,在 18 世纪的苏格兰文化生活和欧洲启蒙史学两个方面,罗伯逊都是极其重要的人物。①罗伯逊在这两个领域的重要性并非偶然,主要得益于他之前所做的研究以及自身声誉。18 世纪中叶,罗伯逊第一次涉足史学领域时,英国叙事史研究已经有一定的威望和普及性,国内任何寻求重要地位的社会团体都想纳入一位成功的史家,以便能引以为荣。自 1707 年组成联合王国以来,苏格兰经济相对繁荣,大学正在改革,宗教也日趋自由化,使得苏格兰能更广泛地融入不列颠社会,这种局势的必然结果之一是,出现了一个融合苏格兰牧师和专业精英的群体,他们极其渴望得到不列颠的文化认同。

---

① 参见即将出版的文集 *William Robertson and the Expansion of Europe*,该书由 Stewart J. Brown 编写,是 Cambridge University Press 系列丛书 Ideas in Context 的一部分。Thoemmes Press 即将出版一套罗伯逊史学以及其他次重要的作品的全集,带有评论性介绍。然而,以罗伯逊史家身份为主的出版物极其罕见。

18世纪中叶,苏格兰大学城的知识运动(现称为苏格兰启蒙运动)开始发酵,该运动在道德哲学、社会分析、政治经济学和史学领域取得了成就。休谟撰写《道德和政治论文集》和《英格兰史》时,该运动已进入白热化阶段。但苏格兰文人倾向于选择一位更正统的文化代言人,最终他们选择了声名显赫且身价不菲的牧师兼爱丁堡大学校长——罗伯逊。① [94]罗伯逊在苏格兰度过了自己的职业生涯,他将自己奉献给当地的志愿团体、教会以及大学改革事业,这种奉献隐含在其史书里,直接贯穿于其专业生活中。尤为重要的是,他领导了苏格兰教会中的"温和"改革派,在其漫长又成功的改革中,建构起道德层面不那么严苛、政治层面上更通情达理的教会机构。作为爱丁堡大学的校长,他在自己的社区中倡导宗教宽容,在自己的机构里提倡新的道德哲学和社会哲学。

罗伯逊和休谟,与斯密(Adam Smith)、文学批评家布莱尔(Hugh Blair)、社会哲学家弗格森(Adam Ferguson,)、自传作家卡莱尔(Alexander Carlyle)以及许多著名教会和大学学者们共同构成的智识界,同时支持统一和世界主义,对联合王国成立后的苏格兰感到

---

① 本章主要目的不是介绍罗伯逊的生平,有关其介绍可参考 Richard B. Sher, *Church and University in the Scottish Enlightenment* (Princeton, 1985)。Dugald Stewart 的 *Biographical Memoirs of Adam Smith, ILD. , of William Robertson, D. D. and of Thomas Reid, D. D.* (Edinburgh, 1811)是第一本罗伯逊传记,附有很多罗伯逊的信件。更多有关罗伯逊背景及其思想的社会性因素可参考 Charles Camic, *Experience and Enlightenment*; *Socialization for Cultural Change in Eighteenth - Century Scotland* (Edinburgh, 1983)。

骄傲与自豪。这种文化氛围近年来颇有影响力的表征方式带有"阿狄森"式社会习语特点,换言之,它特别强调阿狄森式"旁观者们"倡导的城市式优雅、社交和在所有事情上的节制。[①]这既是在苏格兰社会和智识生活中获得自信的一种新表达,也是一种追求——追求对作为整体的不列颠的尊重和声望,尤其是 1745 年雅各布派叛乱之后,英格兰人将苏格兰人视作叛徒。罗伯逊的史著既是他个人追求的一部分,也是他追求苏格兰声望的一部分,它们也影响着他的公共生活,这些史著凝炼出他更为宽广的温和、宽容、文雅的文化宗旨,也得到对自己的省域身份非常自信的人的支持,这些人包括他身处的贵族阶层、专业人士圈子和神职辉格党圈子。尽管如此,他们也暗示出对那种地方性身份自信有时会带来的代价的深层次焦虑。

在 18 世纪所有史家中,罗伯逊是最信奉世界主义观的一位,因为他认为,苏格兰和不列颠之间持续已久的紧张关系,只有在包容的欧洲视角下,才能得以缓解。本章将详细解读罗伯逊的《苏格兰史》(*The History of Scotland*,1759),该书试图把统一后的不列颠放置在更广阔的系统里,以巩固其岌岌可危的身份,此章将例证罗伯逊及其苏格兰同辈们面临的民族困境。罗伯逊的世界主义史与休谟的不同。休谟以欧洲式的冷眼旁观渐进地解读英国人任性的历史表演,以讽

[①] 参见 Nicholas Phillipson 'The Scottish Enlightenment' in *The Enlightenment in National Context*, Roy Porter, Mikulas Teich(Cambridge,1981)以及 'Culture and Society in the Eighteenth – Century Province: The Case of *Edinburgh and the Scottish Enlightenment*' in *The University in Society*. Lawrence Stone (2 vols.; Princeton,1974)。

刺其地方式怪癖。[95]他在给一位苏格兰朋友的信中说道:

> 然而,我感受得到(该书)第一版中充斥着太多愚蠢的英式偏见,那些偏见为所有国家、所有时代所不耻。①

反之,罗伯逊在史书中以不断拓宽的视野寻求欧洲国家及其殖民地共有的模式和文化相似性,以超越英国的民族偏见和宗教偏见。在这些模式中,他发现了隐藏在欧洲社会进化和融合进程背后的上帝统筹之手。每撰写一本新的史作,他对这些进化过程的诊断便更精确。苏格兰启蒙运动的社会理论,与其用以解读和考查的不列颠史和欧洲史发生过复杂的碰撞,最终苏格兰启蒙运动的社会理论发现了自己的不足,正是罗伯逊成熟期的史书《查理五世治期史》(*The History of the Reign of the Emperor Charles V*, 1769)和《美洲史》(*The History of America*, 1777)促成了这次碰撞。罗伯逊的第一本著作《苏格兰史》缺乏这种社会理论的复杂维度,但另一方面却表明了一位雄心勃勃的苏格兰史家的优势,他站在不列颠文学文化的边缘,以世界主义视角书写自己的史学。

学徒期

1756年,罗伯逊与布莱尔、斯密和其他有抱负的文人合作创办

---

① Hume to Gilbert Elliot(21 February 1770), *Letters*, no. 439.

了一本名为《爱丁堡评论》(Edinburgh Review)的短命杂志。《爱丁堡评论》的出发点是介绍在苏格兰境内出版的书籍,更笼统地讲,是为了提高苏格兰的学识和文学水平。①该杂志只发行了两期就停刊了,巧合的是,最后一篇文章恰好是斯密写给编辑们的一封信,他在信中重申杂志的创刊宗旨。斯密担心,杂志的文学兴趣只狭隘地局限于苏格兰。他认为杂志不仅应该关注整个英国,还应该关注整个欧洲,斯密以正式要求的口吻补充说:

> 你们应该以关注英格兰的规划去观察整个欧洲,只审视具有如下特征的事迹——虽然可能无法被最远的子孙后辈们铭记,但在未来的三四十年里不会被忘怀之事。②

接着,斯密大肆褒扬了伏尔泰笔下的法兰西及其《百科全书》(Encyclopédie),认为此书饱含大量的具有潜在持久性之物。[96] 罗伯逊早已预见了斯密的观点,认为即便是当地人感兴趣的作品也应该放置在整个欧洲参考体系内考量。评价莫塞斯(David Moyses)毫无光泽的《16世纪苏格兰事务回忆录》(Memoirs of the Af-

---

① *The Edinburgh Review*; containing an account of books and pamphlets that have been published in Scotland (2 numbers; 1755—1756). 该项目的详细说明参见 Richard Sher, *Church and University*, 68–72. 罗伯逊的作品包含了他对 David Moyses 的评论, *Memoirs of the Affairs of Scotland*, Dodsley 出版的诗集, 1688年的主教目录, 一些路易十四世的信件, 以及 William Douglass 的 *Summary, Historical and Political…of British Settlements in North America*。

② *Edinburgh Review*, ii, 59.

fairs of[sixteenth – century]Scotland)时,罗伯逊抱怨说,此作品缺乏"真正的历史目标",忽视了大范围的发展状况以及这一时期"对外联系的影响"。①随后,作为总结,罗伯逊小心翼翼地公布了自己的史书规划:

> 在这种情况下,我们无法克制自己的意愿表达,我们期望某位坦率且能力超群的人能够致力于梳理我们历史上的这段神秘篇章。②

罗伯逊提出,16 世纪在苏格兰历史上是一个很重要的时期——各种信念得以确立,国内各政治党派的目标也确定下来,优秀的 16 世纪苏格兰史要与该杂志公布的苏格兰文化愿景一致,承担写史任务之人应该是担任公职之人。③

次年,罗伯逊对苏格兰史的了解逐渐加深,并不断给朋友达尔林普(David Dalrymple,后来的海尔斯勋爵)写信,索取研究材料。到 1758 年,罗伯逊寄给达尔林普一篇关于诺克斯(John Knox)的既成段落,此段之后未再做修改,包含了书中最具争议性的主题之一。④罗伯逊的《苏格兰史》终于在 1759 面世,其中蕴含了他对苏格

---

① 同上,i,26。
② 同上,i,25。
③ 同上,i,14(有印刷错误,应为 24)。
④ 关于罗伯逊的研究要求,参见苏格兰国家图书馆的 Newhailes Papers, MS 25294,f. 7,ff. 37 – 38,ff. 55 – 56,ff. 57 – 58。残篇也在同一文集,参 NLS, MS 25294,f. 76。

兰的文化愿景,这些愿景与他曾在《爱丁堡评论》中表达的相同,更普遍地讲,这是温和派牧师、文人及其赞助人组成的爱丁堡文化圈的愿景。除了热情支持联合王国和1688至1689年间的光荣革命,罗伯逊在该书的最后几页展望,在国家中受过良好教育的专业精英的指导下,苏格兰即将迎来经济和文化的发展。① 罗伯逊在《苏格兰史》尾声处指出,联合王国之前的时期是国家的衰落时期之一,这部分源于文化领导的失败:当时的牧师更看重虔诚而非学识,想来也无法写出《爱丁堡评论》赞赏的那种优雅布道辞;同样,律师、立法委员会权要和议会议员们也无法为苏格兰提供[97]有品味的雅致讲辞。②因此,《苏格兰史》在其最后的苏格兰民族愿景展望中引入了神职人员——作家在未来社会进步中的作用。

---

① 关于启蒙后苏格兰的社会环境,参见 Nicholas Phillipson,'Culture and Society in the Eighteenth – Century Province'; Roger L. Emerson,'The Enlightenment and Social Structures' in *City and Society in the Eighteenth Century*, eds. Paul Fritz and David Williams(Toronto, 1973) and 'The Social Composition of Enlightened Scotland: the Select Society of Edinburgh, 1754—1764', *SVEC*, 114(1973), 291 – 329; R. A. Houston, *Social Change in the Age of Enlightenment: Edinburgh 1660—1760*(Oxford, 1994)。

② *The History of Scotland, during the Reigns of Queen Mary and King James VI. till his accession to the crown of England: with a review of the Scottish history previous to that period, and an appendix containing original papers*(2 vols.; London, 1759), II, 259. 本章的所有引文都取自这个版本(此版对1759年的第一版有少许校订,增加了关于达恩利谋杀案的论文)。在罗伯逊的有生之年,这本史书只作了轻微的修改,第二版和第十四版之间的区别在于"作者做了最后一次校订和增补"(2 vols.; London, 1794)。

对文学领袖的这种并不唐突的要求,在罗伯逊后来的职业生涯中一直都有,事实上这种要求在这类作品中并不罕见。正如艾伦(David Allan)在最近一项有关苏格兰启蒙运动及其前身的研究中表明,苏格兰作家及读者一般通过衡量一个人的博学程度来评判此人是否具备领袖资格。①然而,和其他爱丁堡评论家一样,罗伯逊对领导能力提出了新要求:以英格兰模式润色文体,消除文中所有显眼的苏格兰词汇和语法。他想利用优美的英语散文为苏格兰建立语言标准,为修正低地方言特征做出贡献。甚至在两年后,他还加入了"苏格兰促进英语阅读和口语协会"。②罗伯逊删除了他所有散文中的苏格兰语(虽然即使在罗伯逊演讲时,也没有人把他当作英格兰人)。这种行为,在同时代苏格兰作家中屡见不鲜,在这方面,罗伯逊乐于接受沃波尔(Horace Walpole)和休谟的建议,休谟也希望消除苏格兰主义。③《苏格兰史》后来的多处修改其实就是为了达到这一目的。

罗伯逊的史著广受欢迎,源自英格兰和苏格兰边界线两边的赞扬信件和报道源源不断,这些人物既包括沃波尔、加里克(Garrick)、爱德华王子(Prince Edward)、沃伯顿(William Warburton),也

---

① David Allan, *Virtue, Learning and the Scottish Enlightenment* (Edinburgh, 1993).

② 参见 Davis D. McElroy, *Scotland's Age of Improvement: A Survey of Eighteenth - Century Literary Clubs and Societies* (Pullman, Washington, 1969) 第三章。

③ Walpole to Robertson (4 February 1759), *Horace Walpole's Correspondence*, ed. W. S. Lewis (48vols.; Oxford, 1937—1983), XV, 41 - 45. Hume to Robertson (8 February 1759), *New Letters of David Hume*, eds. E. C. Mossner and R. Klibansky (Oxford, 1954), no. 27.

包括休谟、苏格兰国会议员埃利奥特(Gilbert Elliot)以及其他苏格兰友人和熟人。① 在他去世之前,该书已再版14次,举世闻名。从一开始,罗伯逊就清楚地意识到,自己不列颠式的写作风格、名气以及他和他同僚们所代表的成功的苏格兰推广活动之间,关系密切。罗伯逊在《苏格兰史》最后一段过于强烈地抗议:联合王国曾将苏格兰人和英格兰其他地区人民同等视之,[98]"阻碍苏格兰人追求或妨碍他们获得文学名声的所有障碍都已被彻底清除"(II,260)。某种程度上,这无疑是罗伯逊对英格兰读者的提醒,提醒他们不要受到从1745年詹姆斯二世党叛乱中产生的非常普遍的反苏格兰倾向的诱惑。休谟非常高兴,因为罗伯逊在不列颠得到了认可,这种认可既代表了罗伯逊本人,也代表了苏格兰。休谟写道:

> 城里的人会认为你上过牛津,他们觉得一个足不出户的苏格兰人不可能说出那样的话。②

人们认为,同年发表于总部设在伦敦的《评论》(*Critical review*)杂志上对《苏格兰史》大肆褒扬的文章,其作者最有可能就是休谟。③ 毋庸置疑,罗伯逊非常满意这恰到好处的吹捧。一位他有些厌烦的朋友——日志记录者卡莱尔(Alexander Carlyle)认为,罗伯逊是一

---

① 这些溢美信件均藏于苏格兰国家图书馆,参 *Robertson – MacDonald Papers*, MS 3942, ff. 5–24。
② Hume to Robertson(8 February 1759), *New Letters*, no. 27.
③ David Raynor, 'Hume and Robenson's *History of Scotland*', *British Journal for Eighteenth – Century Studies*, 10(1987), 59–63.

位雄心勃勃的教士,《苏格兰史》将罗伯逊自我拓宽的个人计划与给苏格兰做文化推广的计划结合在一起。①接下来的几年里,罗伯逊出任爱丁堡大学的校长,受封"苏格兰王室史家"称号,又从布特勋爵那里得到一个职位。②

罗伯逊接着又写了两部大部头、一部小部头史著,在整个成功的职业生涯中,他始终坚持苏格兰传统人文主义历史观,认为这种史观是积极的、负责任的社会领导秉持的典范。即便如此,他后期的历史主题——中世纪到 16 世纪的欧洲,发现和征服美洲大陆,以及前英属印度——帮助他超越了新教改革和对周围所处环境的关注。谢尔和艾伦等史家发现,罗伯逊在教会和大学等体制中扮演的角色与他的史学活动之间存在对称性,也能看出,罗伯逊与他

---

① *The Autobiography of Dr. Alexander Carlyle of Inveresk*, 1722—1805, 由 John Hill Burton 编写, Richard B. Sher 撰写引言(Bristol, 1990, 304):"罗伯逊的谈话不像他的行为那样总是很严谨。例如,他一直强调,国家里的任何一位牧师,如果不注意自身修养,一有机会就会成为不太明智之人。这番警言令许多年轻人感到非常震惊,他们认为博士的公德标准不高。"

② 细节参见 Sher, *Church and University*, 93 - 119。也可参见 Jeremy Cater, "The Making of Principal Robertson in 1762: Politics and the University of Edinburgh in the Second Half of the Eighteenth Century", *Scottish Historical Review*, 49(1970), 60 - 84; James Lee McKelvey, 'William Robertson and Lord Bute', *Studies in Scottish Literature*, 6(1 969), 238 - 247。罗伯逊与布特勋爵探讨皇家史家地位问题的信函可见于 *The Jenkinson Papers*. 1760—1766, ed. N. S. Jucker (London, 1949)。Denys Hay, 'The Historiographers Royal in England and Scotland', *Scottish Historical Review*, 30(1 951), 15 - 29 解释了这一职位的性质和历史。

人之间的差距越来越大。[99]罗伯逊日益国际化的历史观,为他所属的辉格党长老会同僚们的地方自信心,提供了多少证据也就给予了多少打击。虽然他对欧洲的独特性和互联性越来越感兴趣,但这绝不是为了满足其英国赞助人以及英国读者的需求。罗伯逊成为王室史家(每年发放200英镑的津贴)的条件是:撰写一部不列颠史。他明确地说他愿意遵从这个条件。1761年,他收到卡斯卡特勋爵(Lord Cathcart)的来信,信中提到,布特听闻他愿意接受此任务非常高兴。①但罗伯逊却并未完成该史书的撰写,也许是因为他不愿与同为英国史家的同行兼朋友休谟直接竞争,虽然休谟的作品完成后,他显然认为这并不构成障碍。②早在1759年,罗伯逊就告诉沃波尔,他打算避开狭隘的政治争议,拓宽自己的研究领域,研究16世纪以前的欧洲史。③休谟认为,欧洲史的范围过于宽泛,而且极具挑战性,所以他更推荐安全一些的传记写作计划,但罗伯逊毫不理会朋友们的建议和资助者的压力,继续将他的16世纪苏格兰史拓宽到欧洲领域。④罗伯逊在其选择的文学事业

---

① Cathcart to Robertson(21 August 1761), NLS, Robertson - MacDonald Papers, MS 3942, f. 48.

② Robertson to Elliot(7 April 1761), NLS, Minto Papers, MS 11009, ff. 149 - 152.

③ Robertson to Walpole(20 February, 1759), *Horace Walpole's Correspondence*, XV, 46:"这些事既伟大又有趣……领域很广,我有许多书要读,但我不会再纠缠于上一部作品中曾困扰我的那些无尽的争论,我对单纯的劳作并不感到沮丧。"

④ Hume to Robertson(7 April 1759), *New Letters*, no. 28.

上的冒险获得了回报,他的声誉逐渐稳固。罗伯逊同时代的许多人试图通过更有利的条件,重新协调苏格兰与不列颠城市之间的文化关系,罗伯逊指向的却是更国际化的读者。就像斯密在写给《爱丁堡评论》的信中所说的那样,罗伯逊试图从他的省域视角展现他对欧洲史学的鉴别力。

无论是否有意,罗伯逊在所有重要方面都沿袭了伏尔泰的史学之路——从民族史到(主要)欧洲史,再到早期人类社会进化过程中的伪科学作品。自1745年来,伏尔泰一直是爱丁堡哲学学会的荣誉会员,其著作在苏格兰广泛出版,读者众多。18世纪50年代,苏格兰出版社首次扩大规模时,伏尔泰的作品便开始被再版和翻译,直到18世纪末,伏尔泰的史著在苏格兰图书贸易的这一类别中一直占据绝对优势。① [100]1752年,《苏格兰人》(Scots)杂志开始付印伏尔泰《路易十四时代》(Siècle de Louis XIV)的摘录,同年出版首个未翻译的苏格兰语版。直到1757年,《风俗论》(Essai)

---

① Keith Marshall, 'France and the Scottish Press, 1700—1800', *Studies in Scottish literature*, 13(1978), 1 – 14; Alison K. Howard, 'Montesquieu, Voltaire and Rousseau in Eighteenth – Century Scotland: a checklist of editions and translations of their works published in Scotland before 180 I ', *The Bibliotheck*, 2(1959), 40 – 63. 关于苏格兰杂志上的评论和摘录等细节,可参见后者。后者已被取代,例如关于伏尔泰的内容被 A. M. Rousseau 撰写的文献目录 "L'Angleterre et Voltaire *SVEC*. 145 – 147(1976)" 取代。更总括的材料,参见 Henry W. Meikle, 'Voltaire and Scotland', *Etudes anglaises*, 2(1958), 193 – 201 and J. H. Brumfitt, 'Scotland and the French Enlightenment' in *The Age of Enlightenment*, W. H. Barber(Edinburgh, 1967)。

在不列颠出版约3年之后,其第一本摘录才面世,次年才出现第一版苏格兰语译本。几乎所有的伏尔泰史著都有苏格兰语译本,包括他关于俄国、瑞典的查理十二(Charles XII of Sweden)和1741年战争的史作。罗伯逊语言能力超群,很可能在某个阶段读过大部分或是所有这些著作的法文版,在《欧洲社会发展观》的最后一个注释里,他对伏尔泰史学功底和学识的赞赏有些过分,或许也有双重目的。① 爱丁堡的律师图书馆里有一本《路易十四时代》的复印本,罗伯逊在参办《爱丁堡评论》这一活动期间,必定阅读过此版或其他版本。读了路易十四的信札后,他评论道:

> 倘若《路易十四时代》没有引发公众如此大的好奇心,从而让公众认为在他统治时期内每一件事都非常有趣,那这些藏品可能永远被封存在他的柜子里。

罗伯逊在评论中说,他被伏尔泰和休谟说服了,他们将路易十四塑造为一个开明绝对君主,远非辉格党鬼神学式的暴君,他掌管着一个"自由之国",其统治常常旨在使国家利益最大化。② 更一般地讲,虽然布莱尔在未公开发表的讲义中批评了伏尔泰,但在《修辞与美好文学讲稿》(*Lectures on Rhetoric and Belles Letters*,该书与《苏格兰史》同期开始陆续出版)中,他却公开夸赞说《路易十四

---

① Smith to Robertson(October 1788), The Correspondence of Adam Smith, E. C. Mossner and I. Simpson Ross(Oxford,1987),注释282:"我想,目前为止,你是我们中最好的现代语言学家。"

② 同上,ii,21。

时代》为世界引入了一种史学作品——

> 它比以往那些更注重法律、习俗、商业、宗教、文学以及其他一切表现民族精神和天赋的事物。①

罗伯逊和伏尔泰不仅对某些国家的制度和文化特征表现出相似的兴趣,而且都更热衷于将本国故事置于更大的欧洲或世界格局中讲述。他们这样做,倒不是为了(以孟德斯鸠的方式)证实各种关于人性和社会功能的本体论假设,而是为了证实本民族的历史确实归属于更大范围的史学模式。

从何而起,如何结束

[101]罗伯逊以一篇记叙苏格兰中世纪史的长文作为《苏格兰史》的序言。这篇序言在其他欧洲国家发展背景中审视了苏格兰的政治架构——休谟等人都很赞许该序言的叙事和学术成就。②《路易十五时代简史》(*Précis du Siècle de Louis XV*)在1768年面世前,早在《路易十四时代》各个版本的附录中,就都包含一幅广阔的"欧洲图景,从乌德勒支合约到1750年"(Tableau de l'europe,

---

① Blair, NLS, *Lecture Notes*, MS 850 and MS 250. *Lectures on Rhetoric and Belles Letters*, Harold F. Harding(2 vols.; Illinois, 1965), II, 288.

② David Hume, *History of England*(6 vols.; Indianapolis, 1983), I, 455.

depuis la paix d'utrecht jusqu'en 1750），其中同样显露出对欧洲发展做宏大概述的偏好。罗伯逊将苏格兰史划分为四个阶段，罗伯逊说他打算抛开前三个，只关注最后一个阶段（从詹姆斯五世去世到联合王国时期），因为，正像伏尔泰在人类另外三个伟大时代的背景中探讨路易十四时代一样，苏格兰史仅凭这最后一个时期就影响了其欧洲邻国的历史进程：

> 苏格兰史的第一阶段黑暗且充满传说。国家和人类一样，逐渐走向成熟，那些发生在其婴儿期或青年早期的事件，无法追溯，也不值得铭记。(I, I)

除了可能受益于伏尔泰，罗伯逊略显平淡的史学结构（无法追溯的黑暗时期、婴儿期和成熟期）可能多少还得益于他以前的大学老师——爱丁堡大学世界史教授麦基（Charles Mackie）。在 1741 年向哲学学会发表的演讲中，他探讨了苏格兰早期历史中的证据问题。他引用了瓦罗（Marcus Terentius Varro）著名的历史分期理论，将历史分为三阶段：模糊时期、神话时期和历史时期。他提醒说，关于苏格兰的记录和传统非常少，无法对其遥远的过去做恰当的"历史记述"。① 麦基把苏格兰早期历史证据问题与民族偏见问题联系起来研究的方式，可能也使罗伯逊很感兴趣：

---

① Charles Mackie, 'A Dissertation on the Sources of Vulgar Errors in History' (1741), Edinburgh University Library, *Lectures and Notes*, MS La. ii. 37. See L. W. Sharp, 'Charles Mackie, the First Professor of History at Edinburgh', *Scottish Historical Review*, 41(1962), 23–45.

作者们提到自己的国家或宗教或两者兼有时,常常被诱发的激情和强烈偏见所蒙蔽。①

罗伯逊将早期苏格兰史归入分级更低的古文物研究主题,这当然是无声的抗议,因为对苏格兰史早期阶段的研究经常被视为公然炮制民族主义神话的领域。此时,正如基德(Colin Kidd)所述,曾与苏格兰英雄和独立民族史联系紧密的传统和神话,正受到苏格兰学者的正面攻击。②[102]对于这一正处于现代化进程中的智识事业,罗伯逊让自己的史学与之相匹,却在又政治上与之保持一定的距离。

罗伯逊决定,正式的史学叙事得从苏格兰史开始脱离晦涩或传说领域开始,从苏格兰史与欧洲史开始有某些共同的政治特征时开始。罗伯逊与伏尔泰、休谟一样,认为均势思想的出现是欧洲关系史上的重要事件。在其叙事的开端,他记录下 16 世纪中叶出现的平衡外交"体系",苏格兰在该体系中逐渐成为一个国际选手,"有其一席之地"(I,76)。当苏格兰成为欧洲棋盘上的一份子时,它也就成了正统研究的对象之一。但是,要成为史学主题,苏格兰似乎仍然需要一定数量的特殊理由:

> (苏格兰)在欧洲政治国家中的地位极为重要,它对邻近诸王国的影响如此明显,以致外国人也十分关注苏格兰史。(I,5)

---

① MS La. ii 37(14).

② Colin Kidd, *Subverting Scotland's Past: Scottish Whig Historians and the Creation of an Anglo-British Identity*, 1689—1830(Cambridge,1993).

罗伯逊的目标是，通过叙事的世界主义语境化让苏格兰史摆脱地区性。罗伯逊让他的史学在某种程度上为辉格党文人推广苏格兰服务。民族自信是这种推广的基础，尽管采用这种叙事会使民族自信面临诸多风险。《苏格兰史》担负着一项自相矛盾的任务，它既要赞扬又要挽救这片土地的地方史。它并不单纯是温和的苏格兰人在 18 世纪巩固地方自信的历史中的一章，也没有完全屈服于世界主义史学普及化带来的压力。

在《苏格兰史》的序言中，罗伯逊列出了他在 16 世纪苏格兰叙事中将要涉及的欧洲术语范围。事实上，16 世纪初的苏格兰已经"从默默无闻中崛起"，而且"开始对各遥远国家的命运产生一些影响"，叙事主要关注苏格兰稳定发展的后封建政治制度的失败（从欧洲的角度来看，这是一种非典型失败），尤其是，它未能形成强大的中央集权君主制。然而，尚未准备好进入早期现代社会的苏格兰突然发现自己已被拖进欧洲模式，一种充斥着意识形态、宗教和王朝剧变的欧洲模式（I, 76-7）。中世纪晚期，苏格兰未能按照序言中所述的欧洲路线实现现代化，这加剧了 16 世纪苏格兰地区的暴力和分裂。罗伯逊暗示，苏格兰高度集权甚至专制的君主政体，[103]可能已经减缓了从封建寡头政治向现代平衡政治的过渡。基德说，对苏格兰辉格党派史家来说，"国家要实现公民自由，就必须穿过专制主义的幽谷"是一种信仰。① 根据罗伯逊的判断，近代早期苏格兰的主要问题在于，它甚至都没走进那不幸的幽谷，更别提找到通向公民自由的道路了。对于苏格

---

① 同上，182。

兰在16世纪陷入内战和宗教冲突的问题,罗伯逊无法从内部找到解决办法。在"全面放纵和无政府状态盛行到一定程度,与维存社会完全背道而驰"后,直到一个苏格兰国王詹姆斯六世(James VI)继承英格兰王位,才找到解决办法(II,174)。

故事的结局是苏格兰文化、经济以及政治上的大灾难,联合王国的成立导致苏格兰在17世纪作为一个独特的独立民族消亡了。罗伯逊认为,1707年的联合已经阻止了苏格兰的衰落,正是因此,苏格兰才有些被动地接受了更公正、更平衡的英格兰宪法。随着两国的"品味"标准日趋一致,苏格兰的民族独特性也逐渐消弭,可以说,苏格兰成了新古典主义文化和政治审美共同体(II,259)。史书的最后几页说到,统一之后的苏格兰走上了史学启蒙的道路,沿着这条道路,"商业进步,政府接近完美"(II,253)。1688年以后,政治权利的获得在苏格兰人中唤起了一种哲学精神,"他们的思想开始解放"(II,253)。统一后的苏格兰乐于接受高雅的公民活动和文化的发展,并未因国家失去政治独立而感到遗憾:

> 被吸纳进一种拥有更自由的精神和法律的政治制度后,苏格兰人扩展了他们的贸易,改善了他们的举止,提升了生活优雅度,发展了艺术和科学。(II,254)

然而,罗伯逊对联合王国的热情,更多源于他对不列颠国际声望的关注,而非对英格兰的政治顺从。主要基于这些理由,他赞成王国的联合:

就这样,两个从最早时代的记录里就分离的王国合并了,但根据情况,它们注定要形成一个伟大的君主国。通过本土力量的结合,大不列颠帝国在欧洲崛起,获得了英格兰和苏格兰永远无法获得的卓越地位和权威。(II 249;1794 年版在 II,299 处 Scotland 一词后加了 while separate)

[104]苏格兰在统一后取得的成功,建立在其历史必须中断的基础上。某种意义上讲,结尾部分类似伏尔泰式感性沉思,沉思前现代与现代之间必要的不连续性。尽管罗伯逊也乐于接受并含蓄地提倡社会和文化诸领域的创造性活动(把现代商业类同于古代或文艺复兴时期的共和国背景下的积极勇气和美德),但他也暗示,苏格兰人民并没有足够认真地履行其政治义务以维存其社会。换言之,现代对启蒙运动的史学颂扬伴随着对 17 世纪以前世界的否定,与之相应的是罗伯逊暴露了公民道德主义者们的焦虑——苏格兰缺乏现代公民可以借鉴的历史先例。言外之意,面对如此单薄的历史,罗伯逊并不完全确信,现代苏格兰人民能有效地为国家的社会和文化进步做出贡献。

公民道德主义的文学应用

在《苏格兰史》最后几行中,罗伯逊重申了他的信念,即联合促进了苏格兰的文化复兴:

在整整一个世纪里,苏格兰人陷入了这样一种境地——自由遭到的灭顶之灾丝毫不亚于整个国家的审美和天才人物遭受的毁灭,此后,他们立刻拥有了比他们的祖先曾经享有过的更有价值的特权。所有曾经阻碍他们追求或获得文学声誉的障碍都已被完全消除。(II,260)

这段显然很独断的反思背后,是文化活动、自由和社会参与之间更综合的平衡体。在统一后的苏格兰,写作是积极公民身份的例证,虽然这仅限于国家活动的公共领域而不是政治领域。罗伯逊是苏格兰丰富而持久的斯多葛主义和人道主义传统的继承人,该传统支持积极且常常好战的公民们在捍卫苏格兰自由和公益时发挥的作用。苏格兰人的公民-斯多葛主义传统,源自马基雅维利思想和古典文献,具体表现为一种无私的爱国主义、公民美德的双重道德和政治惯例,以及其混合政制。苏格兰的传统自由观在16世纪获得了斯多葛式的新意,最显著地体现在政治家和人文主义者布坎南(George Buchanan)的著作之中,他的《苏格兰史事》(Rerum Scoticarum Historia)经常出现于罗伯逊《苏格兰史》的脚注中。布坎南发展出一套苏格兰古代政治体制理论,强调其有限君主制的特点,[105]有德性的贵族(或称作"斯多葛式贵族")会支持并偶尔修正这种政体。据《苏格兰史事》,正是这种从公共利益出发的高贵精神,在不同的历史时刻,实现了人民反抗暴政的自然权利,在国家政治体制中构建了起平衡作用的中产阶层。作为苏格兰政治行为典范的罗马共和式爱国主义理想维持了数个世纪,在历史上常常与加尔文神赐秩序理念相伴而行。①激进的苏格兰议员和联合王国反对者萨尔托内的弗莱彻(Andrew Fletcher of Saltoun),在17世纪末至18世纪初,更新并修订了布坎南对苏格兰政体的经典诠释,他们的修订极具影响力。弗莱彻利用公民传统的智力资源,为建立一个独立、政治可行、繁荣的苏格兰而奋斗。布坎南认为贵族已经成为或有可能成为苏格兰自由无私的捍卫者,弗莱彻却认为这种看法荒唐可笑。不过,他保留并阐述了布坎南的古典自由观,认为自由就是积极参与国家事务的自由,同时认为苏格兰本质上是有限政体:

> 没有哪个欧洲国家的君主制比苏格兰的更受限,也没有谁会比苏格兰人更渴望自由。②

弗莱彻指出,给予苏格兰人参加国民军的机会,可能可以确保他们更广泛、更积极地参与国家事务。

七年战争时期,罗伯逊和他的朋友们在参与为建立苏格兰国民军组织而打响的(失败)战役中,可能就已经读过弗莱彻的著作。③出征者们把弗莱彻的许多观念都逼迫成了现实——臣民在为国家服务时积极地自力更生,常备军有令人憎恶的本性,战争精神

---

① Allan, *Virtue, Learning and the Scottish Enlightenment*, chapter 3.

② Andrew fletcher of Saltoun,'Speech' to the Scottish Parliament(1703)in *Selected Political Writings and Speeches*, David Daiches(Edinburgh,1979).

③ John Robertson, *The Scottish Enlightenment and the Militia Issue*(Edinburgh,1985).

包含着社会和道德利益等等。① 也许是考虑到了当时的国民军事务,罗伯逊还将弗莱彻列为照亮 17 世纪苏格兰黑暗岁月的少数杰出人物之一(II,258)。更笼统地说,罗伯逊对 17 世纪政治和文化衰落原因的分析,受到了弗莱彻的影响。弗莱彻认为苏格兰在该时期停滞不前,主要是因为过度依赖英国法院。1603 年的联合对于苏格兰来讲标志着灾难性政治隶属时期的开始,英格兰货币腐化了苏格兰贵族,使苏格兰人看上去像一个[106]被征服的民族。②罗伯逊针对此后大约一百年的简要调查,就算采纳的不是弗莱彻的最终解决方案(弗莱彻认为苏格兰只有完全独立,才能得到补救),至少也接受了其诊断。整个这一部分都带有各种弗莱彻古典道德主义和军事修辞学的痕迹。罗伯逊哀叹,王国的合并使国家遭受了傲慢贵族和常常缺席的专制君主的双重碾压,"彻底改变了苏格兰的政治体制"(II,249)。作为非正式政体而存在的(缺位)国王、贵族以及依附于贵族的人民之间的最基本的平衡——尽管这种平衡是必需的——被颠覆,贵族失去了其独立地位,不再秉持关于其权利与义务的自我克制的军事思想:

---

① 罗伯逊通读了他朋友卡莱尔的小册子 *The Question Relating to a Scots Militia Considered*(1760),也许还为其写了一段。然而几年后(据不完全可靠信息)卡莱尔抱怨说:"他(罗伯逊)对这类作品不太在意。"(*The Autobiography of Dr. Alexander Carlyle*,419)

② Fletcher,'An Account of a Conversation concerning the Right Regulation of Governments' (1704),*Selected Political Writings*,115.

以这些权利为基础的军事思想逐渐丢失或被忽视,再也没有什么能修正或缓和行使这些权利时的苛刻了。(II,251)

至复辟时期,贵族们已丧失所有责任感,与日俱增的贫穷使"他们变成了更卑鄙的奴隶,变成了比以往任何时候都更令人难以忍受的暴君"(II,252)。王室法庭的搬迁使苏格兰失去了文化中心。德性衰退的另一症状表现为:苏格兰的语言和文化均受到"新堕落"的影响,随之而来的是越来越多的属国问题和民族活力的丧失(II,259)。当罗伯逊哀叹1603年后国家生活的重要性降低时,他似乎发现弗莱彻式词汇的确很有用。尽管罗伯逊在书中很高兴地宣布,工会很快扭转了下降趋势,但是,他并未试图探究,弗莱彻没能看到独立的苏格兰会引发什么不幸反响。倘若批评17世纪的苏格兰是正常运转国家(从古典共和派术语的意义上理解)的反例,就可得出,苏格兰曾经有潜力成为独立发展的国家,这个国家以一个有活力、有德性的参与式独立政治阶层为支撑。联合王国弥补了苏格兰丧失的政治活力。然而,整部《苏格兰史》中到处都有布坎南派、弗莱彻派和古典共和党词汇的痕迹,透露出罗伯逊对这一丧失的忧虑。但这并不是说,罗伯逊的史学是残余的民族主义或是对苏格兰军事独立美好旧时光的怀念。《苏格兰史》试图锚定更宽广的情感范围,能够包容许多苏格兰读者、辉格党、托利党和雅各宾派对本国历史可能产生的挫败感。苏格兰有限君主制的古典语言只是罗伯逊为达到此目的而使用的众多词汇(包括感伤的和新教预定论的)之一。[107]当然,《苏格兰史》的确代表了参与探讨苏格兰政治史本质的政治交战。但是,它大量且不唐突地运用文学技巧,以引导苏格兰史中的各情感要素通达辉格党世界主义的终点。就此而言,该书与休谟的《斯图亚特王朝》有复杂的相似之处,无疑受到了其影响。

罗伯逊运用古典政体词汇以产生文学效果,其中一个例子是他对中世纪和现代早期苏格兰贵族的刻画。布坎南传统的某些元素,有助于补足罗伯逊对中世纪苏格兰独特的特征和功能的一般认识。这个国家被描述为拥有一种非正式军事封建秩序,有点类似于一个古典城邦的政体:君主和有德性的独立贵族对他们共享的政治共同体的意识比较松散,彼此基于互惠义务和遏制英格兰人威胁的共同利益。贵族(经典术语,政治阶层)无需缴纳任何税赋,作为交换,他们要承担起保卫国家的责任,无需依靠常备军,他们也管理其附庸者(经济阶层)的活动。罗伯逊解释说,"封建王国实际上是一个强大的军营",其中的每个人都是自力更生的军人。这些军事理念后来被联合王国瓦解了(I,13)。罗伯逊认为,苏格兰的封建政制是国王和贵族之间松散的伙伴关系,贵族们受制于彼此的权力势力,使他们不太会对其附庸者采取不合理的或专制的行为:

> 虽然封建政府的军事精神依然保持着活力,但王室和贵族们的附庸者们不仅不会受压迫,而且上层对他们还很殷勤,因为上级的势力和价值有赖于他们的依附和喜爱。(II,250)

1559年,天主教摄政女王吉斯家的玛丽(Mary of Guise)利用雇佣兵镇压珀斯的新教改革者事件,再次体现了苏格兰政府的典型特征。贵族们与新教改革者结盟,改革者们通过阅读吸收了公共德性和政府的经典理念,拒绝放下武器。弗莱彻在解读这些事件时,赞扬贵族们采取行动反对摄政女王与日俱增的暴政,维护了公众利益。①罗伯逊紧随其后,鼓励"天生自由且大胆"的贵族们更自由、更大胆地维护自己的权力,坚决驱逐雇佣军。(I,157)[108]在这个关键时刻,贵族和人民团结起来,本能地重申其政体的首要原则。虽然这种联盟很短暂,但罗伯逊通过暗示苏格兰宗教改革符合公共美德和独立的国家政治体制传统,给予了苏格兰宗教改革额外的认可。

罗伯逊笔下的中世纪和现代早期苏格兰,似乎确实蕴含着一个可行的政治共同体雏形,该共同体的维持有赖于积极的德性、警惕地保护自由免受中央政权的侵犯,以及军事上的自我防御。他引导人们关注苏格兰政治史中的这类古典特性,其方式可能显得是在为现代苏格兰重塑社会凝聚力和责任行为奠定史学基础。然而,如果认为这等于用古典术语重新定义苏格兰古代政体,那就错了。罗伯逊不是古典宪政主义者,在这个意义上,他的一些英格兰同辈史家却是。苏格兰宪政被视为一桩务实的事务,不能被当作绝对权力或自由的权威来源,尽管它有时可能促进了某些良善行为标准,例如,苏格兰人对被征服民族一贯比较包容(I,16)。罗伯

---

① Fletcher, 'A Discourse of Government with Relation to Militias' (1698), *Selected Political Writings*, 8–9.

逊偶尔用古典词汇描述苏格兰人统一前的状态——无论成功还是失败,文学术语或许都比政治术语更容易理解。运用古典词汇,可以让我们总体上从审美的角度颂扬老旧的苏格兰文化,否则难以得到启蒙史家现代进步鉴赏力的认可。德性、军事自立和英雄式独立等古典语言,与启蒙运动现代性的语言相平衡,彰显了罗伯逊面对朴素却是英雄式的典型苏格兰文化的矛盾心理。引入德性和堕落、独立和军事精神,是罗伯逊对苏格兰传统史学潜力的审美式认知的一部分。我们将看到,这种偶发的小心翼翼的怀旧之情也表现在罗伯逊对苏格兰女王玛丽的刻画中。

在撰写《苏格兰史》的这些章节时,罗伯逊面前有一个文学式地使用经典政治词汇的好范本。1756 年,罗伯逊同为牧师的朋友霍姆(Vohn Home)的悲剧《道格拉斯》在爱丁堡舞台上第一次上演时,霍姆既引发了争议也受到了赞赏。当时,有关牧师是否可以为剧院写作或参加剧院活动的问题,在当地存有争议。应该指出,罗伯逊是积极支持且捍卫神职人员拥有参演此类舞台剧权利的温和派代表之一,毫无疑问,他完全赞成霍姆参演。① [109] 在这出无韵诗戏剧中,主人公诺瓦尔(Norval)天性善良,从小被当作牧羊人抚养,后来发现自己出身高贵,被冠以道格拉斯之名。该剧背景设定在中世纪早期的苏格兰。诺瓦尔想要与入侵的丹麦人作战,为祖国服务,但最终却卷入了与家人和贵族同胞的自相残杀。戏剧前三幕被塑造为喜剧,到最后两幕演变为悲剧,这种结构影射了苏

---

① 有关'Douglas affair',参见 Sher,*Church and University*,74 – 87。

格兰古典封建制度的存在和遗失。诺瓦尔的继父害了他,他去世时哀叹自己的死毫无意义:

> 啊,如果我能像英勇的父辈们一样倒下,
> 用致命的武器扭转战争的局面。①

诺瓦尔/道格拉斯是布坎南斯多葛派贵族的典型代表,他们渴望通过军事行动捍卫苏格兰统一。他的英雄抱负最终被国内冲突削弱和摧毁。最后,冲向丹麦军队战死的正是他邪恶的继父。该剧从统一视角讨论中世纪的苏格兰英雄主义。它暗示苏格兰和英格兰应该联合起来对抗丹麦人的外部威胁,不应该互相争斗。霍姆用现代辉格党世界难以实现却令人舒适的观念,戏剧化地处理了传统的苏格兰军事独立理想和德性的荣光及其啼笑皆非的软弱。辉格党的这种观念已经取代了那些理想和德性。他的戏剧可能有助于影响五年后开始出现的对奥西尼亚风格诗歌的文化反响。该戏剧对五年后形成的奥德赛诗歌文化有推促作用。麦克弗森(James Macpherson)对这位古代苏格兰游吟诗人作品的散文式译本,同样给其爱丁堡读者带来怀旧式的满足和安全的社会距离。②霍姆的作品文学性地把(不断堕化的)古典共和模式比作苏格兰早期历史,罗伯逊可能也受到这一影响。其《苏格兰史》微妙地映照出霍姆对苏格兰爱国主义或

---

① John Home, *Douglas*(London,1757),64-65.
② 有关苏格兰人接受 Ossian,参见 Fiona J. Stafford, *The Sublime Savage: A Study of James Macpherson and the Poems of Ossian*(Edinburgh,1988),163-180;Sher,*Church and University*,chapter 6。

独立的各种可能性的调侃,同样也演示了这些可能性的崩塌。

罗伯逊在《苏格兰史》尾声处提及1707年联合问题时,没有将其描述为通过公共美德和公共承诺重获新生和活力,而是通过取得商业进步,以及大幅度提升以前被排斥群体的社会事务参与度。罗伯逊认为,与英格兰的经济和政治联合,帮助苏格兰走出了旧封建宪法制度下的复兴—衰落循环,进入了线性发展的历史进程。联合王国并没有解决苏格兰社会的[110]各种旧结构问题,而是直接引入一套新的结构。罗伯逊之前使用的传统苏格兰立宪主义古典词汇现在看起来像一种怀旧的形式,在肯定已经被联合王国摧毁的苏格兰旧社会形式有效性的同时,也将其永远弃置。就像休谟在《论商业》("Of Commerce",1754)一文中所说的,罗伯逊认识到了前几个时代中尚武精神的社会效用,但也指出政府今后不得不考虑商业带来的新社会期望。《苏格兰史》是国家自我防御问题的注脚,罗伯逊的立场从支持苏格兰国民军走向对国民军问题做历史化处理。罗伯逊越来越相信,现代战争必然令人遗憾地由常备军发动。他开始撰写《查理五世治期史》(*The History of the Reign of the Emperor Charles*,1769)时,已对16世纪以来战争"科学"的发展产生了浓厚兴趣——它导致税收增加,它与欧洲皇权势力增长紧密相连,它在欧洲作为一连串军事上均衡又相互联系的国家而崭露头角的过程中所起的作用。① 就像《苏格兰史》描述的那样,他

---

① *The History of the Reign of the Emperor Charles* V (3 vols. ; London, 1769) , III, 430 – 432.

依然将鼓舞士气之词与各种过时的文化联系在一起,比如中世纪早期欧洲"鲁莽的野蛮人",包括帖木儿及其游牧骑兵,他们的入侵给一些"沉湎于奢侈,被过度改良而弄得衰弱无力"的国家重新注入活力。① 最终,欧洲的各战士民族国被取代,其战争形式被"伟大"欧洲"家族"的政治和外交发展淘汰。战争越来越难打赢,代价越来越高昂,对人民自由的危害越来越大,但矛盾的是,战争却增强了国与国之间的稳定性。②尽管罗伯逊不赞同常备军数量增长和国民军衰落,但他没有按捺住自己的分析倾向,即他暗示,国家防御体系的那些变化是欧洲大国均势体系崛起的必然产物。

贵族封建秩序中的不和

尽管《苏格兰史》偶尔也会对中世纪和近代早期有德性的贵族们抱有怀旧之情,但它也讲述了诸多关于封建制度的负面事件,而封建制度正是贵族们的权力来源。罗伯逊即使承认苏格兰历史上存在脆弱的均衡宪制,但也一直很小心地将其限定为一种封建的而非公民形式的社会秩序。像他之前的弗莱彻一样,罗伯逊指责布坎南忽略了如下事实:苏格兰[111]社会与其说是古典城邦,倒不如说是一个军营。布莱尔在《修辞学讲稿》(*Lectures on Rhetoric*)

---

① 同上,III,431。
② 同上,III,432。

中也提出了类似观点：

> 布坎南习惯于将其政治观念完全建立在各种古典政府的计划之上，他似乎从未考虑过封建制度。由于封建制度是苏格兰政体的基础，其政治观点当然不准确、有缺陷。①

对苏格兰封建制度的新理解是18世纪加强研究的结果，诸如布莱尔和罗伯逊这样的辉格党人在理解布坎南时已经失去了纯真性。基德（Colin Kidd）对此有充分解释，罗伯逊这些启蒙运动一代，"重塑了后布坎南时代的苏格兰辉格党意识形态，让其批判苏格兰封建历史的僵化性"。②这种重塑带来了对苏格兰历史中贵族角色的全面批判，一直环绕在贵族身上的公民美德光环消失了。③这种重塑的目的是，为现代苏格兰创造具有更多参与性和更盎格鲁化的模式。

罗伯逊的《苏格兰史》，通过强调苏格兰封建制度在抑制现代性发端时异乎寻常的适应力，无疑也参与了这场学术上的普遍反封建运动。18世纪辉格党人对中世纪的研究中常常强调保皇派，在罗伯逊的史书里，这个特点与清晰可辨的伏尔泰式皇家论点结合在一起。有时，罗伯逊赞同伏尔泰的观点，坚持认为封建制度实际上只是一套没有能力滋生出政治共同体的无政府状态的地方管

---

① Blair, *Lectures on Rhetoric and Belles Lettres*, II, 284.
② Kidd, *Subverting Scotland's Past*, 98.
③ ibid, 166–184.

辖权。罗伯逊强调,苏格兰问题的主要根源是贵族对国家的控制太过强势。这种政体形式不仅阻碍了统一民事司法的发展,也阻碍了构架合理的教会的发展,不论是罗马天主教会还是新教教会。尽管贵族们与改革派在捍卫公民自由时务实地结盟,但贵族仍利用自己的力量系统地粉碎了羽翼未丰(被刻画为"猎物")的长老会,使其因资金匮乏而瓦解(I,216)。罗伯逊遗憾地评论道:

> 秩序和安宁对封建贵族来说不自然。(I,241)

封建寡头至多在前商业条件下可用,那时苏格兰因受到英格兰的威胁而团结一致,但很快便沦落为无政府状态。在导言文章中,罗伯逊解释了苏格兰特殊的地理因素和社会构成,正是这些因素导致了男爵寡头制的牢固确立。苏格兰诸王曾企图采用君主式复仇的欧洲模式,在更坚实的基础上建立自己的权力,但是失败了。因此,在罗伯逊的[112]王室论题中,君主国在建立和扩大其管辖权上的成功就等同于进步(I,18-71)。

虽然罗伯逊阐述这一过程时显得是站在客观的史学思想立场,但他对封建欧洲衰落的分析,却回荡着伏尔泰赋予封建主义的更广泛内涵,即认为封建制度本质上是一种压迫制度,是流动的、商业活跃的社会发展的一系列障碍。两位作者在提及封建制度时都借用建筑意象(例如,纪念碑、织物、建筑物)的术语,以暗示其限制性和僵化性,与后封建世界的流动性和线性发展形成令人动容的对比。《苏格兰史》的成书很大程度上归功于当时对苏格兰封建制度的历史分析,这些分析既有道德意义,又有政治意义。苏格兰封建制度研究往往属于反对苏格兰中世纪政体残余的更广泛争论的一部分,据称这些残余甚至一直残存到后联合王国时期,阻碍着农业和商业的发展,因而也阻碍了大多数苏格兰人民完全参与到社会生活中。

尤其是,罗伯逊对封建政府的描述可能还得益于斯密,1748至1751年间斯密曾在爱丁堡做过关于法学和其他主题的公开演讲。斯密传记的撰写者斯图尔特(Duguld Stewart)引用斯密1755年的一篇论文后评论说,自那之后,法律和社会史就成为斯密的"永恒主题"。① 斯密于1751至1764年在格拉斯哥任终身教职,其间曾教授法学课程,很可能正是那些演讲工作为此课程的开设奠定了基础。从两份学生报告中可以看出来,课程可能是斯密在爱丁堡公开演讲中阐述理念的扩充版,罗伯逊可能从其爱丁堡公开演讲中汲取了那些理念。② 一位或许不太靠谱的证人甚至指控,罗伯逊《查理五世治期史》第一卷剽窃了斯密的格拉斯哥授课内容,课程内容可能是通过学生笔记流传出来的。③ 对于斯密在格拉斯哥大学的法学课程对罗伯逊的影响程度,我们不得而知。斯密的格拉斯哥系列法学课程的阐释是,封建法律反映并塑造了中世纪的社会发展,因而这也是一次抨击,抨击封建制度对商业和社会公正的阻碍。斯密与罗伯逊都认为,封建政府早于公民政府。他演说中

---

① Dugald Stewart, *Biographical Memoirs of Smith, Robertson and Reid*, 100.

② 在 *The Glasgow Edition of the Works of Adam Smith* as *Lectures on Jurisprudence*, R. L. Meek, P. Stein and D. D. Raphael(Oxford,1978)的第五卷中再版。

③ John Callander, Edinburgh University Library, MS La. ii. 451-452.

的封建制度是权力不平衡和商业受到限制的象征(例如限制财产继承),这种情况在当时的苏格兰仍然存在。和斯密一样,罗伯逊也认为,[113]在商业最初扎根的城市中心已经形成了重要的政治基础,由此最终超越了封建权威。

罗伯逊在《苏格兰史》中明确承认,他参考了两份关于封建法的总体研究成果,研究者是罗伯逊的朋友暨辉格党人(自1746年起)同胞霍姆和凯姆斯勋爵(Lord Kames)。两份研究成果之一是凯姆斯颇具影响力的《关于不列颠古代史诸主题文集》(*Essays upon Several Subjects Concerning British Antiquities*),该文集出版于1747年,强调英格兰和苏格兰社会贵族特权的封建起源,以及封建制度形成背后深层的心理欲望。其二是《历史法册》(*the Historical Law-Tracts*,1758),它剖析了苏格兰法律的封建基础。另一位苏格兰法学理论家达尔林普(John Dalrymple)在其《大不列颠封建财产史论文集》(*Essay towards a History of Feudal Property in Great Britain*,1757)中探讨了英格兰和苏格兰制度共同的封建起源。该论文集是对凯姆斯研究的补充。①与凯姆斯之前的作品和罗伯逊之后的史著一样,该研究阻碍了苏格兰中世纪根深蒂固的例外论历史编纂学的发展,同时也探讨了苏格兰未能沿着英格兰路线实现现代化的原因。罗伯逊对封建制苏格兰及其欧洲背景的描述,并不具有凯姆斯、斯密或达林普尔的封建制研究那种更广阔的社会学维度。但是,罗伯逊的确偶尔也赞同意凯姆斯和达林普尔的观点,将封建

---

① 达尔林普的论文集题献给凯姆斯,罗伯逊在《苏格兰史》中有引用,I,67。

统治形式描述为贵族精英追求权力和永恒的内在动机的产物,或者是非理性心理动力在历史中作用的结果(I,20)。

尽管罗伯逊的作品主要是关于中世纪的史著,而不是社会学著作,但他对苏格兰中世纪历史掠夺性的抨击具有典型的苏格兰改革派论战特点。他对苏格兰中世纪的解读,与伏尔泰把封建制度描述为一种压迫体系在时间上重合。罗伯逊将封建社会刻画为前现代或反现代,这种刻画最终压倒了他对苏格兰过去的军事独立和公共美德的颂扬。联合王国通过把权力授予苏格兰中产阶级并指明进一步的发展方向,暴露了曾经时不时粉饰过中世纪苏格兰的古典共和主义盛装已经过时。然而,罗伯逊从未完全解决自己对待苏格兰封建历史时的两种不同态度之间的张力。正如约翰·罗伯逊(John Robertson)指出,罗伯逊和其辉格党同僚面临着共同的困境:

> 他们猛烈抨击封建社会制度和贵族权力,但却在尚武的苏格兰人身上发现了他们认为值得保留的旧价值观。[1]

罗伯逊一直被两种渴望撕裂着:作为苏格兰爱国者,他想颂扬过去;作为不列颠辉格党人和世界主义史家,他想以叙事方式讲述苏格兰如何陷入暴力而后衰落,[114]以让1707年的统一显得既必要又有利。

---

[1] John Robertson, *The Scottish Enlightenment and the Militia Issue*, 80.

苏格兰女王玛丽

罗伯逊对苏格兰承袭的古典政制词汇的审美认同赋予了《苏格兰史》情感广度,这并没有必然破坏他对国家历史的辉格党式和世界主义式解读。在叙述苏格兰女王玛丽的故事时,他也寻求类似的文学效果。史书中有很大一部分讲述了悲剧女王,这部分以一种更持续的方式,试图调和各种政治目标与对民族历史的独特的动人特征的审美敏感性。玛丽是出生在法国的天主教徒,她的道德行为可疑,政治行为拙劣,永远无法得到 18 世纪长老会辉格党的完全同情。罗伯逊撰史时,人们却重燃对玛丽故事的兴趣。独立的苏格兰在联合王国成立后消失了,她便逐渐成为斯图亚特的独立苏格兰和汉诺威王室更替的有力象征。詹姆斯二世党派史家企图怂恿人们带着同情心重新评价玛丽的生活,而辉格党史家却一直在捍卫最初源于布坎南的《玛丽女王揭秘》(*Detectio Mariae Reginae* 1568)中对玛丽生活的妖魔化描述。1715 年,詹姆斯党人鲁迪曼(Thomas Ruddiman)出版了布坎南作品集,辩论由此重开。①随后出现了大量正式论文支持或反对玛丽,与詹

---

① George Buchanan, *Opera Omnia*, Thomas Ruddiman (2 vols.; Edinburgh, 1715). 参见 Mary Feamley – Sander, 'Philosophical History and the Scottish Reformation: William Robertson and the Knoxian Tradition', *Historical Journal*, 22 (1990), 327 – 328。非常感谢 Howard Erskine – Hill 提供关于玛丽的论战的参考书目。

姆斯二世党派或辉格党派各自赞成的观点契合。英国学者杰布（Samuel Jebb）制作了一部生活记录片《苏格兰女王玛丽……的生活和事迹》（De Vita et Rebus Gestis... Mariae Scotorum Reginae，1725），他在该片中斥责布坎南不可靠。广受欢迎的詹姆斯一世时期的史家卡姆登曾著有《伊丽莎白公主史》（The Historie of Princesse Elizabeth，英文版初版于 1630 年），事实上，记录片为该史著中对玛丽生平虽然浅薄但带有同情心的描述提供了实质性的学术内容。然后，苏格兰人安德森（James Anderson）编纂了《苏格兰女王玛丽相关文集》（Collections relating to Mary, Queen of Scots，1727—1728），该作品明显对玛丽持否定态度，作者却宣称自己摆脱了近期围绕玛丽争议而起的"党派之怒"。① 由苏格兰圣公会主教基思（Robert Keith）编纂的史料《苏格兰教会与国家事务史》（History of the Affairs of Church and State in Scotland，1734）对该文集作出回应，基思再次抨击布坎南，并勾勒出[115]一个被加害的无辜玛丽。很快，另一个反玛丽文集又出现了，这次是苏格兰辉格党派福布斯（Patrick Forbes）的作品。他的《伊丽莎白女王统治时期的公共事务全貌》（Full View of the Public Transactions in the Reign of Queen Elizabeth，1740—1741）只记录到 1563 年，但却引用了科顿图书馆（the Cotton library）里的资料，这些资料不久后在火灾中丢失了。

---

① James Anderson, *Collections relating to the History of Mary, Queen of Scotland* (4 vols.; Edinburgh, 1727—1728), iii.

罗伯逊使用了所有上述提及的文献资料，他应该已经完全意识到玛丽的故事在他的时代激发的政治热情。罗伯逊可能也阅读了斯莫勒特（Smollett）在《英格兰全史》（*Complete History of England*, 1757—1758）第三卷里对玛丽故事既有说服力又有同情心的描述。这部分历史揭示了斯莫勒特在情感上忠于詹姆斯二世党派的史学悲剧感，给这本经常沉陷于枯燥纪实论辩里的传记赋予了文学生命。斯莫勒特并不是第一个发现生活故事具有文学潜力的人，后来该主题成为19世纪历史浪漫主义最伟大的主题之一。几年前，海伍德（Eliza Haywood）翻译了勒佩桑（Pierre Le Pesant）的法语作品《苏格兰女王玛丽·斯图亚特：生活秘史》（*Mary Stuart, Queen of Scots: Being the Secret History of her Life*），这是一本有关王室、爱情和死亡的巴洛克式小说。这个故事充满着激情（"意志薄弱的[玛丽和达恩利]相互的炽热情感允许他们向臣民展示自我"）、暴力（"里佐的血向她喷涌而出"），注定悲惨（玛丽的任何恶行都被说成无心之作）。① 对于这部作品，罗伯逊或知或不知，但他肯定知道的是，他的读者早已接受对玛丽戏剧的各种文学处理。无论如何，他更倾向于把玛丽的悲剧表现得多愁善感而非英勇壮烈，在这方面，他真正的文学导师是休谟。罗伯逊从休谟史书中的斯图亚特卷学习到如何在史书中政治性地运用情感，并将这一技巧运用到了自己的作品中来处理玛丽的故事。他用这种方法控制和安抚读者的情感和政治敏感性。我

---

① Pierre Le Pesant, *Mary Stuart, Queen of Scots: Being the Secret History of her Life*, trans. Eliza Heywood(London, 1725), 68, 75.

们将看到,他把这种文学手法运用得如此得体,以致极大地提高了自己作为民族史家而非党派史家的地位。

罗伯逊了解语言的情感能力,它能让读者团结在不幸画面周围,同时中和政治因素导致的愤怒感。和休谟一样,罗伯逊也知道什么时候可以把自己的作家身份植入不幸故事之中,什么时候需要更慎重、更稳定的表述。《苏格兰史》作者的声音经常与玛丽的观点保持一致,他富于想象力地参与进她的苦难,以使《苏格兰史》最终评价性格时的慎重腔调更具说服力,这部分就以这性格评价结尾。[116]罗伯逊笔下的玛丽被动、美丽、温文尔雅,总是以泪洗面。玛丽第一次出场时,正乘船从法国前往苏格兰。当玛丽最后一次离开这个她度过青春岁月的国度时,他与她共同注视着法国海岸线渐渐消失,她的"眼睛沐浴在泪水之中":

> 法兰西海岸线仍在眼前,她聚精会神地凝望着它,以沉思的姿态,揣摩着自己曾到达的命运高度,如今她已从那里跌落,这或许预示着祸端和灾难将让她剩下的岁月苦不堪言,她时常叹息着,呼喊道:"再见了,法兰西!再见了,我挚爱之国,我永远也见不到你了!"(I,225)

对玛丽从法兰西开始到迫在眉睫的厄运这段命运之旅的描述,在语气和词汇上都与詹姆斯党人基思对此事的叙述极为相似。

> 她……仍望向那片土地,不时重复着这些话,"再会,法兰西,再会,我再也见不到你了"。①

两位作者都引用了法国的第一手资料,但值得注意的是,罗伯逊保留了詹姆斯二世党人描述的情感即时性。而与罗伯逊同时期的休谟,在其史书的都铎王朝卷里,对玛丽生活的描述却更带敌意,他也引用了基思对玛丽远航的描述,但为了达到疏离效果,在描述玛丽渴望地凝视法兰西海岸线时,他加上了"据说"二字。(Ⅳ,37 和注释 u)。

1567 年,玛丽因谋杀丈夫达恩利(Darnley)而被捕,还得在满怀敌意的人群里游街,罗伯逊既谴责她,又把她设想为叙事者和读者共同同情的对象:

> 女王疲惫不堪,满身灰尘,泪流满面,她以如此面目暴露在自己的臣民面前,被带进教长大厦(Provost's House)。不管她怎样争辩,怎样哀求,同样的标准摆在面前,同样的侮辱和责备不断重复。一个女人,年轻、美丽、陷入困境,自然会成为同情的对象。比较他们当前的苦难和以前的辉煌,往往让我们心软,同情显赫的受难者。但是人民却麻木无情地看着他们的君主身处悲惨之中。(Ⅰ,367-8)

这位多愁善感的女主人公,召唤她跨越历史的观察者们,形成

---

① Keith, *The History of... Scotland*(1734),179.

共有的同情共同体。罗伯逊参与了跨历史观察者们对这一景象的慈悲回应("让我们心软"),作者和读者共同弥补了现场观众的"麻木"。在《苏格兰史》出版后一年,詹姆斯党派学者泰特勒(William Tytler)试图指出罗伯逊对玛丽叙述中的事实错误,但就连他[117]也承认,自己被这段对玛丽受辱的"精湛、精美……令人怜惜的描绘"打动。①

对玛丽在英格兰受审的描述把情感感染度推至最高峰。此时,罗伯逊放弃了他一贯的中立立场,愤怒地质疑审判的公正性(Ⅱ,135-136)。无论如何,此后他更强调英格兰人对待玛丽的粗鲁方式而不是其非法性。处决前,玛丽按照仪式被剥夺了王室服饰。她公寓里的王室华盖被"扯下",警卫保莱特爵士(Sir Amias Paulet)粗鲁地站出来"挡"住她,玛丽脱掉外衣,准备接受处决(Ⅱ,141,149)。然后,她高贵却消极的无助感达到顶峰。直到女王被卸下所有王室徽章,被除去作为苏格兰女王的符号身份,被剥夺政治意义,故事里的她才终于发声。她在生命的最后时刻光芒四射。最后,她对天主教的虔诚是个人的、值得钦佩的,而非公共的,并不会威胁到苏格兰王国。在生命消损的最后一刻,她没有哭,而是重新发声,恢复镇静:

> 玛丽轻快地跨上台阶,以一贯的面容注视着死亡机器,在胸前画了一个十字,坐在椅子上……然后彼得伯勒(Peterbor-

---

① William Tytler, *An Historical and Critical Enquiry into the Evidence... against Mary Queen of Scots* (Edinburgh, 1760), 223-224.

ough)的牧师开始虔诚地演讲,契合玛丽的现状,并以她的名义向天国祈祷。但是玛丽说,凭着良心,她听不见这一位,也无法融入另一位。她双膝跪下,重复着一句拉丁语祷词。(II,148;1794版在II,178处有细微更改,用了更庄严的kneeling down而不是falling on her knees)

相比于其他引源,罗伯逊对行刑的描述,在细节上更接近卡姆登。然而,卡姆登描述玛丽在最后时刻泪流满面时如此写道:

> 她的眼泪现在一滴一滴流下来,她一次又一次地与梅尔文(Melvyn)告别。①

相比之下,罗伯逊笔下的玛丽在最后一刻冷静沉着。行刑后,眼泪转移到福瑟陵格(Fotheringay)看客的脸上("看客沉默依旧,泪如雨下"),最终转移到读者和作者脸上:

> 我们很快会完全忘记她的缺点……理解我们的泪水,仿佛这些泪水是为一个比我们离纯粹美德近得多的人而流。(II,149,151)

即使在这一悲剧时刻,人们也永远不会忘记玛丽缺乏"纯粹德性"。罗伯逊用这种方式成功地使玛丽可能成为苏格兰强有力的政治象征,将她的死对未来苏格兰政治辩论的重要性降到最低,

---

① William Camden, *The Annals and Historie of the Most Renowned and Victorious Princesse Elizabeth*, trans. R. Norton(London,1630),111.

[118]同时也把他的读者凝聚在一个共同同情符号周围。

《苏格兰史》出版后不久,有一篇吹捧文章在《评论》(*Critical Review*)上发表,作者很可能是休谟,他赞赏罗伯逊描述玛丽生活时展现的调和目的:

> 结果正如我们期望从公正的探究者那里得到的一样。呈现给我们的玛丽女王既不是神,也不是魔,只是一个人,一个有女性弱点的女人,一个既有美德又有恶行的人物。她有优点,出于很多原因也有我们的责难,尽管我们哀叹她的不幸之时仍有同情的余地。①

休谟在自己的《英格兰史》(与罗伯逊史著无关)中对玛丽一生的描述并未如此受苏格兰文化目标的约束,也极少运用他之前在斯图亚特卷中形成的多愁善感的述史风格。相反,玛丽的故事构成了天主教和新教体系之间更大的戏剧性冲突的一部分,这一冲突贯穿整个都铎卷。休谟把行刑场景设置成新教狂热和天主教虔诚相碰撞的黑色幽默剧。彼得伯勒牧师荒谬地警告玛丽,除非放弃信仰,否则"她一定会瞬间坠入彻底的黑暗,坠入一个会让她抹眼泪、哀嚎、咬牙切齿的地方",但是,在这股狂热洪流面前,她依然令人钦佩地坚定(1983版文本,IV,250)。然而,旁观者们体验到的仁爱之情超越了导致玛丽被处决的宗教激情:

---

① Raynor,'*Hume and Robertson's History of Scotland*',61.

热情和奉承统统让位于当下对即将去世的女王产生的怜悯和钦佩之情。(IV,251)

无论休谟笔下的玛丽多么高贵,她本质上还是一个天主教偏执狂,她毫无理性的信仰使她与巴宾顿(Babington)一起密谋反对伊丽莎白(IV,252)。休谟对玛丽的最后评价很割裂,他无法把玛丽迷人的女性气质和她的道德缺陷调和在一起:

列举玛丽的品质可能会显得在歌颂她;而描述她的行为,在有些地方必然显得在严厉地讽刺和抨击她。(IV,252)

在罗伯逊更综合的叙述中,玛丽高雅的女性气质是她道德弱点的根源。她似乎在引发女性读者的同情,引发男性读者骑士般纵容但却轻视的情感。罗伯逊在一种审美特质内写作,这种仁慈主义审美特质源于苏格兰哲学家哈奇森(Francis Hutcheson),通过对各种感情的共情将内在道德和美学感知结合起来。罗伯逊知道,处决玛丽是苏格兰历史上很有争议的事件,而且由玛丽之死引起的派系间的"仇恨[119]已经延续到后续时代,他们的偏见以及愤怒,已经在延续,甚至有增无减",他试图通过彼此共情,让各个政治派别的苏格兰读者,事实上还有不列颠读者体验民族团结的重塑。为了表明玛丽在苏格兰史的主流中并不重要,以及她所代表的独立的天主教苏格兰永远无法再生(甚至苏格兰的詹姆斯二世党派都没有将把她视为国家象征),罗伯逊强调她道德上无法胜任的女性气质,他暗示这种特质源于她与法国千丝

万缕的联系。罗伯逊降低玛丽作为国家象征的重要性的同时,也撤下了法国作为苏格兰恰当政治伙伴的地位:

> 法国人,在那个时代和如今一样,是欧洲最优雅的民族之一。但值得注意的是……法国人的礼仪与其他每一个民族的礼仪都有显而易见的不相容性。(I,109)

苏格兰的命数是英格兰人和新教,不是法国人和罗马天主教。以玛丽或暗中以斯图亚特(Charles Edward Stuart)为代表的国家命运不适合苏格兰。罗伯逊的反詹姆斯党倾向微妙且迂回,他既保存了读者对玛丽的同情心,同时也表明,玛丽以及她所代表的法兰西世界与苏格兰没有持续的政治关联。布坎南和弗莱彻都妖魔化了玛丽。罗伯逊知道玛丽是詹姆斯党派民族主义的偶像,他仅仅把她女性化,因为作为真正的民族史家,他不希望自己看起来像过于教条的辉格党人。事实上,他在生活中的各种政治观点似乎也比较温和,且他与詹姆斯党人埃利班克勋爵(Lord Elibank)关系友好,埃利班克曾公开称赞他政治上的宽容。①

对于哪个才是这个故事温和的、政治宽容的版本,罗伯逊有自己的理念。因此,他根据自己的理念评估并选择玛丽生涯中的事

---

① 博思韦尔引用了埃利班克勋爵回忆的发生在上流社会的一件事,好像当时罗伯逊曾说,他"不会因为一个人参加了叛乱,就看低他的道德品质"。埃利班克勋爵赞许地说:"在双方都彼此憎恶时,他说出一个自由的观点,是非常冒险的。"(*Boswell's Journal of a Tour to the Hebrides*, eds. Frederick Pottle and Charles Bennett(New York,1936,384)

实细节,也不足为奇。他愿意根据自己调和政治议题的需要来改编事实,这点从他与休谟的通信中可以看出,休谟恰好在同一时期也在写同一个时代的历史。但两位史家最终并未合作。罗伯逊只允许休谟在《苏格兰史》即将付印前看一看未修订本。但是,有关玛丽卷入各种阴谋的一些饱受争议的问题,他们的确也交换过信息。休谟是更勤勉的研究者。[120]他热衷于彻底诋毁玛丽和与她的捍卫者相关的那种多愁善感的苏格兰风格,这种热情使他更加努力。休谟想证实玛丽和她的情人博思韦尔(Bothwell)之间的"首饰盒"信件的真实性,借此暗示玛丽参与了谋杀她第一任丈夫达恩利。这些信件曾为辉格党史家论证玛丽1567年被废黜的合法性提供论据,但是杰布等詹姆斯党派史家当然认为这些论据系伪造而不予采纳。休谟打算向罗伯逊证明"首饰盒信件"的真实性,到1758年11月,罗伯逊似乎勉强认同了这点。①罗伯逊承认,玛丽确实与博思韦尔有染,而且很可能串谋谋害她的丈夫。在《苏格兰史》中,这戏剧性地表现为玛丽情有可原地憎恨她软弱且倔强的丈夫,以及她作为女人对博思韦尔"低声下气的说话方式"的敏感(I,339)。尽管罗伯逊的解释合理,但他仍然觉得有

---

① Hume to Robertson (18 November 1758), *The Letters of Dauid Hume*, no. 155. 有关休谟、罗伯逊对玛丽卷入达恩利谋杀案的争议,参见 Lawrence L. Bongie, 'The Eighteenth Century Marian Controversy and An Unpublished Letter by David Hume', *Studies in Scottish Literature*, I(1963—1964), 236-252。有关休谟对"首饰盒信件"的学术评价,参见 Hume to Lord Elibank (1759—1760), *Letters*, no. 172; Hume to Alexander Dick (26 August 1760), *New Letters*, no. 31。

必要在史书第二版里继续防范。他附上一篇"关于谋杀亨利国王以及女王与博思韦尔的信件真实性的专题评论",仔细审视这些信件后,他认为博思韦尔有罪,但他既没有指控女王,也没有完全为她开脱:

> 玛丽谋杀丈夫的罪名并未成立,她甚至没有首肯丈夫的死。但是,从她对那件事始作俑者的态度来看,她认可此事,在这一点上她难逃罪责。(II,39)

罗伯逊煞费苦心的公正判断并未能平息这个问题。《苏格兰史》出版后第二年,罗伯逊收到泰特勒的愤怒回应,后者撰文力证玛丽清白。

即使在就"首饰盒信件"达成一致之后,休谟仍继续用事实信息轰炸罗伯逊,这些信息从各方面质疑玛丽的行为。休谟和罗伯逊最大的分歧在于玛丽是否卷入了企图暗杀伊丽莎白的"巴宾顿阴谋",这是天主教徒策划的阴谋,目的是让当时囚禁在英格兰的玛丽取代伊丽莎白。罗伯逊坚称玛丽对此一无所知,是伊丽莎白的大臣——沃尔辛厄姆(Walsingham)——伪造了让她受到牵连的信件,最终导致她被判死刑,她很不公平地成为英格兰政治权谋的牺牲品(II,125 - 135)。休谟一直在做自己的研究,看到1759年公布的《伯利国家档案》(Burghley State Papers)时,他就完全确信玛丽是这一阴谋的共犯。[121]休谟一看到这些材料,就赶紧给罗伯逊写信,并试图让他的出版商米勒推迟出版《苏格兰史》,以便修改涉及巴宾顿阴谋的章节,澄清玛丽的罪行。① 米勒拒绝了这一请求,但是深信罗伯逊一旦看到国家档案,便会在第二版中做相应的修订。② 然而,罗伯逊并未对他的叙述做任何改动(虽然因为休谟的研究,他也对文本其他地方做了几处细微修改),但就这一问题,他从未在史著中做过什么补充说明。③ 在罗伯逊为第 11 版《苏格兰史》作序时,他的语气仍然有些挑衅:

> 只要我认为自己最初的理念公正且有据可循,我就会坚持。鉴于它们与已有的证据相符,我无需为此卷入任何讨论或争论。④

我们最后一次听休谟谈及这一问题,是他表述自己的愤怒——尽管还有各种各样未被发掘的可用材料,罗伯逊却固执地拒绝进一步研究玛丽问题。⑤

罗伯逊当然有他自己的理由。通过暗示玛丽默许一项罪行却在另一项罪行上无辜,他希望证明自己的节制和公正,并期望自己的史著能成为玛丽支持者和诋毁者达成共识的基点。他根据政治

---

① Hume to Robertson(25 January 1759),*Letters*,no. 156.

② Millar to Robertson(27 January 1759),NLS,*Robertson – MacDonald Papers*,MS 3942,ff. 11 – 12.

③ J. Y. T. Greig 发现《苏格兰史》第一版第 139 页处有删节。对于玛丽受审期间詹姆斯一世对她尽孝意义上的忠诚,罗伯逊在此处修改了自己的观点。休谟说服了罗伯逊,让他觉得詹姆斯的表现相当牵强。(*The Letters of David Hume*,信件注释中的注释 155)

④ *History of Scotland*(2 vols. ;1787),I,ix – x.

⑤ Hume to Robertson(7 April 1759), *New Letters*,no. 28.

而非学术的需求选择史实。罗伯逊证明,在辉格党人和世界主义者的进步意识中,完全可以把詹姆斯二世主义视作纯粹的审美姿态容纳进来,这种审美散发着迷人但失败的民族主义气息。罗伯逊对事实的准确性没有那么感兴趣,他更感兴趣的是,如何为那些并不满足于纯粹发展叙事的民族情感开辟释放的空间。各种更现代化的优势文化充斥了这一空间,但并未将其湮灭。由此开启了苏格兰纯文学和感伤的詹姆斯主义的悠久传统。在1745年叛乱发生14年后,詹姆斯党被改造得更安全,对其的重塑只是将其作为一种审美态度而开发出一套词汇。罗伯逊这一事业的直接继承人是司格特(Walter Scott)。在司格特的《修道院院长》(The Abbot,1820)里,苏格兰女王玛丽被塑造为有些软弱、任性的角色,不值得误入歧途的青年拥护者们为之献身。然而,在《威弗利》(Waverley,1814)里,司格特[122]设定了一个类似于《苏格兰史》描述的文化过程。一个年轻人在两个历史世界穿梭,一个是陈腐却令人叹服的詹姆斯主义传奇,另一个是文明却缺乏冒险精神的现代性,最终年轻人停在了后一个世界。罗伯逊和司格特都没能阻止浪漫的玛丽崇拜的兴起,但他们确实为这种具有仪式感的怀旧之情在苏格兰的世界主义进步叙事中找到了一个安全位置。

神恩与进步

玛丽的悲剧最终必须融入如今的辉格党的现代性,罗伯逊在史著里用很多关键词定义并肯定了这种现代性:光明、黎明和黑暗、粗鲁和文雅、治理和完善、野蛮和进步。这种词汇内在地塑造了文本,即使在最混乱的史学时刻也保留了历史进程线性模式的轮廓。最后,苏格兰在联合王国时期迎来了成就时刻,"随着商业的进步,政府距离完善也越来越近"(II,253)。这一过程始于17世纪晚期,当时"两个国家[英格兰和苏格兰]正在走出蛮荒"(II,259)。当然,完美永远无法企及,但历史正沿着从野蛮向相对精致的路线前进,不同国家在各自不同的历史阶段都沿着这唯一一条路线前行。在英格兰,"许多原因促使政府更早走向完善",因为"英格兰废除严酷的封建制度早于苏格兰"(I,67)。罗伯逊意识到,这种概略的线性叙事是由史家们强加而非推演出来的,他把这些进步性词汇与自己作为史学家的认知过程联系在一起。史家让自己的智慧之光照进过去的黑暗洞穴,以阐明历史进程。例如,当史家们把苏格兰史纳入欧洲史讲述,它就变得更易懂:

> 我们历史上的许多黑暗篇章可以被展示在明亮的光线下。在大多数史家只看到结果的地方,我们可能会发现原因。(I,72)

有时,罗伯逊模糊了史学编纂操作和历史独立进程之间的差别,他既揭示也创造历史的内在秩序。例如,他在开篇评价苏格兰早期历史晦涩模糊处,就暴露出这种混淆:

> 真相在第二阶段才开始显现,照亮它的光芒,起初很微弱,然后逐渐增强。(I,5)

这暗示一个时代的落后与其不可知性之间存在一致性。在罗伯逊的第一部史著里,这种关于发展的语言标记极其罕见,既不精确,也不足以让人想起潜在的社会进化理论。这些语言标记基本上都与罗伯逊[123]自己对史家窥探史学黑暗之井的身份构想发生了转变有关。

尽管罗伯逊隐晦地承认自己史学中存在排序,但他明显没有意识到重构过去之事带来的各种哲学反讽,便欣然接受了史家的身份,这意味着他在智识上沉浸于自己的苏格兰长老会传统。正如艾伦(David Allan)已经指出的那样,罗伯逊继承了长老会对史学具有神学功能的信仰,相信为了理解上天的作品有必要探究过去之事。这种对历史价值的信仰,乍一看似乎很奇怪,它有悖于加尔文主义神学思想的宿命论特点。然而艾伦却认为,在17世纪苏格兰史家的史学著作中,神恩决定论反而矛盾地导致了各种形式的经验主义的增强,对各种神显事件因果组织(tissue)的细察揭示了上帝的意志和目的。①有很多证据可以支撑艾伦的如下分析:罗伯逊对历史因果关系和目的的这种神恩-经验主义意识的挪用相对而言没什么问题。例如,说西班牙无敌舰队航线是上帝为干预新教英格兰而开辟(II,166)。18世纪早期,罗伯逊正在学习文学技艺时,苏格兰的神恩史学因笛卡尔主义和牛顿主义而获得了一点改进,道德严苛性略有下降。伯纳特之后,苏格兰神恩史学还学会了如何从事辉格党原则的意识形态工作。就《苏格兰史》探究历

---

① Allan, Virtue, Learning and the Scottish Enlightenment, 109 – 143.

史因果关系(最终是神圣的)本质这点而言,它当然属于这种已经变温和的长老会史学传统。作为一名长老会牧师,罗伯逊赞成加尔文主义威斯敏斯特信仰宣信时,没有任何明显的不安之情,他能够利用丰富的历史语言脉络,这一语言脉络集中关注的就是上帝在时间长河里的各种恩赐运作。罗伯逊身处的智识环境使他写出的史书可以同时具有以神为中心、世界主义以及现代主义的特点。罗伯逊直接提及神恩的频率相对较少,这并不代表他不关心宗教,而是因为他相信,在神定历史的框架内,也仍然存在属人的建设性活动的余地。不应将罗伯逊对神恩的直接引用仅仅解读为原本世俗叙事中便捷的解释性隐喻。事实上,罗伯逊的历史因果关系神学,几乎没有遭到同时代虔诚信徒的反对。韦斯利(John Wesley)抨击罗伯逊缺乏公开的虔诚,这一指责没什么代表性:

> 我不敢苟同……一位信神的基督教徒撰写的史著里,居然几乎没有多少基督教信仰。不,作者似乎刻意避免说任何可能暗示他相信圣经的话。①

[124]罗伯逊的福音派反对者即宽宏大量的葬礼颂扬者厄斯金(John Erskine),真的认为罗伯逊可能受到阿米尼乌斯派的某些影响:

---

① *The Journal of John Westry*; *A Selection*, ed. Elizabeth Jay (Oxford, 1987),219.

(罗伯逊)采用了一些阿米尼乌斯派特有的情感和表达方式,这是许多加尔文主义者并不喜欢的方式。①

然而,厄斯金却继续为罗伯逊辩护,认为他本质上是正统的加尔文主义者,他的智识品味只是比同时代那些更严格的牧师稍微宽容一些而已。

厄斯金也并不总是如此宽容罗伯逊的智识活动。18世纪60年代,苏格兰教会温和派和福音派之间产生更大的摩擦时,他公开反对牧师们把太多时间花在史学或哲学上。虽然他没有提到任何一位牧师的名字,但罗伯逊显然是他想要批评的目标之一:

> 一位基督教教师……可以单纯地,不,有效地(以史学或哲学为)消遣。但是,如果不想亵圣,就不能把自己的大部分时间都花在那上面。②

"亵圣"一词很严厉,厄斯金显然强烈地感受到,尽管可以以与长老教会正统保持一致的各种方式来记录历史,但写史这一活动,究其目的而言本质上是世俗的。在罗伯逊的整个职业生涯中,他

---

① John Erskine, 'The Agency of God in Human Greatness' in *Discourses preached on Several Occasions* (Edinburgh, 1798), 264. 参见 Jeffrey Smitten, 'The Shaping of Moderatism: William Robertson and Arminianism', Studies in Eighteenth-Century Culture, 22(1991), 33–67。

② John Erskine, 'Ministers of the Gospel cautionedagainst giving offence' (preached1763) in *The ScotchPreacher or, A Collection of Sermons bysome of the most eminent clergymen of the Church of Scotland* (3vols.; Edinburgh, 1776), I, 219–220.

史书里诚挚的——如果是不引人注目的——新教神赐主义，与各种文化目标蕴含的普世主义之间，始终存在着一种（很大程度上没有被意识到的）张力。在他的牧师生涯中，罗伯逊和其他温和派人士一样，试图软化苏格兰长老会教派内强硬的教派划分意识，将其改造成一种公民宗教。这种温和方案，往往与从更普遍的社会学角度关注宗教在公民社会里的作用密切相关。布莱尔（Hugh Blair）1750年在苏格兰传播基督教知识协会（SSPCK）的布道里，称赞基督教是社会进步的推动者：

> 它为（人类）社会而成。它教化了人类，驯服了人类各种激情的汹涌，磨去了人类举止里的野蛮。①

在罗伯逊这里，这种研究宗教的社会学途径，最终会使他在评价各种非长老会派形式的基督教派时，越来越富有共情力。在罗伯逊的后续作品里，他的泛基督教世界主义远远超越他那些温和派同僚们的文化和教派优先秩序论。即便如此，对历史中各种事件发生的方式，他还是保持着新教神恩式感知。

[125]罗伯逊类型的启蒙运动史的各种基本组成部分，在他第一次发表的布道辞《基督出现时的世界形势》(The Situation of the World at the Time of Christ's Appearance, 1755)中就已经显而易见。罗伯逊的侄孙兼传记作家布鲁厄姆勋爵亨利（Henry, Lord Brougham）甚

---

① Hugh Blair, *The Importance of Religious Knowledge to the Happiness of Mankind* (Edinburgh, 1750), 23.

至将此布道辞描述为启蒙运动史的篇章之一:

> 作为一部史著,它令人仰慕,在那一支系里,伏尔泰率先将其延伸到研究过去所有的记录。①

罗伯逊的同事、同为牧师的贾丁(John Jardine)也在《爱丁堡评论》上盛赞这篇布道辞。②罗伯逊的布道对象和布莱尔一样,都是苏格兰基督教知识传播协会(SSPCK)。那的确是一篇引人入胜的文章,讨论历史因果关系、神恩与社会进步之间的相互作用。在《基督出现时的世界形势》中,罗伯逊考察了基督诞生时各种历史形势的精准融合,并解释这些形势有利于基督教传播的原因,以及基督教对那之后的公民生活的影响。这篇布道辞除了展现出罗伯逊所属的温和派长老会对教派里公民事务方面的关注,还有助于解释罗伯逊对上帝代理人的加尔文主义式理解和他的启蒙历史观之间的联系。罗伯逊解释说,可以通过理性探究来理解历史,因为上帝总是通过次级因或者动力因起作用:

> 万能的上帝很少使用超自然手段完成任何本来就是自然之事的事情。③

---

① Henry, Lord Brougham, *Lives of Men of Letters and Science who Flourished in the Time of George III* (2 vols.; London, 1845), I, 268.

② *Edinburgh Review*, (1755) i, 40-43.

③ *The Situation of the World at the Time of Christ's Appearance, and its Connexion with the Success of his Religion Considered* (Edinburgh, 1755), 13.

有充足的或"强大的未知因素"在历史中起作用,但既然"不允许我们发现"它们,它们就与他无关,他也没有列举特别的神恩或奇迹来证实神学上的时间意义。①基督教本身就是一种进步,矛盾的是,比起"神恩进步方案"进程里的最高点,就连基督诞生也算不上罕见的神显。②罗伯逊发现,基督诞生与自然法则相连续,他认为基督教的发展是渐进的、线性的,与文化和政治制度的进步交织在一起。罗伯逊的神恩理念体现了当代机械论自然观。他的上帝就是牛顿的上帝,通过可证明的次级因和非常偶然的特殊干预发挥作用。③因此,[126]罗伯逊在基督教长老会语境形式里,画出了世俗历史的坐标。

通过详细地描述一个在罗马式和平下可以传播一种新信仰的统一世界,罗伯逊可以提出一种有关基督教兴起的社会学。他展示了一个在政治和贸易上已经相互联系的世界,这个世界奉行着维持世俗国家所必需的道德美德,现在却被赦免奴隶制、奢侈和多配偶制的文化所败坏。因此,这个世界准备好接受基督的启示,这也是通过在公民领域的政治和经济进步以获得道德改善的启示。罗伯逊布道辞的这一方面,为研究不同社会中不同宗教形式的适应性和效果划定了范围,也是在他之后的史书讨论的范围。这种对历史背景与宗

---

① 同上,42。

② 同上,8,有关这一理念的普遍流传,参见 David Spadafora, *The Idea of Progress in Eighteenth - Century Britain*(New Haven,1990)。

③ 有关牛顿主义与神恩,参见 Jacob Viner, *The Roleof Providencein the Social Order*(Philadelphia,1972)。

教信仰的社会接受度之间关系的探究,将在罗伯逊后续作品中突然转向社会学。他仍然坚持自己的基督教信仰方式,同时还发展出一种富于想象的能力,超越了苏格兰新教历史的世俗风格。

从罗伯逊关于宗教改革的两处记录可以清晰地看出他这方面思想的发展。第一处在《苏格兰史》中,第二处在《查理五世治期史》中。后者是16世纪欧洲转型叙事的一部分,其中,对于天主教国家和即将效法新教的国家里发生的更广泛的变化过程来说,宗教改革既是导火索也是施事者。在《苏格兰史》中,关于宗教改革的叙述使用了相对传统的苏格兰术语。费恩丽-桑德尔(Mary Fearnley - Sander)证明了罗伯逊在多大程度上以诺克斯的《苏格兰教会改革史》(*Historie of the Reformation of the Church of Scotland*, 1587,1644)为基础,包括相当世俗地强调"政治动机"和"热爱公民自由"对改革者的激励(I,129,156)。① 《苏格兰史》的宗教改革这部分,从头到尾都贯穿着一种总体上的正教意识,即个人和民族都是更大的神恩设计的实现手段。偏执之人,如吉斯家的玛丽和她的亲戚,由于"神意的独特安排",不知不觉地成为改革"工具"(I,113)。通过强调诺克斯作为实现更大计划的工具的作用,罗伯逊克服了自己对他粗鲁性格的明显厌恶:

> 然而,正是因为这些使他的性格不怎么可爱的品质,他才适合成为上帝的工具,在一个残暴的民族中推进宗教改革。(II,35)

---

① Mary Fearnley - Sander, 'PhilosophicalHistoryand the Scottish Reformation', *Historical Journal*, 33(1990),323 - 338.

这句话表达的理念是,诺克斯是他那个时代宗教领袖的恰当社会样本,[127]尽管此句使用的词汇基本上仍是加尔文主义的。此外,罗伯逊还明确拒绝伏尔泰或休谟等史家隐晦地传达的观点——宗教改革只是"人类大脑中某种野蛮狂热疯狂作祟的结果"(I,128)。相反,罗伯逊坚持强调人类施事者在更大的事物体系中的建设性作用:

> 人的心灵感受到自己的力量,打破了长期以来一直束缚着它的权威枷锁。(I,119)

罗伯逊解释了苏格兰宗教改革的蓄意性质和神恩性质,同时还提出,这一事件是对公民自由的追求,因此,也属于欧洲对教宗权力的意识形态和机制所做的政治回应的一部分。

罗伯逊对苏格兰改革的描述与之前的都不同,主要是因为他以欧洲框架对参照,更强调宗教改革在更大范围的政治发展中的催化作用。罗伯逊将这些事件与他正在塑造的进步和启蒙图景联系在一起。在苏格兰,宗教改革标志着悄无声息的进步过程开始了。在这个时刻,罗伯逊的直线发展的意象大量涌现。吉斯家的玛丽执政期间,改革教义尚处于"婴儿期",但很快便"坚定地大踏步前进,在王国里全面确立起地位",而且,在苏格兰牧师们中出现"第一缕新曙光"后,

> 这个时代好奇的天才们奋力向前追求真理,发现一个错误便为其他错误开辟了道路;一个欺诈行为垮台吸引了许多追随者;在黑

暗时期,由无知和迷信构建的整个结构开始动摇。除了缺少一位勇敢积极的领袖来实施这次直接攻击,彻底摧毁它再也不缺什么。(I,111)

因此,宗教改革是从"黑暗时代"向光明时代过渡的一部分。在《查理五世治期史》中,宗教改革将在更宏大的"欧洲社会进步"混乱但必要的重要时期再次出现,持续时间更长。

至此,罗伯逊把宗教改革重述为苏格兰辉格党使命的一部分,但他也提出:此时,给予苏格兰人民的政治自尊第一次大于国内新教徒的特权范围。与罗伯逊同时期的许多福音派教徒,仍然相信新教国家的特殊命运。例如,威瑟斯彭(John Witherspoon)是苏格兰教会福音派的领袖,也是美国新泽西大学的校长,他始终相信未受侵蚀的新教领域的独特价值。[1]罗伯逊[128]贬损地提到过1643年签订的神圣盟约,他并不想从苏格兰历史中为苏格兰新教国家寻求任何特殊的神圣认可(II,164)。罗伯逊同时代的一些福音派信徒认为自己是对抗世俗世界(contra mundum)的真理提供者。厄斯金鼓吹到:"可信的牧师虽然被忘恩负义的人们辱骂,说他们是以色列的祸患,颠倒世界,但在主眼中,他们是光荣的。"[2]苏格兰神

---

[1] 参见 Ned Landsman, 'Witherspoon and the Problem of Provincial Identity in Scottish Evangelical Culture' in *Scotland and America in the Age of the Enlightenment*, Richard B. Sher and Jeffrey R. Smitten(Edinburgh,1990)。

[2] Erskine, 'Ministers of the Gospelcautioned against giving offence', I, 209.

职人员中持传统观念的那些人,将对自我的这种孤立主义、例外主义认知延伸到了苏格兰民族本身。罗伯逊的《苏格兰史》最终拒绝此种苏格兰例外主义的表达方式。甚至在第一部史书中,罗伯逊就尝试通过他富有想象力的国际化敏感性优势来描述民族历史。他在文本中巧妙地提出了不列颠身份的改良形式,试图将其作为论证苏格兰文化复兴的重要性远超地域性意义的证据。当然,试图将一个地区史纳入启蒙运动史的整体模型,的确有诸多困难。这个地区不可能具有伏尔泰笔下的法国的地位——有代表性和典范性的欧洲国家,因此如果要将其纳入更广泛的欧洲现代化模式中,它就只能在世界主义历史话语中得到认可。《苏格兰史》反映了罗伯逊的焦虑,他担心苏格兰文化若是不转向更广阔的世界,便无法凭借自身延续下去,但他也戏剧化地表达了对苏格兰史中缺失部分——捍卫自由和边境的中世纪贵族,被诋毁的苏格兰女王,以及改革者们顽强的英雄主义——的遗憾之情。罗伯逊通过《爱丁堡评论》度过其学徒期后,便开始写作《苏格兰史》,其中,他既考察了这种对苏格兰文化固有的地方特色的焦虑,也拓宽了必须理解此类文化的背景,和必须理解的文化本身。这个计划极具野心,不久之后将在他对现代欧洲起源的记叙——《查理五世治期史》——中实现。

罗伯逊论欧洲及诸帝国的兴盛

董艳辉 译 朱琦 校

[129]从罗伯逊(William Robertson)首部史作的出版到第二部《查理五世治期史》(The History of the Reign of the Emperor Charles V)的问世,历经十年,当时,罗伯逊惴惴不安地期待着公众的反应。①起初,鲜有朋友支持他这项写作工程,休谟(Hume)对此更是极力反对。②结果,除了沃波尔(Horace Walpole)有些许怨言和博思韦尔(Boswell)匿名写了一篇贬抑文章外,事实证明,他的担心毫无理由。罗伯逊因这部作品得到了异乎寻常的高额稿酬(初始酬劳

---

① William Robertson, *The History of the Reign of the Emperor Charles V* (3 vols.; London, 1769)以欧洲社会的进步为中心思想,记述罗马帝国的衰亡至16世纪初的历史。本章所有引文均出自本版。本书对罗伯逊的生平事例稍加改动,并与第七版官方修正版本中的引文进行了对比(4 vols.; London, 1792)。这些修订版本以巩固历史自由主义和宗教宽容为基调,未见明显差异。Felix Gilbert 校订过此类介绍性文章, *The Progress of Society in Europe* (Chicago, 1972). Robertson to Hume (31 January 1769) in R. B. Sher and M. A. Stewart eds., 'William Robertson and David Hume: Three Letters', Hume Studies, 10 (1985), 76。

② Hume to Robertson (Summer, 1759), *Letters*, no. 170.

为 3500 英镑,后续版费约为 500 英镑,这与他第一部作品得到的稿酬 600 英镑相比,增幅相当可观),对此待遇,他喜不自胜。① 罗伯逊的法语翻译叙阿尔(Suard)认为,自己在这个苏格兰人身上看到了真正哲人的身影。② 罗伯逊因成功倍受鼓舞,继续撰写第三部重要著作,即《美洲史》(History of America)。该书于 1777 年出版,其中一部分涉及西班牙殖民地。他的收官之作代表着一种新开端,是题为"关于古人对印度知识的历史考察"(An Historical Disquisition concerning the Knowledge which the Ancients had of India,1791)的长篇论文,所有这些后期史作[130]都以不同方式详尽阐述了《苏格兰史》中对各种国际主题的实验性探索。③ 显然,盎格鲁 - 法兰西之间的冲突,不管是七年战争还是美国独立战争,都未影响罗伯逊信奉世界主义历史观,大英帝国的巨变似乎拓展了其想象的总体国际边界。

---

① Walpole to Cole(20 August 1768) in Walpole's *Correspondence*,I,152. 苏格兰国家图书馆可找到贺信,参 *Robertson - MacDonald Papers*,MS 3942,ff. 73 - 74,ff. 81 - 82,ff. 85 - 94,f. 103。博思韦尔在《伦敦杂志》(April 1772,281 - 3)上发表了一篇文章,批评罗伯逊的性格,并暗示,作为一名历史学家,他缺乏休谟(282 年)的"深刻反思和敏锐辨别能力"。这些寄来贺信的人中,有 Lyttelton 国王、威尔士亲王王妃,以及伏尔泰。对于罗伯逊的出版商的正式报价,参见 NLS,*Robertson - MacDonald Papers*,MS 3942,ff. 63 - 64。

② Suard to Robertson(19 January 1769),NLS,*Robertson - MacDonald Papers*,ff. 73 - 74。

③ Robertson,*The History of America*(2 vols. ;London,1777);*An Historical Disquisition concerning the knowledge which the ancients had of India*(London,1791).

罗伯逊的第一部史书记录了16世纪的历史,《查理五世治期史》和《美洲史》在此基础上作了延伸。《查理五世治期史》在欧洲大背景下重述了《苏格兰史》提出的各个主题,包括腐朽的封建秩序、宗教改革、强权君主国的兴衰。与《路易十四》一样,罗伯逊的第二部史作关乎即将在欧洲普及的君主制,以及它如何最终不得不被一个更可行的国家平衡体系所替代。罗伯逊认为,经过16世纪的全面改革,欧洲形成了其独特的身份和政治形态:

> 正是在[查理五世]统治期间……欧洲各王国都获得了内在活力,领悟到自身拥有的资源,既知道自身力量,又懂得如何使国力昌盛、势焰可畏。同样是在查理五世统治时期,欧洲各国由以往的单一杂乱变得互相熟悉、彼此紧密相连,乃至形成了一个宏大的政治体系,其中,每个国家各据一地。自那时起,该政治体系便一直存在,经过了两个多世纪的事态变迁,变化无几,这令人出乎意料。(III, 432 – 433)

或许是有意为之,这段话与休谟的第一卷都铎王朝开端的描述相辅相成:

> 那时,欧洲的大陆国家迅速适应了这一局势,逐渐联合为一个广阔的政治体系。该政治体系延存近三个世纪之久,而未发生任何实质性的变化。(III, 24)

休谟史书中关于都铎王朝的两卷为罗伯逊的早期作品提供了可供追溯的欧洲背景。同样,罗伯逊的第二部史著为其第一部提供了国际架构。16 世纪苏格兰动荡不安的历史,如今已被视为欧洲走向稳定和其政治意识旅程的一部分。从文化层面上讲,与英格兰的最终统一乃是苏格兰迈入紧密互动的现代化国家体系的切入点。

《查理五世治期史》是一本笃定的、雄心勃勃的叙事之作,讲述了 16 世纪欧洲各民族如何将自己艰难地拖进上帝规定的现代。同样,该书亦是对现代化进程的社会学调查,试图总结社会变革中的经济和制度因素的大体构成。[131]罗伯逊是最早接受斯密、休谟以及其他人在其祖国开创的新式社会学思辨的叙事史学家之一。在其后期作品中,两种史学——世界主义的宏大叙事和社会学式探究——时而相互补充,时而相互妥协。罗伯逊对"封建主义"和"市民社会"等常见概念的叙事处理方式到达了新的理论复杂度。即便如此,对于历史发展过程中的上帝行为,对于人在神所特许的更大的范围内决定事件的能力,他并没有失去信心。对于在历史发展过程中起作用却看不见、不可控的经济因素和社会进程,罗伯逊有新的理解,这种理解却矛盾地强化了他对下述理念的坚信,即人类主体在自己的命运里起某种建设性作用。

正如艾伦(David Allan)所述,传统加尔文主义史学对人类代理人决定事件的描述通常比较消极。①罗伯逊认同人类行为在由神规定的历史中具有建设性作用,这一理念受到当时苏格兰新社会

---

① David Allan, *Virtue, Learning and the Scottish Enlightenment*(Edinburgh, 1993),110.

科学看似可能涉及的世俗决定论的困扰。这一冲突一方面加深了他对传统加尔文主义中有关人类意图问题的反思，另一方面也为其史学方法提出了新问题。《查理五世治期史》中篇幅颇长、迅速走红的开篇文章《欧洲社会发展观》("A View of the Progress of Society in Europe"，下文简称"发展观")根据一般方法论原则写成，这些方法被用于分析欧洲社会发展的例子（这也就意味着，相同的概念工具同样可以用于研究美国或印度）。然而，该文章的一部分和《查理五世治期史》其余部分探究的是，对于最终将他们引向独特鲜明的现代化欧洲身份的那些狂潮，欧洲各民族有何创造性反应。罗伯逊并未在第二部史作中解决这些方法论上的矛盾，结果自然不一致。很多同辈赏识《查理五世治期史》的开篇文章胜过余下部分，休谟是其中的典型代表，他说：

> 无论是查理五世的性格，还是他生活中的各种偶发事件，都并不太有趣。若不是因为那点睛妙笔的第一卷，这部作品纵使写得再好，也不会如此博人眼球。①

虽说休谟的观点——开篇文章是最具创新性的部分——极具说服力，但认为《查理五世治期史》仅仅是一部传记的观点却带有误导性。罗伯逊以查理的巡游生活为主框架，记录了16世纪欧洲的广阔历史。事实上，早在十年前，休谟便试图说服罗伯逊写一本

---

① Hume to Hugh Blair(28 March 1769), *Letters*, no. 427.

普鲁塔克风格的传记,①撰写欧洲历史上的一些伟大人物,[132]罗伯逊笔下的查理五世和弗朗索瓦一世在一定程度上保留了普鲁塔克"平行生活"的传记风格。即便如此,他基本上没有像休谟的传记一样,着重描述伟人和事迹间的动态联系,而是对上帝的各民族的集体生活保持着长老会式的兴趣。

分期史学

自罗伯逊的《苏格兰史》出版以来,苏格兰知识分子的状况便发生了变化,这种变化一直贯穿其后续的写作生涯。休谟发表了关于都铎王朝和中世纪的几卷后不久,苏格兰著作如雨后春笋般涌现,这些作品讨论法律的历史起源,以及早期先进社会的经济和制度发展。罗伯逊阅读了该领域的许多主要作品并将其引用到自己的作品中。其中包括凯姆斯(Kames)的《历史法册》(*Historical Law – Tracts*, 1758)和《人类历史概论》(*Sketches of the History of Man*, 1774);弗格森(Adam Ferguson)的《市民社会史论》(*Essay on the History of Civil Sociery*)于1767年出版,受到罗伯逊的热情支持;②斯密的《国富论》(*Inquiry into the Nature and Causes of the*

---

① Hume to Robertson(7 April 1759), *New Letters*, no. 28.
② Robertson to Hume(27 March 1767), *Hume Studies*, 10(1985), 75.

Wealth of Nations,1776)受到罗伯逊的高度赞扬;①斯密的学生米勒(John Millar)的《论社会等级制》(Observations concerning the Distinction of Ranks in Society,1771)的第一版,正好为罗伯逊撰写《美洲史》提供了参照。②虽然可以宽泛地把关于市民社会和法律的苏格兰作品描述为社会学项目,但近期的研究表明,这些研究最初起源于自然法学和古典政治理论等传统学科。虽然这一针对社会本质的苏格兰集体性研究的各种成果不尽相同,甚至可以说其各自的目标和选择的研究方式有根本不同,但讨论其对罗伯逊的影响之前,有必要指出它们方法论上的一些相似之处。罗伯逊的后期史作揭示了方法的转变,即从思辨的社会学和法学方法到叙事史学方法的诸多转变。

纵使18世纪苏格兰采用的社会调查方法并非死守某一方案,但它却有效地表明这一社会思想在史学方面信奉"分期史学"[133](stadial history,即史学可细分为"各个阶段")。起初,苏格兰道德哲学家斯图尔特(Dugld Stewart)将这种史学思维称为"推测"史学,尽管"推测"一词在当时不为人所接受,罗伯逊和弗格森

---

① Robertson to Smith (8 April 1776), *Correspondence of Adam Smith*, eds. E. C. Mossner and I. S. Ross(Oxford,1977), no. 153.

② 此书以市民人文主义政治思想、自然法学和民事法学等领域的新学识为依据,重新评价苏格兰社会,主要作品包括:Donald Winch, *Adam Smith's Politics:An Essay in Historiographic Revision*(Cambridge,1978); Istvan Hont and Michael Ignatieff eds. , *Wealth and Virtue:The Shaping of Political Economy in the Scottish Enlightenment*(Cambridge,1983)。

更是极力反对。① 从凯姆斯、斯密和米勒的作品中可以看出,分期史学并不是叙事式阐释模式,而是为自然法研究提供的有组织的史学参考文献体系。不同社会的对比处理方法揭示了在史学中起作用的自然法里潜在的基本原则和歪曲。可以借助经验推出这些原则,因此自然法自身在苏格兰实践者手中发生了明确的实证式和社会学式的转变。① 狭义的分期史学描述社会经历连续性阶段变化的自然轨迹或螺旋式发展,这些连续的阶段有不同的存在形式。讽刺的是,正是罗伯逊,这位某种意义上无心成为分期史学史家的人,在撰写《美洲史》时竟大量引用社会分析的分期模式的定义:

---

① Robertson, *History of America*, I, 288; II, 173; Ferguson, *Essay on the History of Civil Sociery* (1767), ed. Fania Oz‐Salzberger (Cambridge, 1995), 8. "推测"史学最早由 Dugald Stewart 在 *Biographical Memoirs of Adam Smith, L L D., of William Robertson, D. D. and of Thomas Reid, D. D.* (Edinburgh, 1811), 48–49 中定义。更多关于苏格兰分期或推测史学的资料,参见 Robert A. Nisbet, *Social Change and History* (New York, 1969); Ronald L. Meek, *Social Science and the Ignoble Savage* (Cambridge, 1976); H. M. Hopfl, 'From Savage to Scotsman: Conjectural History in the Scottish Enlightenment', *Journal of British Studies*, 17 (1978), 19–40; Knud Haakonssen, *The Science of a Legislator* (Cambridge, 1981), chapter 7; Ronald Hamowy, *The Scottish Enlightenment and the Theory of Spontaneous Order* (Carbon‐dale, Illinois, 1987)。Michele Duchet 记述了欧洲背景下苏格兰人文科学的发展,详见 *Anthropologie et histoire au sie'cle des lumiires* (Paris, 1971)。

① 有关苏格兰启蒙时期的自然法研究,参见 Duncan Forbes, Natural Law and the Scottish Enlightenment, in *The Origins and Nature ef the Scottish Enlightenment*, eds. R. H. Campbell and Andrew S. Skinner (Edinburgh, 1982)。

> 任何一项有关人类联合形成社会的行为调查，首要关注目标都应是其存在的方式。由于生活方式的不尽相同，法律政策必定有所不同。(《美洲史》I,324）

四大经济发展阶段,即狩猎采集经济、游牧经济、农耕经济和商业经济,代表了社会四大基本经济分类。但是这中间并不必然隐含着决定论或唯物主义,更不用说马克思主义历史理论的原型。历史细分为各个阶段这一概念得以广泛应用,但在18世纪苏格兰的社会科学家中,只有凯姆斯、斯密和米勒坚持这些特定分类。斯密未发表的《法学讲义》(Lectures on Jurisprudence)中有一个绝佳例子,说明了如何从历史维度理解法律与各种社会形态的关系(简称为经济发展的四大阶段),以及这种关系如何引导人们理解社会中法律的潜在本质。相反,弗格森并未将"生活方式"[134]视为史家区分不同社会类型的变量之一。他根据财产分配和劳动力,将社会划分为三种经典模式:野蛮社会、未开化社会和文雅社会。然而,苏格兰社会理论家普遍认为,究其本质,人类历史进程是以阶段划分的,是非线性的;人类发展的最初阶段可以被推测为历史地存在过,而非仅仅被视为推进社会理论或社会批判的虚构。

所有苏格兰社会科学家都有共同的智慧之书,即孟德斯鸠的《论法的精神》(De l'Esprit des lois),它通过对各种社会的比较性评价为司法模式的实证研究开辟了可能性。本质上,分期史学注重描述与批判,而非叙事,正如弗格森的解释：

> 有一种描述性的或者自然的史学，它通向归纳和各种法则，但还有另一种旨在解释人的行为的叙事史。①

为使同时代苏格兰人见解相同、方法一致，罗伯逊需要为这种描述－叙事二分法构架联系之桥。《查理五世治期史》以"发展观"开篇，连接起这两种史学；叙事要求与描述要求之间的张力，从总标题（某一统治时期的历史）与将理论上的"社会"分类纳入第一卷的副标题（伏尔泰本就应写一篇"欧洲发展观"）之间的对比上就显而易见。直到写《美洲史》时，罗伯逊才完全接受了分期史学，他时常发现，社会发展的分期观念难以处理直截了当的叙事情节。

在撰写早期近代欧洲史和美洲史时，罗伯逊从其同辈和伏尔泰、孟德斯鸠的著作中获知了高度灵活的编年史阐释模式。伏尔泰的作品也许为罗伯逊提供了一套发展得不太充分的方法模式，这一模式把社会分析用于因果解释。伏尔泰试图判断出法律、礼仪和习俗对社会行为造成的压力，他不仅如孟德斯鸠那样做共时判断，而且要在现代化过程中做历时性判断。在他关于中世纪欧洲的"发展观"末尾的一个注释里，罗伯逊戏谑但总体上赞扬了伏尔泰：

> 我从未提起伏尔泰先生，在其《风俗论》中，他讨论过同一时期并关注了所有这些问题。并非我不曾留意过这位文学巨匠的著作，他的天资，如浩瀚宇宙般深邃无垠，他几乎尝试了

---

① Adam Ferguson, *Institutes of Moral Philosophy* (Edinburgh, 1769), 61.

所有不同[135]种类的文学作品,并在其中多个种类上都出类拔萃。总的来说,倘若他不曾触及宗教,他的作品便是富有教义且令人愉快的。但是由于他很少像现代史家那样,引用资料时提及原作者姓名,我在说到有争议或者未知的史实时,便无法得体地引用他的作品。然而,在这些研究中,我常常视他为向导。他不仅指出非常重要值得探究的史实,而且从中得出了相应的结论。他如果当时提到了与这些特定细节相关的书籍,便能省去我的大部分研究工作,并且现在许多认为他只是有趣活泼的读者,也便会发现他其实是博学多才、学富五车的史家。(I, 392)

虽然伏尔泰作为学者有弱点,但作为史家,他将人类视为其自身历史的创造者,他本可以为罗伯逊提供最出色史家的榜样。另一方面,斯密、凯姆斯、弗格森和米勒倾向于认为,变化的深层结构从某种意义上讲是自然的,也就是说,是人类本能的无意识计划的产物。这并不是史学的生物决定理论。作为这些变化之一的社会机构和文化形式的激增,不能被解释为纯粹的附带现象,因为它们很可能会阻碍或干扰分期发展。然而,苏格兰理论家并没有像伏尔泰那样消解经济原因和文化影响间的界限,也没有将史学看作人对审美秩序的探索。伏尔泰的史学是史家对文明化现代性的一种论断,作者的自我变成了一种身份原则,其中蕴含并支撑着史学的各种现代性标志。相比之下,分期史家因其史学逻辑而饱受指责,其著者地位也有所下降,因为分期史学认为,劳动分工和专业化是现代经济发展到最先进阶段的特征,这意味着,作者也被专业化了,其理解也具有片面性。①作为叙事史家,罗伯逊无法避免地会遇到使他的著者权威成问题的新的分期史学。《苏格兰史》中,他拓展了其苏格兰同辈们采用的颇具地域性自信的自我呈现策略,使自己的民族史更具世界主义视野。在《查理五世治期史》中,罗伯逊一直(不带任何讽刺意味地)采用这一欧洲化的著者腔调,他无法接受其更具苏格兰风格的史学分析里隐含着的著者身份的弱化。尽管启蒙运动的各历史阶段更支离破碎,但保持全方位的启蒙视野变得更加势在必行。罗伯逊的作品凸显了分期史学中一些更主观的假设:[136]质变在道德和物质层面都发生了(对此只有弗格森明确表示反对);现代欧洲是全世界率先进入商业阶段的区域,因而具有与生俱来的文化优越性。

欧洲封建秩序的没落

《查理五世治期史》的中心主题是,欧洲作为各民族国家的共同体(a republic of states),自前市民时期封建制度的废墟中崛起。这也是《苏格兰史》的开篇主题,现在扩充后出现在关于中世纪欧洲的长篇序言文章"发展观"中。该文开篇简要叙述了罗马帝国的

---

① John Barrell, *English Literature in History*, 1730—1780: *An Equal, Wide Survy*(London, 1983), 25 – 31.

崩塌和随之而来的欧洲野蛮时期。同弗格森一样,罗伯逊认为野蛮时期是欧洲社会的独特阶段,有其自身的行为范式("意志力、个人尊严感、奋进的勇气",I,20)。随之而来的封建农业社会阶段更使欧洲局势变得雪上加霜。欧洲变成了由各小块军事领地组成的无国界的大杂烩。起初,欧洲各民族似乎被封建时代禁锢,其社会形态阻碍了经济与文化的发展。罗伯逊从欧洲的黑暗时期得出如下社会学推论(其语调极易使人联想起休谟的文章):

> 如果人民无法享受常规政府的保护,其人身安全自然也得不到保障,他们便不会努力在科学领域取得进步,更不会追求品味或礼仪上的优雅。(I,18)

他对封建政府形式的分析("像军事编制,而非市民机构")很大程度上归功于当时其他苏格兰人对封建欧洲的重新评价(L,17):首先,他将封建制度视为一个阶段,更确切地说,是人类农业发展时期的一个历时相对较长的子阶段;其次,与伏尔泰不同,罗伯逊区分了两种不同的封建制度,一种是从技术层面可定义为贵族通过附庸关系控制的社会管控体系,另一种是一个有感染力的18世纪术语,用于表示各种形式的领主关系和农民附庸关系。罗伯逊在此篇文章中比在《苏格兰史》中更坚持第一种定义。和斯密、凯姆斯一样,他深信后封建社会体现了封建世界的巨大进步。罗伯逊借鉴却并不赞许休谟史学在"封建和盎格鲁-诺曼政府与礼仪"部分对封建制度的描述,休谟的描述主要偏重政治和法律方面。私底下,罗伯逊比较轻视休谟作品的中世纪部分("最后两卷不仅构思随意,也没有在任何研究上投入太多精力"),而休谟[137]却更大度地肯定了罗伯逊在这一研究领域的贡献(《苏格兰史》,I,455)。① 记述完封建冰封期后,罗伯逊讲述了这一时期最终是如何解冻消融的。从一个阶段到另一阶段的过渡给罗伯逊带来一些叙事方面的麻烦,他试图以多种方式解决此问题。一开始,他借助人们熟悉的种子成熟的线性图像来阐述:

> 我们必须找寻到秩序的种子,并努力发现当前欧洲已经建立的政策和法律的最初萌芽阶段。(I,11)

黑暗屈服于光明,

> 由此开始了一项更令人愉悦的活动——观察黎明破晓、曙光初现,标记出光芒逐渐增强、最终完全点亮天际的各条路径。(I,22)

罗伯逊和休谟一样,认为11世纪标志着"政府和礼仪的逆向回归"(I,21)。罗伯逊为了回应休谟的观点(休谟写道,"萧条期有终点,繁荣期也一样")刻意解释道:

> 最终的萧条期或者繁荣期之后,人类社会自然而然地从一个阶段过渡到另一阶段。(I,20;《英格兰史》II,519)

---

① Robertson to Eliot(8 March 1762), NLS, *Minto Papers*, MS 1 1009, ff 113 - 114.

然而,11世纪从萧条期到更高发展期的转化并未按时间顺序依次叙述,而是被分成了大约九个阐释性部分。罗伯逊的分析模式(其小标题分别为"十字军东征""诸城市的发展""乡村生活的变化""刑法新变化""罗马法新变化""教会法新变化""骑士精神""艺术与科学""商业")仿照孟德斯鸠的共时复杂性,强调同时存在的各层次,而非各条因果关系叙事线。所有观察都有大量丰富的学术笔记和文中常常偏题的"证据与示例"部分为支撑。罗伯逊对封建阶段衰落的描述,无疑比其苏格兰前辈们更丰富详尽。通过给十字军东征增加一层新的讽刺:"由于这些探险活动,由于迷信或愚蠢的影响,我们首先看到了消除野蛮和无知的曙光。"——因为它们使以往孤立的基督教世界接触到了更精致的希腊人和东方穆斯林,罗伯逊超越了18世纪人们对它的通常看法,即那是"人类愚蠢行为独特的纪念碑"(I,25,27)。他还创造性地把法国最新的古物学研究成果作为论据(后来引起了吉本的兴趣),以支持他的论点——骑士精神的社会功能是对政治和社会行为产生文明影响:

> 那些为寻求冒险而奋不顾身的浪漫骑士,其狂野壮举家喻户晓,[138]这曾被合理地视为可笑之举。骑士精神对政治的恒久影响却鲜有人察觉。(I,71,注释27引用了法国中世纪骑士学者 La Curne de St Palaye)

罗伯逊的共时方法在他对封建主义衰落原因的解释中形成了某种闭环,既增加了社会分析的理论复杂度,又进一步拉远了此文

与叙事形式的距离。例如,和之前的休谟一样,罗伯逊强调商业在引导更文明的社会形式和国际关系中的作用:

> 商业往往有利于消除偏见,偏见使国与国之间有差别和敌意。它使人们的社会行为更温和、更文雅。它利用所有纽带中最强的那一根——提供彼此所需的欲望——使人们紧密相连。(I,81)

然而,罗伯逊解释说,要使国与国之间发生贸易往来,必须有一定程度的社会文明存在。商业既是社会从一个发展阶段过渡到下一个阶段的标志,也是其诱因。事实上,封建时代结束的显著标志是市民自由与君主政体的共同发展,这是法律制度的日益规范与城市解放和富裕的相互作用的产物。"发展观"第二部分研究了中世纪晚期对外事务管理的变化。财富增长和技术变化改变了战争的特征。矛盾的是,虽然随着逐渐认识到彼此间互为制衡的战略关系,欧洲国家了解到宗教宽容的实际意义,国家间战争的破坏性越来越小了,但常备军却成为商业社会的必然特征。在这一节以及整个《查理五世治期史》中,罗伯逊尤其感兴趣的是,欧洲诸国形成(或更多时候未能形成)现代外交政治理念的方式。那种外交政策的基础是可量化的永久利益和对地缘政治力量均势的理解。

文章的第三部分详细研究了16世纪初欧洲主要国家的政治制度和"法律精神"。在此处,罗伯逊侧重研究各个国家统治结构内部的平衡机制。分期理论可以用于解释每个国家间的深层相似性:

> 我提出有关原因和结果的观点,其影响具有普遍意义,能够帮助读者理解欧洲国家在对内政策和外交策略上惊人的相似之处。(I,123)

英格兰是罗伯逊唯一一个不予描述的欧洲重要国家。其原因静静地躺在颇具颠覆性的注释里:

> 几个世纪以来,欧洲所有国家的统治状况几乎如出一辙,[139]因此只有仔细研究大陆上诸王国的法律和习俗,才能更为清楚地说明英国宪政的进步性。(I,393)

罗伯逊温和地颠覆了读者们对不列颠宪政的历史特殊性所持的信念,同时又植入了世界主义观:要了解自己,英国读者必须了解并重视欧洲历史。

罗伯逊对中世纪衰落的描述与伏尔泰的早期著作《风俗论》中的描述有诸多相似之处。两位作家都格外强调,16世纪是欧洲迈向现代的炼炉。与伏尔泰及许多苏格兰同辈一样,罗伯逊忽视了土地发展在瓦解封建结构方面的作用,强调君主制度与市民联合将封建制度推向灭亡的作用。伏尔泰和罗伯逊都没有用严格的法学术语定义封建主义,甚至没有将其定义为一种军事结构,而视其为一种文化经济体系(正如罗伯逊在《苏格兰史》中所为)。罗伯逊阐释封建制度衰弱的内因和外因的某些方面,既不属于休谟分析模式,也不属于分期史学分析模式。讨论外因时,罗伯逊的分析是典型的伏尔泰分析模式。欧洲逐渐意识到其共同的政治特征,个

体国家开始将其近期获得的"活力"引向外部活动:

> [16世纪]欧洲诸王国在政府内部管理方面已完成较高程度的改进……他们有条件扩大其行动范围,增强其组织活动气势。(I,120-121;1792年文本在operation后面加了to multiply their claims and pretensions,I,145)

和伏尔泰一样,罗伯逊仔细思考了欧洲各国逐渐意识到的相互依赖的各种好处,发现均势战略理论便是这种相互依赖的结果之一。① 16世纪以前,欧洲国家"似乎认为自己是各自分离的社会主体",但欧洲人和欧洲历史学家很快便意识到了欧洲"一体化"的实质:

> 过去两个世纪里,无论谁记录欧洲任何一个重要国家的事务,他记录的一定都是欧洲史。(I,87-88)。

罗伯逊认为,封建秩序的瓦解是内因性的,是人类追寻自由更大化的进程中静默地、自然而然地打破人为约束的活动之一。这种个人自由的增长[140]在结构上与中世纪到后封建世界的过渡息息相关,其方式与休谟在附录"封建与盎格鲁-诺曼政府及其习俗"(Feudal and Anglo-Norman Government and Manners)中描述的大体相同。斯密后来将在《国富论》中强调这种通过经济活动而非

---

① Voltaire, 'Tableau de l'Europe depuis la paix d'Utrecht jusqu'en 1750', in *Le Siecle de Louis XIV*(all editions before 1768).

外部因素内在地瓦解封建制度的方式。同样,对于不理性的欲望在内在构建和瓦解封建制度时起的作用,凯姆斯也大有话说。① 然而,作为苏格兰分期史学的文本之一,"发展观"缺少这样一种认识,即后封建主义的 16 世纪是中世纪人们的个人嗜好和欲望导致的始料未及的副产品。罗伯逊曾读过弗格森的《市民社会史论》,和后者一样,罗伯逊也是方法论上的集体主义者。也就是说,其研究单位并非由多个个体组成,而是由集体组成,其研究的是由神驱动的整个群体的行为。和弗格森一样,罗伯逊认为,国家或社会团体是导致冲突的重要集体因子,冲突是变革必需的力量。因此,他集中大部分精力关注类似十字军东征的集体冲突行为。在《查理五世治期史》后半部分,他重点关注改变 16 世纪欧洲的狂暴的社会及宗教冲突。

"发展观"认为,获得自由和精神解放是中心主题,因为正是通过发挥自由和独立思考的能力,欧洲人民才能逐步为商业现代化创造条件。罗伯逊从自然法的角度视自由(liberty)为个人摆脱外部干扰的自由(freedom),尽管他也依照古典方式,将其与获得公民身份联系在一起(尤其是在其中世纪史部分,他视其为一种地方自治现象)。11 世纪以降,随着商业的发展,越来越多的人能享受公民福利,自由的权利内涵也逐步拓展。城村间的商业往来,促进了乡村社会的流动性:

---

① Henry Home, Lord Karnes, *Essays upon Several Subjects Concerning British Antiquities*(Edinburgh,1747),127 – 129.

> 来自各个阶层的人们,曾经根本没有政治生活,被人当劳动工具一样使唤,现在成了有用的公民,为接纳他们成为一员的社会做出贡献,为其扩充军力或财富。(I,41-42)

这种将古典自由观扩展为社会参与自由的观点,在一定程度上归功于休谟。① 罗伯逊与其苏格兰同辈的主要不同——也是他与伏尔泰的主要相似点——在于,他不断强调,自由与对正义的渴望存在因果关系,历史是在狂热与理性之间做道德选择的竞技场。

[141]中世纪的农业人口逐渐获得最基础的公民身份形式,这种形式的出现,举例来讲,是因为乡村民众看到了城市生活的改善,想为自身寻求更大的自由:

> 一部分人通过地区制度获得的自由与独立,激发了另一部分人获得相同权利的最强烈愿望。(I,40)

封建制度的其他变化也是人们有意干预的结果。属人的事务常常有出人意料的后果,苏格兰人对其理解中隐含的道德问题,引起了罗伯逊的不安。史学的发展是人类非理性的个人欲望和活动的产物,罗伯逊方法中分期史学那一面缺少的正是对这一理念的彻底信服。某种程度上,他的史学是缺少运转着的发动机的分期史学。

---

① 有关苏格兰启蒙运动对古典自由思想的改变,参见 John Robertson, 'The Scottish Enlightenment at the Limits of the Civic Tradition' in *Wealth and Virtue*, eds. Hont and Ignatieff。

对于到底是什么因素促使人类从文明的最低阶段走向最外圈这一问题,分期史学模式的回答并非一直完全令人信服。孟德斯鸠的综合社会模式,即各种起作用的因素集成在一起,也是经历极大困难后才变型为一种社会变革模式。某种程度上,分期史学内在地循环闭合,这恰恰是因为它并不预先设定任何单一原因。由于建构叙事的迫切需要,罗伯逊不可避免地发现自己比同时代的社会理论家更墨守成规。他的"发展观"常常通过强调历史参与者的有意干预——通常为了追寻自由,以避免陷入循环论。例如,据说他在描述城市寻求解放的进程时,一直在有意强调"人类不可剥夺的权利"(I,31)。无论是在"发展观"还是在《查理五世治期史》的后半部分,罗伯逊都不停地使用转喻连接词("发展"和"减少"、"光明"和"黑暗"、"种子"成熟等)来满足叙事历史的线性需求。他仍然会常常诉诸神恩,对根本变化的解释浮于显白层面,这同时也源于隐含的自然轨迹。罗伯逊并未全盘接受欧洲兴衰史的分期解释模式,在这一点上,他与伏尔泰以及后来的吉本有很多共同点,他们都把历史视为各种思想的应用和习得,按照既是有意也是自发的顺序。

剧烈变革

"发展观"中的社会学和法学-史学词汇十分突出,但在叙述查理五世的生活和时期的主要部分中却作用甚小。很大程度上,这部作品的余下部分是政治史,围绕查理五世和弗朗索瓦一世(Frarnois I)的平行生活展开描述,[142]讲述 16 世纪西班牙、奥斯曼帝国和法国之间的三角权力斗争。故事以西门尼斯(Ximenes)摄政西班牙为开端,以查理五世的退位和死亡为终结。该时期被视为欧洲政治和社会发展从封建阶段到现代商业化阶段的过渡。18 世纪,史家对"文艺复兴"一词并没有什么概念,因为这个词并非他们史学分期方案中的一部分。然而,与伏尔泰一样,罗伯逊认为,16 世纪是划分中世纪和后封建时代的过渡时期(休谟认为 17 世纪是更重要的时期)。这一时期地动山摇般的巨变全都由惯常的秩序与新秩序之间的冲突引发。罗伯逊记述了这一过渡时期宗教信仰和国家在各个方面的变化:封建无政府状态让位于更集中、征税更多的君主国,君主权力还未受到国家里许多中间力量的限制;对外事务和战事由技术更精湛的新型常备军指导,后者却缺乏对均势政治的恰当的战略性理解,而他们必须具备这种理解;中世纪的天主教会最终被宗教改革分裂,但两派都不明白自己无权强加信仰。在通往现代化的道路上,欧洲经历了绝对主义的磨练、内外战争的炮火以及宗教分裂的洗礼。罗伯逊认为 16 世纪是一个过渡阶段,这一观点一直盘旋在其编年叙事的背后,在每一次阐释时浮出水面。作者以西班牙、佛兰德斯、法兰西、意大利和英格兰等为出发点审视欧洲大陆,这段史记的广阔视野即是建立在欧洲的过渡时期这种统一意识之上。

在《苏格兰史》中,对 16 世纪苏格兰未能踏上强大的集权君主制这条痛苦却必需之路,罗伯逊深感痛惜。在第二部史作中,他解释了为何欧洲其余部分若要摆脱昔日的中世纪,就只能以很多国家实现的绝对君主制为代价,甚至要冒着其中一个绝对君主——查理五世——建立泛欧帝国秩序的危险。罗伯逊最终将强大的集权君主国视为欧洲历史动荡时期必然经历的恶,因为其中一些最终将让位于合理构建起来的后封建政治体制。该书的传记部分重在记录查理五世、弗朗索瓦一世和亨利八世的生平事迹,史录部分论及他们之间反复无常的大争斗,两个部分都没有体现出对他们的个性特征的兴趣。对罗伯逊来说,人格特性对历史的影响是历史上某个阶段的偶然特征,很快会被后来几个世纪更有限的君主制湮没。不管怎么说,罗伯逊的查理五世和伏尔泰的路易十四一样,是神秘人物,[143]在其统治抱负的激情之外,没有任何清晰的目标,其个人特点完全被纳入公共形象之中(II, 230)。在总结查理的生平和性格时,罗伯逊傲慢地宣称自己故意排除了个人轶事,这或许也是在含蓄地批评休谟和伏尔泰更闲话式的风格("这些不是史学记录的对象"),他根据皇帝各种行为的公共效用严苛地评价他:

> 作为一名杰出的征服者,他的欲望促使他不断征战,导致臣民疲惫不堪、苦不堪言。他无心关注内政,无暇理会国家发展。不以人民幸福为目标的政府,必将走向灭亡。(III. 419; IIII. 288)

罗伯逊只致力于对查理一个维度的呈现,即他野心勃勃那一面,因而完全没有解释他最终为何退位。他只就查理想对公众隐瞒自己身体虚弱之事严厉评价了几句,就他退位后对自我苦行的迷信式执着发表了几句讽刺评论(III. 352,412)。

罗伯逊真正感兴趣的是他为国王披上的那层薄薄的精神外衣——他们代表新的主权形式。在罗伯逊的(大概属于)斯密式分析中,绝对君主制之所以成为可能,首先是贵族阶层的地位被削弱,他们在城市生产或交易的奢侈品上花费了过多财力,最终陷入相对贫困的窘态(III. 441)。① 在16世纪的过渡时期,新君主仍然能够利用贵族们残留的尚武精神来扩大自己的权力、扩张自己的领土。例如:

> 无序状态已经结束,但封建时期的活力依在。法兰西国王可以利用那种非凡的特有制度曾经点燃并仍旧燃烧着的尚武精神为自己效力,还不用面对那种精神在全盛时期必然会带来的任何危险或麻烦。(III. 439)

技术上更复杂的战争("战争,从一门非常简单的科学,变成极其复杂的科学"),部分由常备军参与,自然需要更高的税收(II. 199)。起初,欧洲最贫穷的民族对这些政治和经济秩序变化的体验是,传统秩序受到极大破坏,某些情况下,农民用暴力来表达他们的各种困惑情绪:

> 尽管[封建]苛捐杂税很痛苦,但人们却耐着性子忍受着,因为那是惯常且古老的。但随着文雅品味和奢侈品的发展,

---

① Adam Smith, *Lectures on Jurisprudence*, eds. R. L. Meek, D. D. Raphael and P. G. Stein(Oxford,1978),261 – 262.

以及战争技艺的变化,政府的开支开始增加,[144]君主必然向臣民征收临时税和国税,此类新加税收似乎就难以接受。(Ⅱ.256)

在罗伯逊的解释中,宗教改革是社会迷失方向的后果之一,进一步又引发政治变革。罗伯逊对宗教改革的本质和程度的社会学分析在这个世纪容易被忽视,但在许多方面,都是他对分期史学最重要的贡献。罗伯逊在《查理五世治期史》第二卷里就宗教改革的原因和发展撰写了一个内容详实的长篇"离题话"(他自己是这样命名的),虽然这不是他就这一问题的最后结论(Ⅱ.250-91)。"离题话"主要从教会和政治的角度解释宗教改革的原因,例如教会腐败、疯狂揽财,无端干涉市民政府运作、日耳曼地方国家事务等。除此之外,还有更普遍的原因,例如印刷术的发明(罗伯逊在这一点上紧跟休谟)、古典学问的复兴,后者也是史书其他部分讲述的智识变革的部分原因。叙事被比作常见的光与暗的线性意象("然后黑暗笼罩了教堂","[伊拉斯谟]率先撒下种子,路德守护它们并使其成熟"[Ⅱ,111,119])。那也一定是天意,即使不易被意识到。路德与《苏格兰史》中的诺克斯一样,有点像坦率讲出"独特神意"的工具。罗伯逊对路德的个性毫无兴趣,虽然他和伏尔泰一样,对路德的粗俗、"低级滑稽"和其作品中"粗俗下流之言"感到惶惶不安(Ⅱ.115),然而,这些品质却适合他完成其神定的使命(Ⅲ.67)。罗伯逊显然借鉴了伯纳特热衷于神意的《英国教会改革史》,但比后者更强调上帝的意志在地上对俗事的仲裁作用。罗伯逊在《世界形势》(*The Situation of the World*)和《苏格兰史》中,表明了神意如何通过次级史学诱因起作用:

> 他们的成功是许多强大诱因的自然结果,是独特神意的预先安排,幸福与其共谋了那一结局。(II. 120;1792 年的文本强调"改革的成功",II. 160)

所有这些并存诱因的"自然结果"不仅在宗教改革的离题之言中有描述,而且被整合进此书其他地方关于社会转型的叙事中。宗教改革既是一场有独特精神意义的变革,也是 16 世纪发生的阶段过渡的一个方面。出于罗伯逊在后文会分析的种种原因,他对宗教改革的分期史学分析从未彻底完成,但宗教改革前和宗教改革后一段时期分别与中世纪和现代有松散联系。[145]可以预见,宗教改革前的时期与黑暗相连,也和迷信、迟钝相连("那些黑暗静默的时代,是绝对信仰和彻底服从",III. 448)。罗伯逊在评价中世纪天主教教义以及险恶的耶稣会新秩序时的态度很冷淡疏离,采用的是迷信和腐败等偏狭词汇。宗教改革本身与狂暴的精力联系在一起:

> 人类的思维……瞬间被唤醒,他们变得好奇、反叛,对迄今为止所受的束缚不屑一顾。那种奇妙的心智躁动和烦乱,隔着如此遥远的时距似乎难以理解或者被责难为放纵,但它如此普遍,只能是被具有强大功效的自然原因激发。(III. 445)

这段话与休谟对同一主题的观点相呼应:

人们，从如此长时间的沉睡中醒来，开始质疑最古老、最广泛接受的观点。(Ⅲ.139)

然而，对罗伯逊而言，被教会改革渴望激发的焦躁也旨在限制16世纪开始的中央集权政体。在动荡不安的后封建时期里，人民（例如明斯特的再洗礼派叛乱分子）在争取公民自由的过程中，令人遗憾却也不可避免地沦为盲从的牺牲品(Ⅱ.348)。在一些国家，这些激情的释放如此突然，最终给天主教和国家都造成了致命伤害。纵观欧洲，改革的精神加强了人民获得公民自由的决心。宗教改革引发或者说造成的社会动乱是历史过渡阶段的一部分，这一过渡阶段最终将把欧洲带向更加稳定的新时期。同样，天主教和新教的痛苦分裂也是过渡时期的特征之一。从中世纪天主教义中解放出来的暴力过程影响了信仰两个教派的各个民族。它释放了长期压抑的政治和智识能量，这些能量让天主教国家和新教国家都发生了改变。天主教会最终吸取了教训——人类的信任和耐心可能不堪重负、消失殆尽(Ⅲ.447)。对于古老的中世纪天主教世界，罗伯逊堂而皇之地将其描述得腐败且胆小迷信，它最终被现代多元制度取代，这种多元制度是各教派间相互作用和建设性效仿的结果。现代天主教和新教的对立促成了宗教生活和世俗生活众多领域的共同改善：

基督教的这一大分裂在某种程度上起到了净化礼仪、传播科学和激发人性的作用。(Ⅲ.451；1792年版的Ⅳ,329处的前后段落还增加了一条详实的引用，说明特定的"现代化"以及"当今时代的教宗对文学的爱")

罗伯逊暗示,中世纪迷信时代和[146]16世纪宗教冲突插曲结束之后,迎来了和谐的基督教多元主义的现代。

尽管罗伯逊在《查理五世治期史》中信誓旦旦地表示,基督教多元主义时代已经到来,但他很快就发现,苏格兰在这方面不如欧洲其他地区发展得那么快,他为此付出了代价。罗伯逊第二部史书出版10年后,他和他的温和派同僚们在柯克议会上因支持苏格兰天主教徒获得更好的公民权利而遭到福音派的诽谤。罗伯逊曾领导过一次争取权利的活动,旨在将1778年的英格兰及其殖民地的天主教救济法案引进苏格兰。① 很快,他和他的支持者便遭到强烈的反对(由厄斯金领导),反天主教的抗议活动太猛烈,罗伯逊和家人不得不躲在爱丁堡城堡暂时避难。意识到苏格兰还未达到宗教宽容的更高阶段,罗伯逊最终放弃了("我选择公共事业而非个人情感")。② 不过,罗伯逊在长老会大会上承认失败的演讲"论反天主教的刑法"("On the Penal Laws against Papists")揭示出他在这个大背景下对欧洲宗教观念发展的看法:

> 我意图让天主教徒免除严刑峻法的首次暗示已经见诸报纸。虽然我曾高兴地发现,自由的意识在这个文明时代正快速发展,虽然我知道科学和哲学已经将宽容原则洒满欧洲大地,然

---

① 关于这些事件的详细记述,参见 Richard Sher, *Church and University*, chapter 7。

② *Scots Magazine*, 41(1779), 412 报道了罗伯逊的评论。

而,我深知不列颠人从骨子里就反感天主教教义和天主教精神,所以我想,提出宽宥天主教徒的议案可能还为时过早。①

像往常一样,罗伯逊把宗教宽容原则与某一历史时期的体制关联。这一原则对他来说当然是完全的善,对许多18世纪的作家来说也是如此,但其实施却取决于特定国家的发展是否已经准备就绪。他曾温和地暗示,与欧洲较为开明的国家相比,不列颠,尤其是苏格兰,在这方面稍显落后。同样,罗伯逊在《查理五世治期史》最后几页提出的泛基督教联合主义,其实是他世俗世界主义的推论。因为只有在现代,欧洲人才能从更深层面上感知文化多样性,而文化多样性是他们的力量之源和竞争活力:

> 性格各不相同、天赋参差不齐……使欧洲人的地位超过了世界上其他地区的居住者。(Ⅲ.432;1792,Ⅳ,304)

罗伯逊认为,宗教改革只是宗教[147]和世俗现代化更广阔发展过程中的一部分,其各个诱因(在一个层面上)是自然的:

> 它一定由自然的、具有强大效力的诱因所激发。(Ⅲ.445)

然而,并不能把罗伯逊对宗教改革的社会学分析完全划属到分期史学模式中,在一些重要方面,他在抗拒着自己理论推测的倾向。罗伯逊认为,分期史学给予人类干预历史的空间太有限。尽

---

① Ibid.,409.

管罗伯逊意识到历史总体上大于人类目的性总和,但他仍然承认理性决策在变化过程中的作用。可以将此与斯密在《国富论》中对宗教改革的简要描述对比。斯密认为,罗马教会体制永远不可能被"人类理性的微弱努力"推翻,只能"被事物的自然进程削弱,继而进一步被部分摧毁"。[1]罗伯逊并不接受斯密阐释的"自然进程"和人为干预间隐含的对立关系。罗伯逊在《查理五世治期史》中说,宗教改革不仅是一个过渡性社会阶段,而且是众多欧洲人获得他们世界智识资产的时刻:

> 宗教改革,不管在哪里被接受,都增强了大胆创新精神,那是它与生俱来的。若是一种体系受到一切令人尊敬或敬畏之物的支持,却还有人有勇气去推翻他,这种人就不会被任何权威吓倒,无论这种权威多么伟大或可敬。(II. 258)

> 那段时期,人类似乎重获了质疑和思考能力,他们已经丢失这些才能很长时间了。他们似乎也喜爱这种重获之物,非常大胆地将其运用在所有学科上。(II. 116)

在根本上是神定的规制里,宗教改革或许不是人类想要或不想要之事,但是有理性的人类代理人,作为次级诱因,在宗教改革过程中也有其发挥作用的领域。

为使各国建立结构合理的教会和政治机构,使国家与其邻居们

---

[1] *An Inquiry into the Nature and Causes of the Wealth of Nations*, eds. R. H. Campbell and A. S. Skinner (Oxford, 1976), II, 802–803.

保持权势均衡的关系,欧洲人民必须自发改变其思维习惯。对罗伯逊而言,宗教和政治新词汇的习得总是先于政治变革。人们首先应该构想并学会宽容,才能够实践它。查理五世统治的大部分时间里,

> 人们从未听说过良心(conscience)和个人判断的神圣权力。就宽容现在的意义而言,不仅这个观念,甚至这个词本身都闻所未闻(III. 335)。

外交关系的改善也是如此:

> [148]关于权力的合理分配和均衡等思想非常晚近才被引入欧洲政策体系,直至目前都还未引起足够重视。(II. 52–53)

罗伯逊暗示,16世纪的欧洲人在能够实现现代化之前,必须先在个人隐私、个人自由、宗教自由和国际权力平衡方面实现重大观念性飞跃。接受更深层次的经济和社会变革能促进这些飞跃,而这些观念性飞跃反过来又约管着这些变革。

目的性

罗伯逊不断强调语言和人类主动性在历史上的作用,这在当时苏格兰人的历史写作中甚至达到很不寻常的地步,似乎他对分期变化模式以及读者可能从分期史学中获得的道德推理很不满。分期史学将变化描述为意外的影响结果,从而暗指个人行为的重

要性不再根植于其目的性。例如,斯密《国富论》中"看不见的手"并未向行为中的个体揭示其运作的道德逻辑,从而为极其讽刺性地解释人类处境开启了各种可能性。例如,休谟对英格兰宗教改革的描述充满了各种意义深远的讽刺。琐事和意外事件往往导致好结果(如宗教热忱带来的政治自由):

> 这场革命(亨利八世与罗马决裂)带来了许多有利的结果,虽然主要主事人当初并未预见到也并不指向这些结果。(《英格兰史》,III. 206 – 207)

对此,罗伯逊讽刺地调侃道:

> 宗教改革带来的所有巨大效应,似乎都由看似偶然、极其微不足道的诱因引发。(I,79)

然而,肤浅的观察者才会仅仅讽刺地看待这一结果,因为仔细观察便能揭示出其中的加尔文式圣经解释学。仅对于忽视人与神行为背后的深层意图的人来说,"原因"才是"偶然的"。历史,对于罗伯逊来说,至少总有一定程度的道德可知度。

曼德维尔(Mandeville)道德虚无主义的幽灵总是笼罩着分期史学。① 倘若个人的恶的确是公共利益,那么人的自我就是分裂的,其个人行为的道德意义就不具有史学维度。不同的苏格兰作家试图

---

① M. M. Goldsmith, 'Regulating anew the Moral and Political Sentiments of Mankind: Bernard Mandeville and the Scottish Enlightenment', *Journal of the History of Ideas*, 49(1988), 587 – 606.

以不同方式处理这一道德问题。[149]凯姆斯认为,通过培养其爱国主义精神,漫无目的的人能够被历史救赎。①斯密将曼德维尔解读为道德哲学家,他在《道德情操论》(Theory of Moral Sentiments, 1759)里重塑了人在私人场景中的道德主体地位。要把这作品与斯密在《国富论》里的看法——市民经济社会背景下的人的道德自发性没那么强——相协调的话,存在众所周知的类属性困难和内生性困难。弗格森无法消除曼德维尔幽灵,在《论市民社会史》中讨论商业高度发展的社会时,他把人的身份分裂问题放在了中心位置。对他而言,人的市民职责和物质功能——人作为士兵、商人的身份、公民和专业劳动者的身份之间——的分裂问题,只有通过目的性重建才能解决。只有作为强调个人意志的行动者,人类才能拯救自己脱离反讽的境况。②

罗伯逊继承了与弗格森相同的公民道德传统,在《苏格兰史》中,他偶尔会伤感地怀念过去把积极的社会参与作为公民身份的先决条件的时代。和弗格森一样,罗伯逊也认为,更近代的社会能够摆脱具有讽刺意味的境况,通过变得有活力而获得代理身份。③"活力"是罗伯逊最喜欢的词之一。他和弗格森一样,认为"活力"

---

① Karnes, *Sketches of the History of Man* (2 vols.; Edinburgh, 1774), II, sketch 7.

② 有关18、19世纪道德意图和非预期后果问题的启发性讨论,参见 J. W. Burrow, *11ihigs and Liberals: Continuity and Change in English Political Thought* (Oxford, 1985), chapter 3。

③ Ferguson, *Essay on the History of Civil Sociery*, 202, 204.

是男性特质,他早先就用这个词描述从狩猎时期发展而来的早期社会尚武、积极的特征(《查理五世治期史》,III.439)。罗伯逊的"发展观"和弗格森的后期作品《罗马共和国发展和终结史》(*History of the Progress and Terminationof the Roman Republic*,1783)都提出,罗马衰落是因为公民闲暇时的羸弱状态取代了其充满活力的特质。①罗伯逊指出,"活力"是后中世纪诸社会的特征,它们把商业、国防、自由和政治平衡融合为一个文化整体(I,121;III.439,441)。例如,据说查理五世统治时期,"欧洲各王国"都"获得了内在的活力"(III.432)。那么,当商业社会失去早期的尚武特征时,必须用一种新的目的性或者活力来替代它。罗伯逊用"活力"把社会活动和其作用联系起来。充满活力的现代性不是被讽刺的状况。罗伯逊的"活力"还包含着残留的公民道德主义观,认为各社会,甚至是商业社会,在某种程度上都必须继续接受评判,评判标准之一是其成员是否展示出积极的[150]或有目的性的公民身份品质。

在凯姆斯和斯密的作品中也能看出这种公民道德主义倾向,这对罗伯逊产生了深刻影响,强化了他对全盘分期史学模式的抵制。虽然罗伯逊不愿完全接受缺乏目的性的史学理论,但他也不情愿完全接受分期史学的叙事解释模式。根本原因是,作为著者,他渴望提出并向读者灌输世界主义身份认知。分期史学强调历史的客观性和典型特征,很少探讨地域及民族的独特性。通过强调

---

① Ferguson, *History of the Progress and Tennination of the Roman Republic* (3 vols.;London,1783),III,574.

历史中有意选择的作用(例如他描述《联合法案》时所为),罗伯逊进一步强调欧洲史学经验的独特性和中心性。也许正是出于这个原因,在研究欧洲如何通过各国间的文化传播过程变得文明时,罗伯逊把对启蒙运动的史学兴趣引入对社会发展的分期探索中。在历史是多个阶段的连续体这种史学理论上,他加入了一种变化观,这种变化通过传播或模仿过程起作用。

罗伯逊将在其职业生涯后期进一步发展这个观点。1778年,为纪念光荣革命,罗伯逊在一篇并未发表的讲辞中,以不同寻常的世界主义视角分析了这一极具国族性质的事件,他把光荣革命刻画为一件起源于欧洲并且有普遍影响后果的事件。他再次强调目的性和模仿性对于形成独特欧洲特征的作用:

> 可以这样认为,欧洲所有文明国家正在形成一个排外的共同体。他们之间存在大量交流,其中任何一国在科学、艺术、商业、政务等方面的任何一处改善,都很快就会被其他国家引入,并及时采纳和效仿。因此,欧洲各国人民间便有了普遍相似之处(如果现在时机恰当,我能马上指出),也比其他人类具有更大的优越性。①

这种模仿和相互作用的观点,既阐明了罗伯逊世界观的适用

---

① NLS, *Robertson – MacDonald Papers*, MS 3979, f. 15. 这篇讲辞由 Richard B. Sher 在 '1688 and 1788: William Robertson on Revolution in Britain and France' in *Culture and Revolution*, eds. Paul Dukes andjohn Dunkley (London, 1990)中展开讨论。

范围,也体现了其局限性,即它既是广阔的泛欧洲论也是狭隘的欧洲中心论。吉本与罗伯逊的观点相同,他将西欧人的"模仿精神"描述为最终致使"他们不断进步并获得如今的优越性"的品质。①相比之下,弗格森更倾向于更概括化的社会发展分期模式和更大程度的文化孤立主义。他以"我们模仿之所得是否大于因放弃与生俱来的思维方式[151]和我们的故事脉络之所失"这句话表达了自己的怀疑。②罗伯逊用分期术语描述欧洲的相似性,却用文化传播术语来解释欧洲的多样性和优越性。他告诉我们,正是这些共享的文化属性和理想,以及具有"各不相同的性格和天赋,使欧洲人超过了地球上其他地区的居民。似乎欧洲人注定要统治,而其他人注定要臣服"(《查理五世治期史》,III.432)。

帝国主题

罗伯逊下一个雄心勃勃的计划是探索欧洲如何实施其统治新世界的权力。从查理五世开始的欧洲殖民活动史,将成为他探索商业时代的到来及其性质的逻辑延展。伏尔泰也曾实施过同样的计划,他在后来修订的《风俗论》中增加了大量关于新世界殖民主题的新章节。然而,纵观与之竞争的史著,只有雷纳尔(Guillaume

---

① Gibbon, *The Decline and Fall* (1776—1788), VI, 207.

② Adam Ferguson, Essay, 163.

Thomas Raynal)的《历史哲学》(Histoire philosophique des ··· deux Indes,初版于1770,再版于1774)在综合性方面实现了同样的抱负。雷纳尔的作品记录了欧洲人发现美洲和东印度群岛并对其殖民的全过程。该书是一部合著书(其中最为著名的作者是狄德罗),后成为欧洲殖民史的重要参考作品,对于目前挑战英国政策和统治的北美殖民者更值得参考。然而,这部作品并未阻挡罗伯逊,他很少在《美洲史》脚注中引用它,只承认曾经在很少的部分参照过(例如 II. 490)。雷纳尔的政治激进作品宣扬借助贸易促进各国迈向国际大同,他谴责奴隶制,并对西班牙殖民史发起无差别抨击。这部1780年版的合著巨作之后将被纳入对美国独立战争的最新叙述,殖民者的独立权力将得到积极捍卫。

起初,罗伯逊计划创作一部关于欧洲人殖民美洲的详尽史作。最终,只有西班牙人和葡萄牙人发现并殖民美洲的部分被出版为《美洲史》(1777)。① 美国独立战争结束了北美殖民地部分,虽然从某种意义上讲这部分的构思在当时非常先进。罗伯逊小心翼翼地解释道:

> 当(英国殖民者)[152]与大不列颠陷入内战时,他们对不复存在的古老政策和法律形式的探究和猜想,不可能有兴趣。(前言,I,v)

---

① *The History of America*(2 vols.;London,1777). 在作者的有生之年,这部作品已有六个版本。修订版变化不大(见注释55),文中引用均来自第一版。

叙事以哥伦布首次航行到中美洲为开端,中间包括征服墨西哥和秘鲁,最后以概述18世纪下半叶西班牙和葡萄牙殖民的结果而结束。

罗伯逊为《美洲史》做了大量研究,虽然仍然担忧可以获得的档案资料不足,还因一个刚刚步入这一历史场景的新人——吉本先生(前言,I,ix,xv - xvi)——的案例感到很气馁。英国驻西班牙大使的牧师瓦迪洛夫(Robert Waddilove)用其高超的技巧和外交手腕为他搜集到大量国家文件。罗伯特的一名研究人员曾遭遇到西班牙当局的敌意,他曾解释说,雷纳尔使西班牙加倍怀疑外国史家。① 总体说来,罗伯逊从搜刮来的西班牙帝国史学经典的标准文本(例如阿科斯塔[Acosta]、德拉维加[Garcilaso de la Vega]、戈马拉[Gomara]、索利斯[Antonio de Solis]的作品)中受益颇多。他自始至终将赫雷拉(Antonio de Herrera y Tordesillas)的《史学概述》(*Historia general*,1610,1615)视为其向导,尤其是他开始权衡多米尼加人拉斯卡萨斯(Las Casas)关于西班牙人掠夺当地人的指控之言(黑人传说)时。为了给西班牙王室直接参与暴行开脱,罗伯逊与赫雷拉一样,采纳了拉斯卡萨斯的这个著名发现,却缓和了笔法。

乌洛亚(Antonio de Ulloa)的《美洲关系史》(*Relacion historica de viaje a la America meridiona*,1748,与Jorge Juan y Santacilla 合著)

---

① Letter to Robertson(31 October 1776),NLS,*Robertson – MacDonald Papers*,MS 3942,ff 283 – 288.

和《美洲讯息》(Noticias americanas, 1772)为他评价现代西班牙占领下的美洲国家情况提供了很大动力,虽然他使用的显然是斯密式方法,且受益于《国富论》第四卷良多——罗伯逊说《国富论》对他的作品"至关重要"。① 与乌洛亚不同,罗伯逊既没有为西班牙殖民生活和贸易描绘一幅特别健康的画面,也没有重复克里奥耳人生性懒惰这一古旧谣言。殖民地被描述为日渐衰败,原因是社会和经济制度筹划不周,因而阻碍了殖民地间的贸易,偏袒大片土地所有权,通过限制克里奥耳人获得有权力的职位而剥夺他们从事一切活动的机会(II. 406 – 420)。罗伯逊认为,前些年采取的一些措施有利于使贸易朝着更自由的方向发展,但这幅当代西班牙美洲殖民地的图景,既包含与英式[153]新世界殖民主义相反的景象,也是一个间接改良计划——如果美洲殖民地重返英国怀抱,大英帝国将如何改良其行政管理。

《美洲史》比罗伯逊之前的所有作品都更接近当代苏格兰分期理论的关注点和方法。在著名的关于印第安人的第四卷里,罗伯逊提供了在苏格兰作品中无处不见的四阶段论的最僵化的唯物主义阐释(I. 324)。罗伯逊迟到地了踏入一种人类学,这种人类学建

---

① Robertson to Smith (8 April 1776), *Correspondence of Adam Smith*, no. 153. 有关罗伯逊和帝国传统,参见 D. A. Brading, The First America: The Spanish Monarchy, Creole Patriots and the Liberal State, 1492—1866 (Cambridge, 1991), 432 – 441; David Armitage, 'The New World and British Historical Thought: From Richard Hakluyt to William Robertson' in America in &ropean Consciousness, ed. Karen Ordahl Kupperman (Chapel Hill, ND, 1995)。

立在对人类统一本性的各种僵化的本体论假设之上,与伏尔泰从《世俗论》的叙事史学转向《历史哲学》(Philosophie de l'histoire)的人类科学相似。《美洲史》可以被视为关于人在社会中发展的各种苏格兰理论的普及,这种普及被置于关于征服和发现的系列叙事体系中。通过结合社会理论家和神学家的观点,罗伯逊能够明确指出分期进化论与他的史学中道德质变理论之间的联系。①因此,尽管罗伯逊表面上是用经济和气候变量术语描述原始人中最纯粹的分期主义者,但第四卷对美洲原住民的描述,以及第七卷对阿兹特克人和印加人的描述,都表明他对道德规范的重视程度在苏格兰作家中高得不同寻常。

《美洲史》第一卷本质上是"发展观"的要点概括——从黑暗时期的"第二个婴儿期"到15世纪晚期商业时期萌芽,随之而来的是对海外供应商和市场的探寻。与罗伯逊关于这一主题的第一篇文章相同,欧洲复兴叙事也包含分期元素(包括对不断变化的财产形式和政治制度的分析),并强调智识解放。然而,这一次罗伯逊详细阐述了商业时期的帝国影响,并解释了欧洲人在把贸易活动拓展到世界上新的或还未被发现的地方时为何明显放慢了速度:

---

① 尼古拉斯认为,罗伯逊在这部作品中对分期理论中的唯物主义内涵感到不安。他写了一篇名为 Progress and Providence in Robertson's Historical Writing 的文章(参见 William Robertson and the Expansion of Europe, ed. S. J. Brown, Cambridge University Press forthcoming),其中,他评价了苏格兰社会学为罗伯逊提供一种新的自然神学的各种方式。

> 他们的进展似乎非常缓慢。这似乎既不足以达到我们对人类精神活动和事业发展可能怀有的期望,也未达到我们对统治世界的伟大帝国权力可能获得成就的期望。(I. 21)

因此,罗伯逊发明了一种技术滞后理论,以解释商业时期帝国潜能发展的相对滞后现象。[154]他花大量篇幅阐述航海事业和地理知识的发展,指出它们的延迟暂时阻碍了其他领域的发展。后来,罗伯逊在其著作中对这一分期理论做了润色,这可能是为了回应《国富论》中标题为"殖民地"的那部分。斯密区分现代欧洲殖民地与古希腊和古罗马的殖民地的理由是,前者的出现并非仅仅出于需要,尽管它在很多方面与罗马依附模式近似,但由于距离更远,其依附没那么显眼。①罗伯逊在《美洲史》最后一卷进一步阐述了这一观点。他认为,前现代世界只发展了"两种"殖民地:第一种是"移民的产物,用于减轻一个国家臣民过多的负担",如希腊共和国或入侵罗马欧洲的蛮族;第二种是"驻扎在被征服行省、作为卫戍部队的军队分支",例如古罗马的军事守卫(II. 361)。西班牙创造并"率先为欧洲国家树立了榜样",建立了一种新型殖民地,它与母国分离,但政治和经济上又依附于她(II. 363)。这是一种现代殖民地形式,与以往帝国所有统治形式有本质的不同。罗伯逊此处或许在迂回地指出,当前正反抗其母国的美国殖民者,不断诉诸其古典前辈,以将其作为批评大英帝国在北美行为的智识基础,此种做法并不正确。

---

① Smith, 'Causes of Prosperity of new Colonies', *Wealth of Nations*, eds. R. H. Campbell, A. S. Skinner and W. B. Todd(2 vols.; Oxford, 1976), II, 558.

尽管对帝国的延迟与发展作了新的理论化解释，罗伯逊还是再次强调人类意志在历史变迁中的作用。一旦技术资源形成，从商业向帝国－商业时期的过渡就不会自然而然地发生，而是文化的迫切需求推动了发展过程：

> 探索精神与对宗教的狂热紧密相连，在那个时代，宗教是那种活动和活力的准则，甚至影响国家行为。（I. 49）

欧洲各民族必须充满活力，而后才能从事探索和帝国活动。例如，在意大利诸城市国"［自由和独立］的获得唤醒了工业，赋予所有人类心灵的积极力量方向和活力"（I. 28）。第一次发现之旅唤醒并激励了葡萄牙人：

> [155]人类长期以来习惯了把大脑的活动和知识局限在早已划定的范围之内，突然看到航行范围扩大到如此地步，看到游访世界各地的前景开启，看到以往不为人知的存在，他们感到十分震惊。（I. 49）

其他国家很快被这一激动人心的场景吸引（"人们被某种利益前景激发着，积极行动起来"，I. 52）。最终哥伦布到达美洲，欧洲成为沉迷于其自身探险行为的观众：

> 欧洲人获悉了一件比意想不到之事还要离奇之事：在西方发现了一个新世界。人类的目光和羡慕之情立刻转向了那一伟大目标。（I, 57）

人类能力通过发现和偶遇得到扩展,这当然是受到上帝的指引:

> 这一天终于来了,上帝命令人类打破他们长期以来受到的限制。(I.38)

后来,在回应罗伯逊这令人目瞪口呆的冒险观时,济慈(Keats)将会描写"壮汉科特斯"(其实罗伯特写的是巴尔博亚)及其同伴,他们到达太平洋时,

> 面面相觑,带着狂野的臆测——
> 站在达瑞恩山峰上,屏息凝神(I.204)。①

某种意义上,《美洲史》余下部分记录的是这种激动和冒险的代价,美洲土著民族和移民新世界的欧洲人都付出了的代价。对于第一批西班牙征服者和定居者来说,美洲似乎具有致命诱惑力,唤起他们永远无法满足的幻想渴望。罗伯逊总结说:

> 因为我观察到,任何人只要踏上这条充满诱惑的道路,几乎不可能回头……财富的幻影不断出现在他眼前,他所思、所言和所梦不再有他物。(II.391)

西班牙人被这些美梦点燃,专注于开采贵金属,而忽略了发展

---

① Keats, 'On First Looking into Chapman's Homer', lines 13-14, *Complete Poems*, ed. John Barnard(Harmondsworth,1973),72.

各种更有成效的文明事业。罗伯逊反思了这种最终导致新近的西班牙经济和社会停滞的开拓精神:

> 没有哪种精神比这对农业和商业的改善更有害,只有农业和商业才能使一个国家真正富裕。(II.391)

罗伯逊毫不怀疑,长远来看,西班牙的殖民实验对西班牙母国以及其新世界臣民都有害。西班牙"沉溺于滚滚而入的财富",很快在经济上变得慵懒,无力开发其征服的殖民地市场。从这方面看,《美洲史》是具有教化意义的研究,研究不合理地约束文化活力可能带来的各种危险,而对它的恰当约束需要充分理解经济和社会发展。

罗伯逊认为,西班牙政体的智识能力难以满足突飞猛进的帝国经济的要求。[156]政府把建立和控制新疆域的权力交给了私掠者,而这些人注定无法"实施任何常规的文明计划"。西班牙殖民者本应在平原种植,却在山里寻金挖银。小块土地所有制下,本可以蓬勃发展的农业却被遏制,因为准"封建司法体系"把土地所有权局限在少数几个权势手中(II.364)。罗伯逊此处思考的是斯密的分析,斯密认为,英属北美殖民地取得更大成功,是因为其实行了限制较少的小块土地所有制。西班牙没有为新世界殖民地的逐步分期发展创造条件,而是建立了一套经济制度和社会等级制度,而且是复制了封建阶段停滞时期的制度。西班牙政府垄断殖民地贸易、禁止殖民地间的贸易往来,使这一持续性停滞更加恶化。罗伯逊认为,西班牙人没有设立垄断贸易公司(如东印度公司)是明智的。此处,他简要引述了斯密的论辩——主张更自由的殖民地贸易,反对有损英国殖民地健康发展的垄断公司和航海条例(II.400)。罗伯逊欣慰地说,本世纪的西班牙人已经慢慢吸取了自由贸易的教训(尽管他对西班牙殖民地的发展前景远不如斯密乐观)。①

新世界的发展分期

《美洲史》讲述了西班牙在新世界通过发现促进社会发展的失败,也讲述了社会发展阶段截然不同的两个民族间灾难性的碰撞。哥伦布对伊斯帕尼奥拉岛原住民的首次访问,被戏剧化地描述为(潜在悲剧)完全不同的两个人类发展阶段的代表人的会面:

> 哥伦布思想开明、雄心勃勃,已经形成了从刚开始向他们开放的地区中可能获利的大量理念。伊斯帕尼奥拉岛原住民思想单纯,没有鉴别能力,完全没有预见到国家即将面临的灾难和荒凉。(I,93)

在第三卷和第六卷中,罗伯逊揭示了西班牙人和美洲土著人之间发展阶段不匹配引发的严重后果。罗伯逊发现,拉斯卡萨斯的"黑色传说"夸大了西班牙人在新大陆的掠夺行为,但他认为拉斯卡萨斯以及[157]和他同样的天主教神教人员在一定程度上遏制了西班牙殖民者对原住民的暴行。罗伯逊怀着修正主义式热情,抓住每一个

---

① Smith, *Wealth of Nations*, II, 512, 574.

机会为天主教会开脱,证明他们与暴行毫无瓜葛。同样,他相信西班牙本身也无可厚非,因为其法典为保障原住民的安全做了足够的条款规定(II.375)。当地的私掠船和总督应负主要责任,因为是他们迫使当地的"狩猎游牧民族"和"工农业发展缓慢的部落"进入一个与其发展水平极不相符的劳工体系:

> [美洲原住民]不管是心智还是身体的活力都不足以承受这种非比寻常的压迫。(II.346)

为了描述和解释美洲原住民更原始的发展水平,罗伯逊用《美洲史》整个第四卷来分析他们生活方式所处的阶段。罗伯逊对美洲原住民(不包括发展水平较快的墨西哥人和秘鲁人)的论述可以理解为18世纪关于原住民的两种相互竞合论述的产物。一种论述源于分期理论,另一种源于"新世界不成熟或退化论",这种理论有些不太一样,现在在法国很流行。罗伯逊的分期法与多数苏格兰社会学理论一致,其中,美洲原住民常被引证为处于未受破坏的原始狩猎阶段的代表,他们有自己的社会组织模式。罗伯逊呈现出的原住民的各个方面就处于这一时期:他们的身份,远不是自我塑造或独一无二的,而只是其生存方式的一个功能。罗伯逊假定世界各地的"人的进步几乎都是同样的",从这个假设出发,他考察了这些典型的狩猎采集者的身体状况、情感和家庭关系(包括妇女的境况),以及其精神状况(I.268)。他并未区分处于同一发展阶段的不同部落,就开始讨论其共同的政治制度、社会习俗和宗教仪式。这种分析结构与弥尔顿(John Milton)在《论社会等级制》(*Ob-*

servations concerning the Distinction of Ranks in Society, 1771)中的分析结构大致相同,该作品对罗伯逊的影响尤其可见于他在方法论上的个人主义的转变:"成为社会成员之前,人作为个体存在。"(I. 288)罗伯逊描述了社会如何通过寻求"后天需要和欲望"的满足而从最早期阶段开始发展,这在某些方面也受到了米勒的《观察》(Observations)及凯姆斯的《人类历史概论》(Sketches of the History of Man, 1774)的影响。(I. 314)

写《美洲史》之前,罗伯逊向许多体验过新世界的记者发出了调查问卷,其中包括马萨诸塞州前州长哈钦森(Thomas Hutchinson)和[158]太平洋探险家布干维尔(Louis de Bougainville)。[1]虽然他有时忽略了他们的发现,但这些问卷显示出典型的苏格兰分期主义者的关注点:他提出了本土社会中的财产理念及其分配、家庭关系性质、司法正义类型等问题。[2]然而,他关于性欲、体质、体毛缺乏和酒精敏感度等的其他问题,以及当地动物的体态特征等问题,与关于新世界不成熟或衰退的法国理论既有不同,又有相关。这种气候决定论认为,美洲是或年轻或古老退化的大陆,在这片大陆上,植物、动物和原住民必然矮小虚弱,最初提出这个论点的是博物学家们,它在旧世界的传播很快就远远超出博物学家

---

[1] 可在 NLS 中获取这些问卷,详见 Robertson - MacDonald Papers, MS 3954, ff 3 - 93。

[2] Mark Duckworth, 'An Eighteenth - Century Questionnaire: William Robertson on the Indians', Eighteenth - Century Life, 11(1987), 36 - 49.

圈子。① 在科学领域,这种论点最重要的提出者是法国伟大的博物学家布丰(Buffon)。其《自然史》(Histoire naturelle, generate et particuliere,1749—1788)提出了一个貌似温和的准科学理念,即美洲从地质学上看是年轻的大陆,那里的居民身体虚弱、性冷淡,欧洲的牲畜在那里容易变得不健康。②

罗伯逊对美洲的描述大部分参照了布丰所说(他以对美洲大陆的地形和动物的布丰式科学概述开启了对美洲原住民的记述)。罗伯逊还阅读并引用了一些关于这种论点的更极端表述,其中包括德保罗(Corneille de Pauw)的《美洲哲学研究》(Recherches philosophiques sur les Americains,1768),该书论述美洲自然和人文地理中衰败的古代遗迹情况;雷纳尔的《历史哲学》(Histoire philosophique)与布丰和德保罗不同,它将美洲衰退的原因归因于秘鲁人、墨西哥人以及受排挤的欧洲人。这些伪科学思想的文化根基是欧洲人对新世界更广泛的焦虑。对美洲的这种特征描述,当然遭到了北美和南美殖民地人民的猛烈驳斥。

罗伯逊是该思想的推广者,而非创始人。他笔下的美洲原住民既是苏格兰最早经济阶段的典型,也是缺乏生育性欲、在生理上体现出很多"衰弱""退化"或"衰退"迹象的不成熟或堕落的法国

---

① 罗伯逊对南美的看法,也可参见 Antonello Gerbi, *The Dispute of the New World*, trans. Jeremy Moyle(Pittsburgh,1973),165 – 169;D. A. Brading,*The First America*, 432 – 441; Anthony Pagden, *European Encounters with the New World:From Renaissance to Romanticism*(New Haven,1993),99 – 100。

② On Buffon,see alsoJacques Roger,*Beffon*(Paris,1989).

野蛮人(I.291-292)。在苏格兰背景下,这种推广尤其有趣,因为罗伯逊察觉到一个消极社会,他似乎[159]一直在对这种生活表达某种公民道德主义式厌恶。弗格森(他总是倾向于评价不同社会的实力)发现美洲原住民拥有某种自己的"活力",而罗伯逊在他们那里只发现他们自我满足和身体虚弱(没有胡须只是他们"活力不足"的众多例证之一)的原初本能,以及缺乏苏格兰人特有的美德——"共情"能力(I.290,406)。土著美洲人一再被"幼稚化":

> 当个体从婴儿时期的无知低能发展到充满活力且理解力成熟时,类似的东西就可以在物种进化过程中推进。(I.308)

> 尤其是,土著民没有计时能力,他们好像存在于时间之外,这一事实让他们看起来"像孩子一样缺乏考虑、轻率"。(I.310)

尽管罗伯逊断言所有人都具有同样的"改进能力",但他缺乏足够的语言理论以解释土著美洲人如何可能有朝一日走出童年期,并发展起更复杂的社会组织形式(I.401)。语言问题是18世纪所有社会发展讨论的中心。罗伯逊与斯密和卢梭一样,其理念本质上都是洛克式的,即没有蕴含一般理念的抽象词汇的出现,社会制度不可能发展,因为所有语词都只是思想的符号,抽象词汇的发展只能是更复杂的社会经验的结果。①斯密把这种循环思想重述

---

① 罗伯逊的总体语言观与有关这一主题的标准洛克式作品 James Harris 的 *Hermes* 或者 *A Philosophical Inquiry concerning Language and Universal*

成一种辩证法,用于解释同一时期的语言和社会发展,从而比罗伯逊走得远得多。①

即便如此,罗伯逊的本土语言理论也几乎没有脱离抽象思维与基督教之间的传统联系。一般认为,想要让一个人领会诸如"上帝"或"神的律法"等普遍思想,以使其皈依基督教,首先他必须具备必要的抽象思维和语言能力。②美洲原住居民只有具体的语言能力[160](例如,特定种类的山有无数种叫法,但没有概括性词汇,等等),必然欠缺转换材质:

> 他们未开化的理解力相当有限,他们的观察和反思几乎超不出具体感知事物的范围,似乎根本没有能力形成抽象思想能力,也找不到语言来表达。那样的人必然无法理解基督教崇高的精神教义。(II. 385)

Grammar(London,1751)出奇地一致。他似乎对其同胞 James Burnet, Lord-Monboddo 所著的 *Of the Origin and Progress of Language*(6 vols.;Edinburgh and London,1773—1792)并无太大兴趣。在试图用柏拉图方式解决抽象概念的起源问题的人中间,这并不常见。参见 Rudiger Schreyer, "Pray what language did your wild Couple speak, when first they met?" Language and the Science of Man in the Scottish Enlightenment' in '*The Science of Man' in the Scottish Enlightenment:Hume, Reid and their Contemporaries*, ed. Peter Jones(Edinburgh,1989)。

① Smith, *Considerations Concerning the First Formation of Languages* (1761), ed. J. C. Bryce in volume IV of *The Glasgow Edition of the Works and Correspondence of Adam Smith*(1977).

② Pagden, *European Encounters with the New World*,126 – 140.

罗伯逊笔下的美洲人,存在于时间之外,不具备"推理论证"(speculative reasoning)能力,似乎无法扩大其语言范围,让自己变得更文明。他们要么被西班牙殖民者灭族,要么接受其文化殖民(I.309)。罗伯逊史作中分期史学那一面,即使是以最精雕细琢的形式出现,也不足以推动社会发展。他的分期史学是静态的,一方面是因为它并不完整且极其物质至上,另一方面是因为它在与其他史学论述的交汇中被道德化了。对美洲原住民的负面评价,被对社会"活力"的公民道德主义式偏好、美洲不成熟或退化观念,以及启蒙时期欧洲至上的历史观加强了。伏尔泰曾把发展阶段的野蛮与道德形式劣等的野蛮混为一谈,罗伯逊的上述观念与之并无不同。尽管伏尔泰极力为美洲原住民辩护,但在两位作家的作品中,有关野蛮人的论述始终紧紧围绕现代欧洲的独特性和灵活性展开。①

正如罗伯逊在第七卷第二篇中解释的那样,这个情况与总体来说更复杂的印加和阿兹特克有些不同。从发展的分期表来衡量,尽管这两个民族都先进得多,但归根结底,"它们的发展几乎不能被视为已经超越了公民生活的婴儿期"(II.269)。然而,在处于那种婴儿期的16世纪初期的墨西哥,尽管贸易所需的货币汇率和通信还尚不发达,但农业秩序得以巩固,城市化进程也在平稳发展(II.296)。在"等级差别"和财产分配不均的状况下,阿兹特克帝

---

① Michele Duchet, *Anthropologie et histoire au siecle des /umieres* (Paris, 1971), chapter 2.

国展现出了"形式最僵化的封建政策图景"(II. 277, 280)。在文化层面上,阿兹特克人发明了计时法,更重要的是,他们发明了一种象形文字,即便如此,这种文字也揭示出他们的抽象思维能力仍然十分有限(象形文字"只表物、不表词",II. 288)。这篇分析的最后几页贬低了阿兹特克人的进步程度,说"他们言行举止没有变温和,反而更粗鲁"是因为他们的野蛮宗教(II. 303)。[161]罗伯逊轻而易举地就把印加人的宗教活动与他们的文明水平调和在了一起。秘鲁展现了"从野蛮向文明过渡的最初几个阶段的社会"理念(II. 322)。温和的宗教礼拜形式使其社会得到改善和修正:

> 秘鲁人……被其已经采纳的迷信精神塑造,形成了一种比美洲任何其他民族都更和善的民族性格。(II. 310)

他们也有等级差别,农业情况复杂。然而,尽管罗伯逊将分期理论系统地应用于相对复杂的被西班牙征服前的阿兹特克和印加社会,但他仍然无法解释两者之间的深刻差异。菲利普森(Nicholas Phillipson)指出,阿兹特克人的残暴和印加人的平和之间的反差瓦解了罗伯逊关于半文明野蛮帝国的普通社会学。①罗伯逊的叙事,一方面想要证明这两个民族处于其异教迷信中,远没有许多史家设想的那么先进;另一方面,他又意识到这两个民族的进一步社

---

① 菲利普森认为在《美洲史》这部分里,分期史学从属于一种更道德化的迷信史学(Progress and Providence in Robertson's Historical Writing)。

会发展具有(被中断的)潜力。尤其是,关于印加人文雅天性的叙述,常常与西班牙克里奥耳人和相应的帝国史家(包括阿科斯塔、加尔西拉索,某种程度上还包括乌洛亚)对美洲的总体辩护联系在一起。对于这种对美洲大陆的传统辩护,罗伯逊显然愿意做某种程度的让步。

北　美

《(南)美洲史》里本应涵盖对应的北美史,但后来在美国独立战争期间,罗伯逊放弃了这些内容。他解释说,放弃的原因是,这段历史对他来说在政治上太敏感,他难以保证在写作中不偏不倚。① 他毫不认同美国独立战争,并提出,革命这种国家"活力"从一开始便应被果断地压制:

> 总有一天,他们(殖民地居住者)会获得这种(自由),但不是现在,如果他们还残留有一丝政治智慧或活力的话。②

保留下来的那部分北美历史有两处中断:空位期时的新英格兰和 1688 年的南方各殖民地,这表明罗伯逊将北美作为英国殖民

---

① Robertson to Strahan(6 October 1775)in Stewart,*Biographical Memoirs of William Robertson*,244–246.

② Robertson to Strahan,*Biographical Memoirs*,245.

地的历史视为一个缓慢的巩固过程和[162]向英国范式接近的过程。①

《美洲史》已出版的部分对此也有间接暗示,即提到英国殖民地的管理使这个地区有所改善。史泰斯(William Stith)出色的《弗吉尼亚史》(History of the First Discovery and Settlement of Virginia, 1747)记录了弗吉尼亚殖民地的历史,他在其中发现,早年的殖民开拓常常被淘金热破坏,从烟草种植开始才有了社会整合(但奴隶劳工制度的出现又阻碍了其发展)。垄断企业弗吉尼亚公司因未能给殖民地"注入活力、带来稳定"。它解体后,政治环境得以改善,虽然政府制定的"航海法案"引发了"未公开的不满情绪"。对这一法案,罗伯逊表达了其斯密式的不赞同(IV.227,254)。罗伯逊以一位社会科学家对早期弗吉尼亚的兴趣为例,证明那是"一个处于政治存在的最初时刻的社会",同时也体现了他独特的日常关注点——"观察其在婴儿状态下如何形成其精神,在前进的过程中如何展现其原则"(IV.183)。

罗伯逊在新英格兰殖民地部分的分析非常成功,对清教徒在新世界试验场的分离主义起源和影响既有意调侃又充满同情。罗伯逊承认,新英格兰殖民地是常见欧洲模式的一个例外,其建立并非为了公共事业或私人利益,而是为了自由地敬拜上帝(IV.258)。

---

① 参见 Jeffrey Smitten, 'Moderatism and History: William Robertson's Unfinished History of British America', in *Scotland and America in the Age of the Enlightenment*, eds. Richard B. Sher and Jeffrey Smitten (Edinburgh, 1990)。

罗伯逊精炼了其早期史作，修改了休谟作品，在权衡清教精神对创建新英格兰殖民地的利弊之前，简要描述了分离主义的清教精神在欧洲的社会起源。尽管罗伯逊同情早期殖民者，但他坚持之前的殖民地分期进化方案。他评价说，一些殖民地居民的公有财产和劳动制度"阻碍了其殖民地的发展"（IV. 276）。

总体来说，他似乎认为，王室给新英格兰殖民地制订的宪章，在多段历史时期的多个时间点都是恰当的。没有这些宪章，殖民地的神权政体就会变得古怪、专制，殖民者将浑然无视君主的指令，

> 他们在君主的权威下定居美洲，从君主那里获得作为政治体的行动权力。（IV. 284）

从导致美国独立战争的诸事件包括独立战争本身的背景来看，这些好像是爱国主义情感。不管罗伯逊如何批评殖民政府的某些机制，他似乎确实毫不怀疑是英国赋予了各殖民地法定权利。[163]撇开发表这篇文章所涉及的政治困难问题不谈，我们可以推测罗伯逊不得不放弃记述英国殖民地历史的原因——一旦殖民地拒绝了其欧洲身份，它就不再是欧洲进入商业帝国阶段、欧洲更优越的心智向世界其他地方输出故事的一部分了。

印度探险

罗伯逊对现代欧洲的崛起现象进行了长期研究，这是他做的

最后一个史学注脚,话题热门且眼界之辽阔出人意料。17 世纪 70 年代末,他因支持天主教宽容原则,在苏格兰备受争议,他自己也为此付出了代价。在此期间,他的政治观似乎已经经历了某种自由化。① 从许多方面看,他最后一部作品在呼吁宽容原则。这本《关于古人的印度知识的史学研究》(*An Historical Disquisition concerning the Knowledge which the Ancients had of India*,1791,下文简称《研究》),写于哈斯廷斯(Warren Hastings)因涉嫌在英属东印度地区掠夺而遭到弹劾的时期,是关于欧洲人从圣经时期到 16 世纪与印度接触的简史。② 该作品展示了印度的古物、人性和复杂情况,希望借此唤起东印度公司殖民地管理层的宽容和仁慈。某种程度上,这部作品是罗伯逊与正在领导哈斯廷斯弹劾案的柏克之间的含蓄会话。柏克是一名通讯记者,与罗伯逊认识(罗伯逊 1785 年曾在爱丁堡款待过他),后者此前曾将《美洲史》赠阅本送予他。柏克年轻时曾与其堂兄合著过一本关于欧洲人定居美洲的简史,他对《美洲史》第四卷尤致溢美之词。大家都熟悉他写给罗伯逊的信,但其中一部分仍值得抄录:

---

① 沃波尔 1778 年报道罗伯逊时说:"他自己一出生就是辉格党人,也被养育成辉格党人,虽然他现在是温和派——我相信他是非常温和的。"(Walpole to Mason[April 1778],*Correspondence*,XX. VIII,387)

② 罗伯逊的出版商斯特拉汉(Strahan)在 1794 年出版了"with the author's last corrections and additions"的第二版。引文取自第一版。

我一直与你同样认为,如今我们在认识人性方面具有巨大优势。我们无需再从历史的各个阶段和时期追溯它。史学从其相对青年时期开始,就只是一个糟糕的导师。当古埃及人在古物领域称希腊人为孩子时,我们也许也可以称古埃及人为孩子。因此,我们可以如此称呼所有这些民族,它们只能在自己限定的范围内追溯社会进步。但现在,人类的宏伟蓝图即刻展开。没有任何蛮荒状态或阶段、没有任何文雅模式不是同一时刻出现在我们的视野中[164]……你已用哲学来鉴别社会礼仪,从社会礼仪中汲取新的哲学资源。①

罗伯逊或许曾认为柏克关于史学灭亡的说法夸大其词,虽然被誉为分期理论的大师,无疑会让他感到受宠若惊。他势必会赞同柏克的观点,即通过推测重建早期社会形态来展开各种类型的历史情景展望,从而可能增进对政治的理解。

至18世纪90年代,柏克完全赞同罗伯逊对诸如东印度公司这种特许公司的尖锐批评态度,尤其是针对他们扼缚了殖民地内外贸易的抨击。罗伯逊的《研究》中几乎没有柏克或其他人提出的有关如何更好地监管印度殖民政府的东西,但的确有大量内容论述次大陆的贸易情况。《研究》的第一部分是自圣经时期以来印度与世界贸易关系的简史。罗伯逊强调,16世纪的葡萄牙人东征西伐之时,印度已经"高度文明",因此完全有能力在不受胁迫的情况下

---

① *The Correspondence of Edmund Burke*, ed. Thomas Copeland *et al.* (10 vols.; Chicago, 1958—1978), III, 350 - 351.

进入全球商业网络(167)。这一贸易市场的主导者是欧洲:

> 欧洲的商业天才,已经具有超过地球上其他三个区域的明显优势,他们通过了解后者各自的需求和资源,让他们互惠地相互屈从,已经在他们中间建立起联盟,并从中获得了巨幅增长的财富、权力和享乐。(167)

在现代语境中,罗伯逊暗示,印度几乎不需要什么政治或军事干预以持续参与这一商业互惠体系。与柏克一样,他认为印度的国内外贸易体系可以靠自己独立运作,似乎他希望减少(如果不是废除的话)英国的政治控制。罗伯逊给16世纪的印度提供的反证是美洲,当时美洲的发展水平比印度低得多,需要更多干预才能将其带入欧洲的生产关系中(170)。然而,罗伯逊远比柏克更自由化,他的观点是斯密式的,他认为商业互惠最终将导致中心地对殖民地直接控制的自然死亡(170)。

《研究》最重要的部分是关于印度人民礼仪和制度的附录,考察印度的[165]社会等级制度、政治制度、艺术、科学和宗教活动。讨论基于如下观点:一切社会的进步都会经历极其相同的阶段。罗伯逊引发争议的做法是,他论证说印度很久以前便进入了非常先进的阶段(298)。在文化层面上,罗伯逊与伯克一样,对印度文明的各个方面都心生敬畏,但对莫卧儿王朝的遗产兴味索然。他还借鉴了东方学专家琼斯(William Jones)的著作,明确赞赏他曾促进过的关于孟加拉文化的学术类研究:

> 带着其他观点审视该国的人……如今正热情地进行科学文学研究,并取得了成功。(310)

在《美洲史》中,罗伯逊说,倘若西班牙人能理解美洲原住民落后他们好几个进化阶段,因此不适合被剥削,或许就会对后者多一些同情。这种人道主义论点某种程度上被罗伯特的如下论断削弱了——他认为原住民(或许永远)无法真正领悟基督教教义,因为他不能或不愿解释他们如何习得基督教信仰所需的抽象语言。[①]《研究》试图将基督教信仰与分期体系结合得更紧密,并进一步将其与自然神学联系起来,以解决这一两难问题。真正的宗教是理性的产物,只有在"光明和进步的时代才能达到其最高的完善"(313)。各种假宗教在所有社会中都只属于早期阶段,起源于多神崇拜(如休谟在《宗教自然史》中所讲)。与印度教不同,这些多神教倾向于诉诸感官,而非理智,但在更先进的社会里,多神教可被比喻为一个上帝的多个方面。罗伯逊认为,印度婆罗门种姓制已经达到了这个更高级的一神论阶段。和古代斯多葛学派一样,他们信奉"积极的哲学……仅适用于精神最有活力的人"(300 – 301)。

当然,所有这一切汇聚成对印度教的大度谅解,(或许是危险的相对主义式)理由是上帝的先进程度仅仅与我们的心灵状态相同。《研究》与罗伯逊早期作品一样,仍然持欧洲中心论。罗伯逊

[①] 在《美洲史》第五版中,罗伯逊增加了一段关于假宗教的社会起源的讨论,以应对这一异议。

每提供一个印度成就的例子,就同时给出一个有关欧洲人认可其价值的例子(比如印度天文学的例子,307)。即便如此,作为榜样——印度在此是一个自认为具有代表性的欧洲作家对非西方文明的认证,此作不失为有雅量之篇。最后,罗伯逊的世界主义与其自由派帝国主义密不可分,在这一点上,他与已故同僚[166]休谟有很大不同。①罗伯逊最后发表的这篇文章是对自满情绪的告诫,不管是地域性、民族性还是帝国性的自满情绪都包括在内。作为非常成功的苏格兰文化领袖,且在英格兰和殖民地拥有众多敬慕者,他可能预料到此文会招致麻烦。以下是《研究》中奇特的反省时刻之一:

> 在职业生涯的每个阶段,人们对其所属的共同体取得的进步都感到如此满意,以致对他们而言,那成了一种完美的标准,如此,他们往往会轻慢甚至讨厌与他们的境况不同的人。(335)

无论罗伯逊收官之作的文化视角有多少局限,在对欧洲现代化起源展开了毕生研究的最后,他开始重新致力于彻底的自我批判形式的世界主义,或许这是值得关注之事。

---

① Donald Livingston, Hume, English Barbarism and American Independence, in *Scotland and America*, eds. Sher and Smitten; J. G. A. Pocock, Hume and the American Revolution: the Dying Thoughts of a North Briton, in *Virtue, Commerce and History* (Cambridge, 1985).

效仿与复兴:吉本的《罗马帝国衰亡史》

李姝秀 译 朱琦 校

引 言

[167]虽然吉本(Edward Gibbon)六卷本的《罗马帝国衰亡史》(*The History of the Decline and Fall of the Roman Empire*, 6 vols.;1776—1788)标题的落脚点是衰亡,但有大概三卷内容已然超出罗马帝国灭亡的范畴,而是反复提到欧洲安定祥和与文明开化的局面,并据此观察那个动荡不安、支离破碎的古代世界。①在吉本的叙

---

① Edward Gibbon, *The History of the Decline and Fall of the Roman Empire* (6 vols.;London,1776—1788). 引文摘自《罗马帝国衰亡史》第一版。吉本对 1777 版的第一卷进行了重要的小幅修订,在 1782 年出了"新版本"。但是,本章所选的第一卷部分内容是未经修订的。关于第一卷的修订部分及其他部分文本的讨论,请参见 J. E. Norton, *A Bibliography of the Works of Edward Gibbon* (Oxford,1940),38 - 39,46 - 47。吉本的其他作品摘自以下版本:*The Miscellaneous Works of Edward Gibbon*, ed. John, Lord Sheffield(5 vols.;London,1814); *The Autobiographies of Edward Gibbon*, ed. John Murray(London,1897); *Gibbons Journal to January 28th*,1763,ed. D. M. Low(London,1929); *Le Journal de Gibbon*

事中,18世纪欧洲人的蛮族祖先,起初引发但最终阻断了罗马帝国的衰落。本章讨论的重点不是罗马帝国的衰亡,而是吉本笔下西欧一千多年风云变幻中蛮族的崛起。吉本的史书上至欧洲中世纪,下至16世纪初,在某种程度上,它是一部不完整的公民史。不过,虽然它可能并未完全记述后古典时期欧洲社会的发展进程,但却意图明显地与休谟和罗伯逊的中世纪史一脉相承,与伏尔泰的中世纪史也有一定关联。它同样讲述了现代欧洲形成的故事,并深入地、批判地探讨了苏格兰分期史学和叙事史学。

在对18世纪欧洲身份的研究中,[168]选择聚焦吉本叙事这一层面,必然难以公平地评价这部宏大作品的全貌。《罗马帝国衰亡史》全书分别于1776年、1781年及1788年分三部分出版:第一部分(I)从安东尼(Antonines)时代到大约康士坦丁(Constantine)统治中期开始,讲述至对基督教臭名昭著的迫害及其发展(吉本想要借此表明其对社会造成的破坏性影响)的第十五、第十六章结束;第二部分(II,III)从罗马帝国迁都至君士坦丁堡起,到西哥特国王阿拉里克(Alaric)率军洗劫罗马后不久、撒克逊人征服不列颠岛

---

a Lausanne, 1763—1764, *ed. Georges A. Bonnard*(Lausanne, 1945); Miscellanea Gibboniana, *eds. G. R de Beer, Georges A. Bonnard and Louis Junod*(Lausanne, 1952); The English Essays of Edward Gibbon, *ed. Patricia B. Craddock*(Oxford, 1972)。引用还出自:The Letters of Edward Gibbon, *ed. J. E. Norton*(3 vols.; London, 1956); The Library of Edward Gibbon, *ed. Geoffrey Keynes*(Oxford, 1940)。有关吉本的批评性传记由克拉多克(Craddock)编写,分为两卷:Young Edward Gibbon, *Gentleman of Letters*(Baltimore, 1982)及 Edward Gibbon, Luminous Historian, 1772—1794(Baltimore, 1989)。

结束;第三部分(Ⅳ,Ⅴ,Ⅵ)则详述了拜占庭帝国广袤领土的历史变迁,直到拜占庭于1453年最终灭亡,虽然该部分也简单勾勒出16世纪的面貌,但其所述的西欧历史大致只写到拜占庭帝国覆亡这个时候。由于本章重点在于《罗马帝国衰亡史》如何讲述欧洲现代公民社会的诞生,这不可避免地会把阐释的重点放在第五、第六卷——这两卷通常被认为缺乏其他卷的文学厚度和基调把控。

吉本仅用了三年便完成了这最后两卷,想必是因为他发现自己有大量史料可用。虽然《罗马帝国衰亡史》时间跨度极广,但我们却不能把其中世纪史视为古典时代晚期叙事的尾声。吉本在1776年和1781年的出版序言中提到,他这部史书会记录到1453年。吉本最初的计划是只写罗马帝国历史,而且还对自己能否完成这部作品表示过疑虑,但在整个作品的基础架构中,他还是会不断地把东方帝国的衰落和西方帝国的崛起等问题牵扯进来。①因此,从《罗马帝国衰亡史》更宏伟的目标来看,强调欧洲崛起,有助于让读者重新解读这部作品,使其摆脱第一卷反讽味儿浓厚的反

---

① 吉本在1776年及1781年出版的序言中提到,自己打算通篇描写西方帝国的复兴。吉本说自己本打算仅描述罗马城的衰落,而不是整个帝国的衰亡过程,还提到"从一开始,一切都是黑暗的,充满怀疑的——题目亦然——它介绍了罗马帝国衰亡的真正时期"(*Autobiographies*,270,308)。吉本承认,自己本打算将篇幅控制在三卷以内(*Autobiographies*,325)。这也反映出吉本在整理拜占庭帝国相关资料时,花费了不可想象的努力。1771年前后,吉本已将800年至1500年间的世界历史概览汇编成"世界历史概述",其中《罗马帝国衰亡史》的第五卷和第六卷由克拉多克整理(*English Essays*,565 – 566)。

教会基调。对欧洲崛起的强调揭示出吉本作品里另一种史料编纂上的反讽,这种反讽以牺牲有关欧洲社会发展的苏格兰思想为代价。

在第四、第五、第六卷中,吉本淡化了第十五章里的讽刺意味(其中基督教被戏剧性地比作神秘的慢性毒药,[169]持续蚕食着帝国的命脉),这是通过将其融入关于西方基督教如何在长期过程中适应并延续了它要本来要破坏的罗马帝国文化的过程的叙事实现的。毋庸置疑,吉本认为早期基督教不开化,因为它倾向于在帝国政体内建立一个专属的并最终具有颠覆性的神圣之城。在吉本看来,早期基督教教唆帝国公民不再忠诚于他们的国家,耗尽了罗马帝国的人力资源和文化生命力。即使是第十五章开头,也预示了吉本会抨击早期基督教的不开化:

> 基督教的影响并不限于那个时期,也不限于罗马帝国境内。在经历了13或14世纪的革命之后,在艺术、学问和军事上最杰出的欧洲各国人士依然信奉这一宗教。(I,449)

在随后的几卷里,吉本从西方中世纪早期看似野蛮的表象中,发现了已被经典化的基督教的各个源头及其发展,即它通过重塑自己的过去(例如 III,532-533)而得到修正并获得文明的动力。虽然吉本从未忘记西方天主教初创时付出的巨大代价,但他依旧通过观察"在都城废墟上[竖起]十字旗"这一社会进程提出了新的讽刺性思考。西方基督教的上升和崛起,尽管在吉本划定的时间范围内尚未完成(正如吉本详细阐述的那样,新教改革、亚米纽派乃至最终修正后的新教,都未能在这一社会进程中发挥重要作用),但已逐渐被公认为史学敏感性的前提,具备这种敏感性才能理解罗马帝国衰亡的涵义(II,188;V,100;V,538-540)。

近年来,批评家和历史学家已经开始探讨吉本对现代欧洲既深沉又有所保留的崇敬之情,这种情感深刻体现在吉本对罗马先祖的伟大研究之中。波考克(J. G. A. Pocock)坚持认为,

> 吉本对历史的理解,核心是欧洲将会成为多个国家与多种文化相互影响的集合体。①

布莱克(Jeremy Black)已经表明,在吉本担任议会委员(1774—1783)及贸易与种植园管委会委员(1779—1782)前后,这种世界主义观是如何转换为欧洲国家相对平衡"机制"下的英国外交政策。吉本构想的文明的、利益相互兼容的多极化欧洲,与罗伯逊的构想非常相似,如布莱克所讲,那种构想在哲学上是盲目的,没有看到[170]18世纪七八十年代岌岌可危的、整体上不平衡的欧洲关系。②吉本早年写过一篇未发表之文"给伯尔尼政府的信"(*Lettre sur le Gouvernement de Berne*),他在其中宣布,比起虚伪

---

① J. G. A. Pocock, 'Edward Gibbon in History: Aspects of Text in the *History of the Decline and Fall of the Roman Empire*', *The Tanner Lectures on Human Values*, II(1990), 293.

② Jeremy Black, "Gibbon and International Relations" to be published as part of the proceedings of the Royal Historical Society's bicentenary conference on Gibbon, eds. Roland Quinault and Rosamund McKitterick(Cambridge, forthcoming).

的世界主义,他更偏爱爱国主义,但这是七年战争期间他对一个瑞士读者说的。①更典型的是,在后来的宣传册《辩护备忘录》(Mimoire Justicati)中——代表北方政府所写(吉本在美国革命战争期间务实地服务于北方政府),劝告法国承认美国独立——他坚持认为,欧洲相信,盟约弥足珍贵,不应轻易打破。②吉本的世界主义理念并未受这一事件的影响,1786年英法签署一项商业条约之后,吉本在给好友谢菲尔德爵士(Lord Sheffield)的一封信中再次提道:

> 作为一名世界公民,我每天心情为之起落的角色,我必然为每一个减少邻国间分裂的协议感到欢欣,这些协议缓和了他们的偏见,联合起其利益和产业,让各方今后的敌对更少、更好调和。③

吉本感兴趣的是现代欧洲的政治和制度层面,尽管人们现在开始关注这些,却几乎没有研究提到,他对欧洲的文化差异以及某种程度上对种族差异有更强的感受。让吉本深感震惊的是,欧洲是唯一一个发生了公民和政治领域世俗化以及形成了现代跨国身

---

① "La Lettre de Gibbon sur le Gouvernement de Berne", *Miscellanea Gibboniana*, 123.

② *Memoire justicatif pour servir de reponse a l' Expose*, &c. de la cour de France(1779), *Miscellaneous Works*, V.

③ Gibbon to J. B. Holroyd, Lord Sheffield(20 January 1787), *The Letters of Edward Gibbon*, no. 642.

份的地理区域。长久以来,欧洲人民因为具有文化包容性和内在活力(哥特人的野蛮遗产),所以能建设性地适应并融合罗马和基督教的传统。吉本对中世纪欧洲的描述,比起休谟、罗伯逊或伏尔泰所做的任何尝试,都更像是一部纯粹的文化史。《罗马帝国衰亡史》集合了三类主要群体:西罗马人、拜占庭人和北方部落群体,吉本对这三种群体的不同特点都作了详尽描述。对于其他群体和部落,吉本则是粗略带过。潜藏着的现代西方崛起的叙事,只可能在对北欧人及其罗马和拜占庭祖先的充分想象中找寻,而非在吉本对这一主题公开且通常是"恶作剧"的声明中寻获。

《罗马帝国衰亡史》开篇介绍了吉祥且繁荣的安东尼和平时代(98—180),[171]我们看到一个民族、一个帝国困于稳定的凋萎中。在罗马帝国"俾格米种族"的领土边界上,日耳曼蛮族或称"北方凶猛的巨人"已经摆好姿势,很快便要"入侵",如吉本所讲,他们"修补这个孱弱的种族"。他接着又说:

> 他们重建了一种勇敢的自由精神。经过千年革命之后,自由成为审美与科学的快乐之源。(I,59)

"巨人"和"侏儒"的神话意象,在某种程度上暗示出罗马人和日耳曼人的不同之处,而吉本提出的"自由成为审美与科学的快乐之源"这一预期,构建了具有政治优势和文化优势的未来,对于这个未来,我们最终仅能在后面叙事的第六卷中瞥见其地平线。与此同时,哥特族主题逐渐成为吉本讲述的罗马帝国通过其他方式得以延续的中心。

由于罗马帝国只延续了罗马共和国的形式而设有延续其实质,罗马帝国的遗产被其东部继承人即拜占庭帝国及其北部继承者东哥特人、西哥特人、阿拉曼尼人、法兰克人、撒克逊人和盎格鲁人不断改造:东部演变出一种炫耀型(ostentation)文化,扼杀并掐灭了自己曾尽力要保存的帝国的生命;北部则构建出融洽的西方文化,即日耳曼文化、基督教文化和古典文化的并存,这些在吉本的故事中并未被提及,而这种融洽的文化最终将取代并在某种意义上超越其罗马祖先。在最后两卷中,《罗马帝国衰亡史》跨越了苏格兰启蒙运动作家们曾经走过的疆域,探讨原始社会的经济和社会结构,以及哥特式封建主义的发展和灭亡。在各种相互矛盾的解释性策略的压力下,吉本叙述的西方部分呈现出一幅正在形成的现代欧洲图景。欧洲的活力和同质性源于类似的种族起源,是政治发展和经济相互依存的过程,但同时也是多种文化的成就,这些文化的独一无二之处在于,它们能够从其罗马遗产中锻造出一个崭新的身份。

西罗马帝国灭亡之后,从493年西奥多里克(Theodoric)在意大利即位起,到1453年君士坦丁堡灭亡,时光之帚(the sweep of time)将其划分为两个富有创造力的片区,东部和西部,而世界的其他地方——波斯、阿拉伯、莫卧儿以及奥斯曼帝国——在与东西部发生交集和碰撞的过程中得以开化。东部是一种静态的炫耀式文化,它滑稽地模仿(mimic)而非仿效(imitate)其雅典和罗马祖先;西部是野蛮的、不稳定的、落后的,但它在模仿和效仿其他文化的过程中显示出再创造能力。东部的特点是严格性和创造性,其造物源于柏拉图式神话和基督教僵硬神学和语言学体系中未经加工的素材;西部为填补旧帝国留下的空缺,临时创建了新的政治结构,[172]对拉丁人和希腊人的翻译或误译得到了具有错误却也有创造性的结果。这两者的背后都是有弹性、有适应力、依照习俗而非创造性的罗马帝国,而埋藏在帝国内里更深处的,却是共和国的政治和文化形式。

被评价的西部

在第二部分末尾"对帝国西方衰落的总体评价"("General Observations on the Decline of the Empire in the West")一节里,吉本既指出了罗马世界与现代欧洲之间的相互依赖,又讲述了二者在文化和政治方面的不同之处。他对这两个方面的表述,就算不能完全令人满意,却也非常充分。几乎可以肯定的是,这篇文章的初稿早在几年前就已经拟定,批评人士常常将其作为吉本思想未成熟时写的令人失望的遗物而置之不理。①在讲述完5世纪晚期法兰克

---

① 克拉多克认为"总体评价"在"不迟于1773年7月或者8月时以某种方式完成"(*Edward Gibbon*, *Luminous Historian*, 8)。戈什(Peter Ghosh)认为其完成时间可追溯到1772年,并认为这一节被"厚颜无耻且恶趣味地"作为调味品插在第三卷的末尾。(*Gibbon's Dark Ages: Some Remarks on the Genesis of the Decline and Fall*, Journal of Roman Studies, 73[1983], 18)。波考克也认为它们令人失望('Between Machiavelli and Hume: Gibbon as a Civic Humanist and Philosophical Historian',收于 G. W. Bowersock, John Clive and Stephen R. Graubard eds. *Edward Gibbon and The Decline and Fall of The Roman Empire* [Cambridge, MA, 1977], 295)。

人征服高卢人,以及蛮族王奥多亚塞(Odo[v]acer)在意大利夺得总督职位之后,作者就引入了"评价"(Observation)一词。吉本对这个大问题(罗马帝国为什么会灭亡?)的回答十分简明扼要:

> 罗马帝国的灭亡过程简单明了。我们不应问罗马帝国为何灭亡,而应惊讶于它居然存活了这么久。(III,631)

余下部分讨论的是,曾经毁灭了古罗马的那种灾难,为何不可能毁灭现代西欧各个国家和帝国。吉本认为,如今,蛮族入侵在技术上可防,且在地理上面临极大阻碍。此外,所有现代欧洲帝国都扩展至海外,故侵略发生时可找到避难之处:

> 欧洲将在美洲获得复兴和繁荣,那里现在已经被她的殖民地和制度塞满。(III,637)

这个稍显奇怪的情节,也许最初是因美国独立战争得到了启发和联想。在信件里,吉本感伤地把"征服"美洲①(吉本的常用语)和《罗马帝国衰亡史》第一卷的完成相提并论:

---

① "征服美洲是大手笔", Gibbon to Holroyd (31 October 1775), *Letters*, no. 326;"美洲还未被征服", Gibbon to Holroyd (2 December 1777), Letters, no. 404. 对于为什么吉本认为罗马帝国的衰落与英国丧失美国殖民地不可相提并论,波考克给出了一个解释,"罗马在试图控制各行省时,英国也将失去其美洲各省,而不会调整其政治和教会机制以适应它们"。(*The Varieties of British Political Thought*, 1500 – , eds. J. G. A. Pocock, Gordon Schochet and Lois Schwoerer[Cambridge,1993],278).

"支持[173]了英国,我就必须摧毁罗马帝国"……"征服美洲与写完我的作品,都是必需"。①

不过,这一设想基本上还是源于休谟《英格兰史》中关于斯图亚特王朝的第一卷里的一段话,休谟在其中反思了美洲殖民地给英国带来的好处,并认为这种方式有可能拯救英国,使其摆脱罗马命运:

> 许多高贵国家的种子都是在合适的气候条件下播种的,但由于反动居民的野蛮行径,这些种子始终荒芜着。在这个孤独的世界中,自由和科学的庇护所慢慢出现,但如若帝国再无限扩张,或者野蛮民族再度入侵,自由与科学将再次从这个动荡不安的半球消失。②

"总体评价"一词,最初是从休谟那里得到的暗示,它宣告了罗马帝国和大英帝国之间存在结构性差异,尽管它简化并削减了二者之间巨大的细微文化差异,以及卷二和卷三精心打造的因果不可知论。吉本以一段明显罗伯逊式的必胜信念开始了叙述:

---

① Gibbon to Holroyd(15 May 1775), *Letters*, no. 303; Gibbon to Deyverdun (7 May 1776), *Letters*, no. 341.

② Hume, *History of Great Britain*, ed. Duncan Forbes, (Harmondsworth, 1970), 243.

爱国主义者有责任选择并促进祖国的自身利益及荣誉，但是，哲学家可以将视野放宽，把欧洲看作一个伟大的共和国，这个共和国的所有居民几乎在礼节及教养上达到了同样水平。欧洲内部的权力平衡将继续波动，祖国或邻国的繁荣程度可能会交替上升或下降，但是，这些局部波动并不能从根本上影响欧洲整体的幸福状态、艺术体系、法律和礼仪，正是因为这些，欧洲人及其殖民地比其他人类优越得多。（III，633-634）

这个伟大的欧洲共同体的形成过程是《罗马帝国衰亡史》研究的重要课题。然而，史书远未企及预先锚定的现代便结束了，以致让读者一直徘徊在罗马城政治停滞和物质衰败的印象中。孟德斯鸠曾在《罗马盛衰原因论》（*Considerations sur les causes de la grandeur des Romains et de leur decadence*，1734）中分析罗马帝国衰落的原因，那是18世纪记叙罗马衰落最重要的作品之一，但吉本一直不愿且越来越不愿做这种因果阐释。我将论证，出于类似的原因，吉本开始怀疑苏格兰人对欧洲崛起的分析，尤其是在后几卷里。一种独特而复杂的历史现象不能[174]简单地用一种方法解释，因为这种解释方法或许也适用于其他大陆或半球的其他国家。

恩 承

沃默斯利（David Womersley）在《罗马帝国衰亡的转型》（*The*

Transformation of The Decline and Fall of the Roman Empire)中阐述了这一过程:随着吉本越来越意识到,过往之事具有独特性,很难处理,他开始质疑孟德斯鸠的因果定律,认为除了社会学陈词滥调的解释外,它毫无意义。①另一个可能的原因是,吉本认为欧洲具有其独特的历史和地位,随着他的史学更加接近西方的文化复兴,他便越来越坚决地拒绝用社会学的观点解释各个共和国、君主国和帝国的兴衰。至于其他非西方帝国,吉本并未完全抛弃简便的社会学"个案史"研究法。但与伏尔泰不同,吉本并没有发现,孟德斯鸠作为史家或社会哲学家过于缺乏经验,他在其第一部出版的作品《论文学研究》(*Essai sur l'etude de la litterature*,1761)中指出,孟德斯鸠非常清楚其普遍因果理论解释范围的局限。②

吉本在描述基督教拜占庭的史事时,让其在结构上依赖于一个包含衰落和部分复苏的更广泛叙事,来表明拜占庭不如西罗马帝国(V,422)。孟德斯鸠提出的解释是,罗马共和国最初作为政治体黏合在一起是源于其致力于扩张的公共精神,但后来却被这劲头牵引着走向过度扩张,最终因征服所得的财富集中而堕落。吉本在这些章节(50-52)里的解释具有与孟德斯鸠同样的说服力。或许不可避免的是,吉本并不认为所有非西方国家和帝国的历史都一样独特、一样复杂。这种孟德斯鸠式的简略分析模式,在解释罗马帝国及其欧

---

① David Womersley, *The Transformation of The Decline and Fall of the Roman Empire* (Cambridge,1988).

② Gibbon, *Essai sur l'etude de Ia littirature* (London,1761),109.

洲后继诸国问题上,永远行不通。在这方面,他在更大层面上面临着伏尔泰在《风俗论》中遇到的同样问题——中心点和叙事的可理解问题。

如今,人们通常会强调休谟而非伏尔泰或罗伯逊对吉本的启迪。从最深层面讲,吉本的认识具有明显的休谟视角——认为事件由人们对社会和政府的信念推动,这种信念有时是创造性的,有时是灾难性的,取决于它们是否与澎湃其下、未被注意的历史潮流相协调。[175]即便如此,由于伏尔泰和罗伯逊选择的历史背景同吉本的选择有大幅度重叠,所以吉本必然不得不与伏尔泰和罗伯逊而非休谟有更多交集。很难确定吉本从伏尔泰那里到底获得了什么样的启示。从吉本早期对伏尔泰《路易十四时代》的评论可以看出,吉本招人厌烦,缺乏学者风范,可他又极其能言善辩:

> 他描写遥远的时代时,并不翻阅陈腐的僧侣作家作品以获得启发,而是参照汇编,赋予其自己的风格魅力,制作出一段最令人愉悦,却又肤浅且不准确的表演。①

---

① 吉本的图书馆里有伏尔泰作品的各个版本(1768—1777 年版和 1780—1781 年版)和《路易十四世纪》(*Le Siecle de Louis XIV*)(London,1752)的一份副本。请参见 Keynes ed. ,*The Library of Edward Gibbon*。吉本的期刊表明他在 1763 年之前就已经读过《风俗论》(*Le Journal de Gibbon à Lausanne*,133)。吉本批评《路易十四时代》肤浅、行文奇怪,尽管其表现出部分娱乐性(*Gibbon's Journal to January* 28th,1763,129)。其他离题之言,比如吉本对伏尔泰"权威傲慢"的评价,是他对法国历史学家早期态度的典型例子("Index Expurgatorius" in *English Essays*,116)。然而,正如我所讲,很多评论家已经察觉到吉本的早期风格在很大程度上恩承伏尔泰,包括克拉多克在 *Young Edward Gibbon*,66 里也这么说。巴里顿(Michel Baridon)指出《风俗论》和《罗马帝国

吉本对伏尔泰戏剧的残情余爱,以及他在《罗马帝国衰亡史》里关于后者的偏执和傲慢的刻薄离题之言,都显示出他作为一个曾经仰慕者自觉的优越感,他认为自己必须毁掉这个法国人的声誉,以为自己腾出空间。除了模仿和赶超伏尔泰的风格,《罗马帝国衰亡史》第五、第六卷的脚注明确指涉《风俗论》,二者的共同点在于,这两部自查理大帝以降的世界史,都需要处理一些重大阐释性问题(十字军东征,伊斯兰教的传播,奥斯曼帝国的崛起)。① 吉本削弱伏尔泰《风俗论》的做法,不应使我们忽视二者在解释西方中世纪问题上的广泛相似之处。《罗马帝国衰亡史》同样强调城市合并、技术发展和商业等因素,正是这些关键因素导致了封建结构衰亡。这些都与心灵不断增长的、自发地领会和操纵现实的能力有因果关系,并最终将其塑造成一个共同的欧洲文明。

[176]罗伯逊对吉本的影响更直接。罗伯逊是一位史家,与吉

衰亡史》之间的联系和相似之处(*Edward Gibbon et le Mythe de Rome*, Paris, 1977, 438 – 439)。格阿瑞佐(Giarrizzo)也指出这些(*Edward Gibbon e la Cultura Europea del Settecento*, Naples, 1954, 303 – 307),而且在其他地方也充分考虑了伏尔泰和吉本之间的关系问题。伏尔泰的《风俗论》对《罗马帝国衰亡史》第 15 章的影响较引人注目,例见 Robert Shackleton, 'The Impact of French Literature on Gibbon' in *Edward Gibbon and the Decline and Fall of the Roman Empire*, eds. Bowersock, Clive and Graubard, 214。

① 关于吉本给伏尔泰的《风俗论》和其他作品做的注释,更全面的参考文献包括卷五,138,146(关于查理大帝);卷五,239,251,418,437(关于伊斯兰教和阿拉伯帝国);卷六,58,117,202,210(关于十字军东征);卷六,295,352(关于 Timur Lane);卷六,495,511(关于土耳其人)。"按照他的方式,伏尔泰是一个偏执狂,令人难以忍受的偏执",卷六,442。

本彼此敬佩,情谊深厚。①在《罗马帝国衰亡史》第四卷的序言中,吉本把罗伯逊称为"大师艺术家",并在第十五章和第十六章的"抗辩"(Vindication)部分,引用罗伯逊的一小片"弹药",反对愤怒的圣公会观点,这证实他"有资格称罗伯逊博士为自己的朋友"。②吉本在他的图书馆中保留着《苏格兰史》的初版(他早期写过一篇关于封建政府的文章,没有发表,他在其中引用了《苏格兰史》)、《查理五世治期史》和罗伯逊亲自送给他的《美洲史》。③吉本描述罗伯逊,说他属于"伟人那一类,虽然其伟大程度和成就有可能与休谟不同"。而且,尽管吉本尊敬休谟,但他却略带自嘲地宣称自己是罗伯逊的"弟子"。④在

---

① 罗伯逊赞扬《罗马帝国衰亡史》第一卷(Edward Gibbon, Luminous Historian,69),但似乎更加欣赏第二卷和第三卷(Gibbon to Suzanne Necker[1 June 1781], The Letters of Edward Gibbon, no. 501),也对第四卷、第五卷和第六卷(Gibbon to Thomas Cadell[11 February 1789], The Letters of Edward Gibbon, no. 721)大加赞赏。

② A Vindication of Some Passages in the Fifteenth and Sixteenth Chapters of the History of The Decline and Fall of the Roman Empire(1779), English Essays, 232.

③ Du Gouvernement feodal, surtout en France(c. 1767), Miscellaneous Works, III, 189. Robertson to Gibbon(14 July, 1777), The Letters of Edward Gibbon, no. 389.

④ Gibbon to J. B. Holroyd(7 August 1773), The Letters of Edward Gibbon, no. 227. 罗伯逊博士真诚地接纳了他的学生;休谟先生的一封信远远抵过十年的辛劳(Autobiographies, 311 – 312)。参见吉本和德伊弗顿(Deyverdun)的文学杂志 Mimoires litteraires(1767), I, 29,他们在其中对罗伯逊和休谟高度赞扬。吉本甚至在自己的遗嘱(Autobiographies, 422)中留给罗伯逊100基尼。当然,罗伯逊经常出现在《罗马帝国衰亡史》(例如卷五,138;卷六,210,614)的脚注里。吉本把从图密善到康茂德治期描绘为所有时代中最幸福、最繁荣的时代时,或许就无意中直接回应了罗伯逊的观点。参见 John W. Oliver, 'William Robertson and Edward Gibbon', Scottish Historical Review, 26(1947), 86。

《罗马帝国衰亡史》最后两卷的脚注中,吉本反复引用罗伯逊、罗伯逊、休谟和伏尔泰为他提供了内容详实的材料基质,其中包括诸如十字军东征和宗教改革等情节,这些东西在吉本并不完整的欧洲公民社会崛起的叙事中得到了阐释。

学徒期

吉本的亮相之作是文学评论《论文学研究》(*Essai sur l'etude de la littirature*,1761),他在其中试图阐释古今之争并给出回应(多少有点滞后)。①《论文学研究》涉及一系列主题,包括古典智识遭受的忽视、皮浪主义问题和宗教信仰史等。此作将文学批评视为一个宽泛的概念,是一种语言学、历史学和解释学[177]活动,就像诸如贝尔(Pierre Bayle)和勒克勒(Jean Le Clerc)等17世纪晚期的博学大师的所作所为那样。②《论文学研究》的统一主题是寻求一种恰当的批判方法(或哲学精神),以把历史和文学史从法国现代派的平庸傲慢及古物主义的古旧冗杂中解放出来。比如,吉本尝试

---

① 有关现存的《论文学研究》草稿及其详细资料,参阅 *Edward Gibbon, Luminous Historian*,117-120,126-131,152-154. 有关吉本和古今争论,参见 Joseph M. Levine, *Humanism and History: Origins of Modern Historiography*(Ithaca, NY,1987)。

② 有关勒克莱尔对批评主义的定义,参阅其 Ars Critica(2 vols.; Amsterdam,1697),I,5。

从精心设置的背景出发解读维吉尔(Virgil)的《田园诗》(Georgics)。接着,他提及皇家铭文学院(Academie Royale des Inscriptions)关于如何在历史呈现中保证合理可能性的争论,来探讨历史真实性这一棘手问题。吉本揣摩"哲学式"史家如何在史料中找到其活动的源头(ressorts),以及如何将其整合进一个综合因果解释里。即便如此,他也警告那些试图把一般原因限定在历史必然性这一宏大理论(他们喜欢的因果关系)里的史家,不要过于系统地思考一般原因(或更一般的原因)。①孟德斯鸠则刻意不被这种限制束缚。

在这个阶段,吉本的态度具有浓厚的(虽然并不是排他的)法国特点,而且,与前辈伏尔泰一样,他通过反对皮浪主义为历史中的实例寻获合理的可能性。与伏尔泰一样,吉本通过类比文学评论里的语境研究法,类比诗人自己从历史中选材并将其塑造成新整体的过程,在史学写作中发展出一套具有哲学属性的理念。通过概括地重估古今之争,吉本认识到,历史运作最基本的认知层面是其文学性。伏尔泰同样遗漏了文学批判和史学知识论这两个问题,在他看来,文学性提供了各种极好的文体契机;但对吉本来说,文学性却是焦虑的来源。吉本早期最具启发性的作品之一,即试图追溯和梳理米底帝国的王朝结构的《米底王国回忆录》(Memoire sur la Monarchie des Medes, c. 1765—1770),表明他一直对史学创造性的悖论感到忧虑。吉本不满于史家们把哲学属性标志强加在史

---

① *Essai sur l'etude de la litterature*, 108.

料上的做法,就伏尔泰的例子而言,这种自我赋予的属性把他们困在了自己的想象圈里。①吉本说到这点时特别提及了色诺芬(Xenophon):

> 哲学思想十分乐意提供所有中间条件;而我从真实、可信及可能的事物中汲取经验。[178]史家如果把自己的思考汇聚为一种叙事,就必须采取更坚定的语调。思考的假设变成了事实,这些事实似乎是从大众事实和公开事实中分离出来的。②

在《论文学研究》中,吉本开始巧妙地批判史学表征问题,史家用来使叙事可被理解的连接术语("中间词")必然篡夺史实的地位。具有哲学精神的史家的任务不是彻底阻止这种篡夺,而是努力限制这些无关的解释性连接术语造成的扭曲。《论文学研究》中提出的问题是,如何把古典诗人带进当下的生活,同时不让他们被当下的关注同化(没有学会像罗马人一样生活和思考的人,几乎无法理解贺拉斯[Horace]和普劳图斯[Plaute]),这个问题总体上已成为历史再现问题的范例。③

对于历史必须被扭曲才能再现这一悖论,吉本选择的解决方

---

① Memoires sur Ia Monarchie des Medes, pour servir de supplement aux dissertations de MM Freret et de Bougainville, *Miscellaneous Works*, III, 128. 对这部作品的追溯,参阅 Craddock, Young Edward Gibbon, 251。

② 'Memoires sur la Monarchie des Medes' in ibid, III, 128 - 129。

③ *Essai sur l'itude de Ia littirature*, 28.

案涉及修正亚里士多德的诗歌模仿理论(即诗歌选择性地模仿自然和人类行为)。亚里士多德认为史学传达的知识等级比诗歌低。吉本有一本法国版《诗学》(Poetics),该书编辑达西尔(Andre Dacier)在连载评论中强调:

> 他说,诗歌比史学更严肃、更具哲学性(亚里士多德使用philosophoteron 一词)。事实上,史学能提供的信息与其记录的事实一样多。①

吉本在下述问题上就开始与亚里士多德(和达西尔)分道扬镳:他在《论文学研究》中提出,事实上,史学确实在选择性地模仿人类文化,尽管史学涉及认识论上的障碍,但正是基于艺术模仿和史学模仿的这种近似,史学写作才有理由宣称自己是"哲学的"。

吉本认为,史学作为人文学科的一个分支,其价值等同于文学研究,他对历史的这种捍卫属于由 17、18 世纪早期的荷兰学者发展起来的以史护教传统。这些荷兰学者已经建立起一种独特的新亚里士多德式史学学问和理论。②《论文学研究》对沃修斯(Gerardus Vossius)、普修斯(Justus Lipsius)、卡索邦(Isaac Casaubon)和勒

---

① Andre Dacier, *La poelique d'Aristote... Traduite enfrancois avec des rernarques critiques sur tout l'ouvrage* (Paris,1692),137.

② 关于荷兰的史学思想和作品,参见 A. C. Duke and C. A. Tamse, *Clio's Mirror: Historiography in Britain and the Netherlands*(Zutphen,1985)。关于其对英国的影响,参见 J. W. Johnson, *The Formation of English Neo - Classical Thought*(Princeton,1967)。

克勒克(Jean Le Clerc)的赞扬表明,吉本很早便熟悉这种以史护教的文化传统。吉本可能尤其了解沃修斯的《史学技艺》(*Ars Historica*,1623),这本著作试图将史学与[179]亚里士多德的诗学理论结合,如此既将史学视为一种文学技艺,同时也保持其作为科学知识分支的地位。吉本似乎很欣赏沃修斯,因为沃修斯的作品《歌剧六部曲》(*Opera in Sex Tomos Divisa*,1695—1701)及其他关于希腊史和拉丁史的研究,均被吉本完好地保存在自己的图书馆中。沃修斯作品全集的第三卷包含了对诗学极具影响力的讨论,其中有一篇关于论模仿的学位论文("De Imitatione,cum oratoria,tum praecipue,poetica,liber de que recitation veterum",初版于1647年),这篇论文或许可以帮助年轻的吉本将以下两个问题联系起来,即艺术表现问题以及艺术家如何自相矛盾地从模仿前人文明的过程中获得独创性的问题。

沃修斯把模仿分为两种,幼稚的或称奴性的和男子气的或称自由的(Modus imitationis est duplex:puerilis,& virilis)。他赞扬自由模仿是尤其具有创造性的形式,称之为"高贵地模仿"。①在《论文学研究》出版后不久,吉本再次反思模仿和原创的问题,是在他写关于赫德(Richard Hurd)编译并评注的贺拉斯的《书信集》(*Epistola ad Pisones*,又名"诗艺")的评论性综述时。赫德以贺拉斯

---

① "高贵的模仿"(imitatio ingenua),其原句是"Ingenuam imitationem appello,quando non verbum verbo reddimus;sed sic aliena tractamus,ut non in alterius possessione irruisse,sed jure nostro venisse,credamur ",Gerardus Vossius, *Opera in Sex Tomos Divisa*(6 vols. ;Amsterdam,1695—1701),III,177.

为据推断,古代诗人和现代诗人之间的相似之处,很大程度上在于他们均模仿自然,而考虑到艺术的基础都是不变的自然,故而原创不可能。吉本以一种更生动、更具历史感的方式来反驳赫德的诗论。吉本认为,大多数现代艺术以模仿古典作家为出发点("如果习惯不足以让我们决心模仿古人,那么建立在理性基础上的权威将迫使我们去模仿"),但模仿的最初成分源于这样一个事实,即作者已经融入并借鉴了他所处时代的生活方式:

> 他要研究的是那个时代和那个国家的社会行为、政府和宗教,……这些因素总会让模仿者具备原创性。①

因此,吉本从古今之争中提出了一个经过充分实践的艺术发展理论,该理论假定存在一个动态的传承过程,并强调在创作既具模仿性又有原创性的作品的过程中,被继承文化与现今文化之间的互动交流。

习俗与模仿

吉本着手写《罗马帝国衰亡史》时,这种艺术创作模式似乎向吉本提供了一种思路,即从更宽广的角度思考[180]文化从古到今的传承过程。吉本把这个艺术原创性模式用于解释下述行为,即

---

① "Hurd on Horace"(1762)in *English Essays*,47,50.

罗马帝国的日耳曼继承者既模仿其罗马－高卢（Romano-Gallic）祖先，也利用自己文明的深层资源。在《罗马帝国衰亡史》记叙的年代范围内，日耳曼人并没有实现这两个组成部分之间的综合平衡，但吉本经常把日耳曼人自我更新的长期潜能与拜占庭的文化沦丧作对比，拜占庭似乎注定会复制罗马帝国，直至被奥斯曼帝国直接占领。西方人最终会展现出沃修斯所说的"创造性模仿"能力，而东方却只能"幼稚地模仿"。

西方的复兴依赖于延续和重新注入来自罗马帝国的实践和理念（关于法律、自由、超越种族或地理界限的公民概念、知识探索的自由），尽管这些实践和理念往往源自古希腊。对于吉本来说，作为模仿对象的罗马帝国并不是一个连贯的或大一统的实体，而是在长期兴衰中积累起来的一套实践和经历。正因如此，吉本发现，整部罗马历史中最令人满意的形象是《国法大全》（*Corpus Juris Civilis*）——约在公元526年至550年间由皇帝查士丁尼（Justinian）主持的对罗马法学体系里程碑式的汇编和法典化。第44章（吉本在回忆录中称这章是辛苦了一个冬天的成果）从地质学角度解读了《法典》《学说汇纂》和《法学阶梯》。从共和国成立之初起，便有一层又一层的法律和习俗淤塞下来，堆积在一块不能再开采的岩层里。[1]在吉本的描述中，整个司法事业慢慢变成了一个隐喻，象征着隐约可见的罗马帝国纪念碑的沉淀而非自然发展的特征。尽管共和国最初的十二铜表法具有原始智慧，但到查士丁尼时代，罗马

---

[1] *Autobiographies*, 326.

法已经打算在其(毫不夸张的)拜占庭式的复杂体中采用专制统治：

> 在1300年的时间里，法律勉强跟得上政府和社会行为的变化。值得称赞的是，人们渴望调和古老的名字与近代体制，这种渴望却破坏了其和谐，使这个模糊的非正规体系的体量越来越大。(IV,415)

这些法律保留着丰富的起源，足以让吉本"呼吸共和国纯净而充满活力的空气"，变化着的法律也揭示了罗马共和国的各种形式和各种虚构如何被绘制，而后又随着一种蒙昧主义的君主式司法体系的形成而被慢慢抹去(IV,334)。[181]罗马法最初可能以自然法原则为基础，但它真正的特点是灵活性和习俗性("积极的制度往往是习惯和偏见的结果，法律和语言是模糊和武断的")，习俗激增，往往使国家瘫痪(IV,354)。第44章是吉本对罗马帝国印象的精炼，他认为那是一个被自身历史重负逐渐压垮的世界，虽长期以来习惯性地延续着共和国的法律、政治和宗教形式，但却无法复兴它们。罗马人民"比起思辨，更喜欢古代习俗"，而且正如吉本在第15章和第16章"辩护"部分中重申的那样，罗马人民的"异教崇拜不是意见问题，而是习俗问题"(II,310)。①

吉本对罗马帝国习俗法和文化反射的保留意见，与其对英国习俗法的基本观点是一致的。与同是国会议员的朋友柏克不同，

---

① *English Essays*,285.

吉本非常反对这样一种观点,即英格兰(吉本在第38章中记录了英格兰在公元5世纪与罗马世界及其法律完全分离)的活力来源于其习惯法中奉为神圣的传统遗产。柏克从习惯法角度重新审视了英国宪法遗产,认为它是更动态的、进化论式的方案的一部分,吉本对这种看法似乎毫无兴趣。①他早期写过一篇关于布莱克斯通(William Blackstone)的《英格兰法律评论》(Commentaries on the Laws of England)的摘要,其中,他明确反对后者对英国宪法的习惯法解读:

> 布莱克斯通先生以一种不同寻常的敬意谈论旧习俗法,说律师大都更喜欢习俗法而非成文法。但是,他会发现,要说服没有偏好的读者相信,这种古老的习俗(始于野蛮时代,而后因对古代的盲目崇拜而延续下来)应该比立法权力机构颁布的确切法令得到更多尊重,是非常困难的事。我确实怀疑,一个仅凭从大量具体事例和意见而得的普遍规律,很容易变得模糊、冗长和不确定,最终,忒弥斯(Themis)的祭司便是唯一能够解释她的神谕的人。②

---

① 关于伯克及普通法,参见 J. G. A. Pocock, 'Burke and the Ancient Constitution: A Problem in the History of Ideas' in *Politics, Language and Time: Essays on Political Thought and History* (London, 1971) 和 Paul Lucas, 'On Edmund Burke's Doctrine of Prescription: or, an Appeal from the New to the Old Lawyers', *Historical Journal*, II(1968), 35 – 63.

② 'Abstract of Blackstone' (c. 1765—1766) in *English Essays*, 63.

律师们普遍认为,不列颠远古的习俗宪法以法律判决先例的方式逐渐沉淀于历史之中,相对于此,吉本更喜欢成文法的灵活性。①相形之下,罗马帝国法典[182]由于缺乏英国成文法的易懂性而被皇帝们利用,在习俗式(最初是共和性质的)司法体系结构的掩盖下,他们的专制与日俱增,这种结构既扩展同时也削弱了皇帝们的统治。共和国的阴影笼罩着帝国。就像塔西佗(Tacitus)的《编年史》(*Annuals*)一样,《罗马帝国衰亡史》开篇即讨论,奥古斯都在维存"自由政体表象"(按:楷体为作者所加)的同时巧妙地建立元首制(I,1)。对塔西佗来说,这一刻标志着共和国有效世界向道德上可疑的独裁时代的转变。根据孟德斯鸠的解释,这一刻是珀律比俄斯政体车轮的决定性倒退——从共和制变为君主制。然而,吉本并不那么悲观。奥古斯都"意识到人类由名字统治",开创出一种虚构的共和式政治类型,至少到康茂德(Commodus)于公元192年去世之前,这种政体都"使军事政体(相对于以国民军为基础的共和政体)内在的危险在很大程度上被悬置"(I,173,174)。尽管吉本只能偶尔呼吸到更纯净的空气,但他并没有屈服于辉格党对罗马共和国法律中"严厉而傲慢的精神"的渴望(IV,384)。吉本曾写过一篇讨论凯撒刺杀者布鲁图斯(Brutus)的性格(在他看来,性格因素被过分高估)的文章,在这篇持修正主义观的作品里,他已经表明了他对罗马共和国怀念之情的各种限度。②

---

① *English Essays*, 63.

② 'Digression on the Character of Brutus' (n. d.) in *English Essays*, 96–106.

共和形式的帝国

而后,吉本的主要兴趣点在于帝国作为内部机制(而不是作为一个先前的政治阶段)的共和政体,把罗马族习俗法合法化的过程,解释了为什么帝国确实"延存了这么久"(III,631)。在吉本的阐释中,这一共和式遗产本质上是高度甚至引起争议地元老院式的。吉本认为,直到戴克里先统治时期,"古代自由的模式一直存在于(元老院的)审议和法令之中;而那些尊重罗马人民偏见的明智国王们,在某种程度上也不得不选择适合共和国一般和首要职官的语言和行为"(I,386)。吉本认为,元老院是既成共和国神话的关键组成部分,他对此的兴趣使他有些不同寻常地将西弗勒斯(Septimius Severus,193—211)描述为"罗马帝国衰落的主要始作俑者",因为后者打破传统,让罗马军团脱离了元老院的指挥(I,129)。[1]事实上,自凯撒时代以来,元老院对公共事务的影响便已微乎其微了,但吉本[183](脑子里想的都是英国宪政)希望强调这个独立的罗马统治代议阶层一直具有合法性。对于孟德斯鸠和吉本来说,有限君主立宪制源于贵族们试图削弱统治者的行政权。

---

[1] 有关本主题,参见 Mortimer Chambers, 'The Crisis of the Third Century' in The Transformation of the Roman World: Gibbon's Problem after Two Centuries, ed. Lynn White(Berkeley,1966),43-45.

"在法国,"吉本顺便提道,"自由的遗余通过五万贵族的精神、荣誉甚至偏见,得以保持生机(IV,367)。"在写作生涯早期的一篇关于瑞士沃州(Pays de Vaud)政府的未发表文章中,吉本也曾以类似思路,提出国家需要各种中间势力的孟德斯鸠式观点。① 在《罗马帝国衰亡史》第31章的一处,吉本甚至只差一点便可以推出,罗马衰亡的主要原因是缺乏稳定的中间代议团体。

在一个案例里,吉本曾记录说,公元418年,皇帝霍诺里乌斯(Honorius)为了改善高卢的统治,制定了一项计划:召集一年一度的代表大会,代表由七个行省的总督、地主、主教构成,讨论协调地方事务,结果几乎无人出席。吉本由此推论,帝国的"健康和生命"已经"消耗殆尽",无法恢复(III,280)。然而,吉本指出,如果这样的代表大会在安东尼统治时期或更早召开,帝国的结局可能会大不相同:

> 在自由温和而慷慨的影响下,罗马帝国本可以永远立于不败之地。(III,279-280)

事实上,霍诺里乌斯的法令不过是为了巩固地方精英对皇帝忠诚的一种手段,吉本为了有力地说明中间代议团体在把自由制度形式与帝国结构相结合时可能发挥的作用,过度解读了该法令。② 吉本

---

① 'La Lettre de Gibbon sur le gouvernement de Berne'(1763—1764)in *Miscellanea Gibboniana*,123-141.

② 参见 Bury 在 *The History of the Decline and Fall of the Roman Empire* 中的注释,ed. J. B. Bury(7 vols.;London,1897—1900),III,377,note 197. 另参见 John Matthews,*Western Aristocracies and Imperial Court*,AD 364-425(Oxford,1975),334.

的脑子不可能不思考大英帝国殖民下的美洲和印度。

吉本的共和形式的帝国走向衰亡的过程大致可分为两个阶段。第一阶段是西弗勒斯统治时期,其特征是共和风俗习惯持续存在,这些习惯与该政权的专制制度愈发不协调。第二个阶段从卡拉卡拉(Caracalla)治期(211—217)开始,在戴克里先治期(284—305)达到顶峰,标志着从习俗文化向展示性文化(卖弄是戴克里先建立的新系统的第一原则)断断续续的缓慢转变,在这种文化中,共和制的记忆随之变成了一种戏剧性资源(I,389)。吉本把帝国的各种习俗融入一系列戏剧性传统的过程称为"东方化",指的是[184]太监的出现,精心安排的宫廷仪式,以及其他东方特征。皇帝埃拉加巴卢斯(Elagabalus,218—222)对女性服饰的奢侈品味、他的宦官、贪得无厌的肉欲以及对世俗偶像的崇拜,很快就使这个东方化的过程变得引人注目:

> 罗马帝国最终屈服于东方专制统治的奢靡和脆弱。(I,148)

戴克里先中央集权的行政改革给了元老院致命一击,同时,一场新的东方专制政治秀由此开启:

> 就像奥古斯都提倡谦逊一样,戴克里先维持的国家是一种戏剧表现。但必须承认的是,在这两部喜剧中,前者比后者更自由、更具男子气概。一个的目的是掩饰,而另一个的目的是彰显皇帝在罗马世界拥有至高无上的权力。(I,389)

叛教者朱利安（Julian,360—363）试图恢复共和国的一些仪式、制度和宗教习俗,吉本给予其真诚的赞赏,虽然并不太有力。朱利安拥护共和制时既慷慨、世故,又倔强地坚持禁欲和苦行。下述例子足以说明,吉本如何从朱利安扮演的共和国元首角色中察觉到绝望和闹剧的基调。在下述情节中,朱利安欢迎两位新执政官来到他的宫殿:

> 他一听到他们走近的消息,就从宝座上跳下来,迫不及待地走上前去迎接他们,强迫满脸通红的执政官们接受他假装出的谦卑。他们一同从皇宫前往元老院。皇帝步行走在他们的轿前,一旁观看的人们赞美着这一古风场景,或者暗暗责备执政官的不当行为,因为人们认为这有损紫袍的权威。(II,349)

吉本提到,朱利安"怀着同样的热情恳请智者的尊重及群众的支持"(II,414)。然而,此处他刻意的共和式古怪举止却有些微妙的可笑——令人尴尬,甚至可能吓到执政官,因为他要求执政官们尊重他;并且,他的行为也迷惑了民众,他以此赢得了赞赏。因此,朱利安对异教罗马共和国形式的戏剧式再现,在一定程度上反映了这些形式的衰落——从习俗变为喜剧——是不可逆转的。[①]经证

[①] 关于吉本意识到构成罗马社会的"偏见和利益的细胞组织"最终耗尽的一篇精彩文章,参阅 Peter Brown, 'Gibbon's Views on Cultures and Society in the Fifth and Sixth Centuries' in *Society and the Holy in Late Antiquity*(London, 1982)。吉本对朱利安生活的主要来源的阐释,见 Ammianus Marcellinus, *Res Gestae*,以及吉本拒绝吹捧朱利安欠考虑的哲学,参见 Womersley,*The Transformation of the Decline and Fall*,chapters 10 and 11。

明,罗马的共和式文化太容易被渗透、太灵活,一旦被新的专制权力废弃,便无法自我更新。通过一个类似的过程,"散漫又粗心"、"基于模仿和习惯"的异教[185]便与帝国的习俗文化如此紧密地结合在一起,以至于它也屈服于基督教的组织和教义的僵化(III,90,93)。

把《罗马帝国衰亡史》作为一个整体来看,正如吉本所见,基督教拜占庭相对于西罗马帝国的劣势进一步体现在,拜占庭的历史结构建立在一个范围更大、包罗万象的衰落和部分复苏的叙事基础上:

> 拜占庭君主制的命运被动地与一些改变了世界状况的最辉煌也最重要的革命联系在一起。(V,4)

拜占庭从创建之初就是寄生国家,以牺牲罗马帝国其他部分的利益为代价,靠非洲粮仓省份养活。吉本以罗马和君士坦丁堡为例,指出了罗马帝国东部和西部的不同之处。两方——罗马在先,君士坦丁堡随后——每年都举行执政官解放奴隶的公共仪式。"所有主要城市的公众节日都持续了好几天,"但吉本补充说,"在罗马,这是依照习俗为之;在君士坦丁堡,却是效仿为之。"(II,28)君士坦丁堡的统治同其罗马前身一样,是一种戏剧形式,与其试图代表的传统有着更大的距离。君士坦丁堡充满了宫廷阴谋、密探和由沉重赋税支撑的奢靡表演。一些罗马共和制形式被融进这一新型盛会,以其似乎无穷无尽的扩散能力淹没了臣民,让他们日渐消沉。(查士丁尼法典规定的)律法、皇帝(第48章无聊地列举了完全无法记住的整个诸皇继承史)、各种奢侈品和宦官如蝗虫般剧增。对于吉本和休谟来说,复杂的政府最专制。帝国管理同盟已经失去了最初的质朴性,似乎变成了由无数民族和地域组成的巨大而危险的缠结体。吉本曾将帝国的这种异族混杂比作无处不在的瘴气:

> 罗马各省之间自由且频繁的往来不受任何限制:从波斯到法兰西,战争和移民导致各民族混杂在一起;棉花包里潜伏多年的臭气,由于贸易的泛滥,也被传到了最遥远的地方。(Ⅳ,330)

君士坦丁堡病态发育的文化中,最显著的代表是宦官,他们"像夏日的昆虫一样"密密麻麻,挤满宫殿(Ⅱ,341)。宦官不仅是罗马帝国东方化的象征,同时也体现了罗马帝国自我更新能力的缺失。就像4世纪晚期的[拜占庭史学家]欧特罗庇乌斯(Eutropius)一样,他们"如此执拗地模仿一个人的行为",象征着东罗马帝国形成的模仿文化已到了何种程度(吉本借用了克劳迪安[Claudian]《欧特罗庇乌斯》[*In Eutropium*,Ⅲ,285]中对欧特罗庇乌斯的漫骂)。就像拜占庭[186]帝国本身一样,宦官在缺乏创造力的情况下,试图寻求有悖常理、立竿见影的快感。朝廷上的奢华刚好体现了这种满足感。与现代社会的经济效益消费不同(吉本一再将其与古代社会区分开来),这种奢华是在缺乏生产力的情况下,毫不犹豫地只顾获得眼前满足感的结果:

长期的灾难或衰退必定让人民不再勤劳,使人民的财富减少;而人民浪费奢侈的生活一定是那种萎靡不振的绝望带来的,这种绝望让人民只享受现在,拒绝思考未来。①(Ⅲ,67)

对于查士丁尼的杰出宦官将军纳尔西斯(Narses),吉本不得不另眼相待,但他一直在极其频繁地提及宦官,试图唤起人们注意到模仿东方化的帝国更广泛的病态。

东正教

在《罗马帝国衰亡史》里,基督教以东正教形式发展的过程中,似乎与这个正在东方化的帝国联系更为紧密,它不断复制并加强其固定性和贫瘠性。皇帝朱利安的统治(描述朱利安的章节被精细地穿插在关于康斯坦丁皈依和阿里乌斯派争论的各个部分)一点也没有拆散基督教和这个静态帝国之间的紧密关系,而且很可能还加强了两者的联系。朱利安的异教一神论本质上是新柏拉图主义狂热者的迷信,他们的行为中也有与基督教同样的狂热和热情词汇。朱利安既是一个基督徒,又是一个叛教的异教徒,因此,他没有真正让自己从已经堕落的精神状态中走出来,实现帝国复兴,"(他)没有逃脱在他那个时代普遍蔓延的精神状态"(Ⅱ,355)。

---

① 休谟也对"邪恶的"与"奢侈的",或"无害的"的奢侈之间做了类似区分,见 Of Refinement in the Arts,1754。

朱利安死后，基督教会再度映照且加强了僵化复杂的拜占庭式政治结构。同其前辈孟德斯鸠一样，吉本无法或者不愿认识到，拜占庭教会也是一个附属的教政体制，独立于并能约束世俗统治组织。① 吉本对拜占庭基督学的兴趣超过对其教会学的兴趣，他用很多章节论述了东方教会的各种神学争议。

首当其冲的争议有关三位一体论，[187] 即圣父和圣子在哪种程度上可说是"同一实体"，这个讨论出现在第 21 章，表明了吉本认为教会基督论只是一种手段，目的是复制并加强帝国对来自不同种族、不同文化的臣属民族的控制。后来，阿里乌斯教派（时而激烈的）关于基督的本性和神性的争论，在基督教尼西亚大公会议（325 年）上通过《尼西亚信经》的签署暂时得到解决，根据吉本的说法，此信经"从根本上有助于……保持并延续信仰的统一性，或至少是语言的统一性"（II, 253 – 254）。值得注意的是此句最后收尾时的让步，"语言"的分量超过了"信仰"。《尼西亚信经》取得的成就本质上被视为完成了一个语言加工过程，通过这个过程，教会声称，文字意义的固定性赋予了抽象事物的本质以实体：

---

① 有关吉本对拜占庭有限理解的来源和性质，参见 Steven Runciman, 'Gibbon and Byzantium' in Edward Gibbon and the Decline and Fall of the Roman Empire, eds. Bowersock, Clive and Graubard. Bowersock, Clive and Graubard。关于吉本的宗教史，参见 J. G. A. Pocock, 'Superstition and Enthusiasm in Gibbon's History of Religion', *Eighteenth · Century Life*, 8(1982), 83 – 94。

想象的散漫闲逛逐渐被信条和忏悔限制;个人判断的自由服从于宗教会议的公共智慧。(II,246)

吉本最终偏向阿忒纳达修(Athanasius)而非战败的阿里乌斯(Arius),更多是出于务实而非教义的考量,正教学说比异教更少涉及暴力。对于把语言作柏拉图式神秘化的做法,阿里乌斯和阿忒纳达修都同样有责任。这是把柏拉图式本质主义语言观与政治上的中间派和不宽容的教会学的捆绑在一起的结果,许多北非和东方的独立派、最后甚至西方各教会,都不接受这种做法,这完全可以理解。

一个自相矛盾的事实是,早期教会成长于多语言社区,却仍然坚持柏拉图式本质主义语言观,吉本把这一事实与教会统一和正统问题紧密联系。因此,他对教会争夺神学语言控制权的第二次大争斗十分感兴趣,即亚历山大的西里尔(Cyril of Alexander)和聂斯托里(Nestorius)及其追随者关于基督道成肉身的争议,这发生在公元5世纪的第二和第三个25年间。争议的关键问题是,基督的肉身是否具有人与神两种截然不同的性质,它们共同构成一个人(迦勒底正统派的解释),或者,基督的人性与永恒话语之间存在二元性(一性论解释)。历次会议上都在反复讨论这一问题,482年,部分决议以《合一通谕》(Henoticon)的形式或联盟公式的形式达成。这使得埃及和叙利亚一性派教会之间的不稳定因素慢慢和解,却加速了东西方教会30年的分裂。吉本对整个争论的看法是强调一性派的叙利亚、科普特和亚美尼亚教会最终分裂主义倾向的各种语言根源,却不怎么提引起分裂的各种民族和世俗因素。①
[188]在他看来,整个恶劣的争论就是从正统的神学推理下降到类比推理的例证:

> 思想和语言的贫乏诱使他们从艺术和自然中搜寻每一种可能的比较,而每一种比较都误导了他们的想象力,从而让他们无法解释一个无与伦比的奥秘体。(IV,545)

聂斯脱里教派尤其容易通过苍白的类比沦为这种神学形式:

> (他)被激怒得……从生活中的配偶关系或民事伙伴关系借用不适当的比喻,还把耶稣的人性描述为长袍、工具和其神性的圣所。(IV,552-3)

这种使信仰下降为语言政治的结果是分化和分裂:

> 语言,是团结或分离人类各部落的最重要法则,以一种特殊、永久的标志很快区分出东方各教派,这种标志彻底摧毁了交流的手段和调和的希望。(IV,591)

吉本不担心教会会逐渐瓦解成多元化的各地司法管辖区和各种正统学说。他反讽地接受了西方教会死板的拉丁语以应对希腊人的各种柏拉图主义:

---

① 参阅 Miriam Lichtheim,'Autonomy versus Unity in the Christian East' in White ed., *The Transformation of the Roman World*.

> 拉丁人借助译本这种不确切的模糊媒介,获得了神圣知识之光。本族语言贫乏且死板,并不总能找到与希腊语词一一对应的词汇……语言上的缺陷可能给拉丁语国家的神学带来一大堆错误或困惑。(Ⅱ,258)

尼西亚会议以后,东西方教会漫长而令人惋惜的分离过程开始,并在8世纪上半叶的反圣像运动中达到高潮,那时,拉丁教会决定保留圣像以反抗皇帝,"罗马自由"获得了"拯救"(V,111)。[①] 吉本认为,使用圣像和圣物的宗教是原始的、迷信的。然而,他在第28章题为"多神论的复兴"一节非常全面公正地指出,他确实认识到那种形式的圣像崇拜代表了异教与基督教的融合,使新宗教在没有受过教育的人群中也能生根,还不会对这些人的性情和习惯造成猛烈冲击。

相比之下,东方教会只有以失去作为社会共识的语言意义基础为代价才能实现正统。其僵化复制了以东方为基础的罗马帝国的政治结构,并最终不可避免地分裂为若干不同教会。东正教虽然已经逐渐在东方教会的大部分地区实现,影响并保持了帝国的统一和文明,但是付出了高昂的代价,[189]无法灵活地、创造性地回应自己的传统。吉本概括了10世纪希腊帝国(由于阿拉伯人后来的征服现在已经严重收缩)的状况,他认为,希腊文化和教会的

---

① 关于吉本论破坏圣像,参见 Timothy Peters, A History of Images: Christianity and Historiography, in the *Later Decline and Fair*, *Studies in English Literature*, 30(1990), 503–515。

僵化状态与希腊语的应用失去了活力和历史敏感性密切相关。拜占庭的希腊人没有利用古希腊的文化资源：

> 他们把祖先的财富握在自己没有生命的手中，却没有继承那种曾经创造并改善过那一神圣遗产的精神。（V,515）

10世纪时，希腊帝国在文化上已经变得如此孤立，甚至不再有能力"单纯模仿"：

> 没有一篇历史、哲学或文学作品，能因为其文风或情调的内在之美、其原创的幻想之美，或甚至成功的模仿，而免于被遗忘的命运。（V,515–16）

在这一节末尾，针对拜占庭长期的文化失败，吉本写了一段总结，尝试解释为什么一些文化能够自我更新和再创造，而另一些文化却在衰落中枯萎。他认为，文化和政治自我革新的动力是"模仿"，即一些人通过选择性地模仿他人最令人钦佩或最成功的特点来努力超越他人的过程。这种效仿需要一些在当代欧洲已经成熟但拜占庭却不具备的政治先决条件：

> 在追求积极思辨生活的过程中，人类努力和进步的最强大源泉是国家和个人的模仿。古希腊的城市被塑造成统一与独立的完美结合，现代欧洲各国在更大范围内以更松散的形式重复着这一过程：语言、宗教和礼仪的结合，使他们相互成为对方功绩的旁观者和评判者；政府和志趣的独立，确保他们各自的自由，激励他

们追求卓越的光荣事业。凯撒们的帝国无疑限制了人类思想的活动和进步,它的规模确实可能为国内竞争提供一些空间。但是,当凯撒们的帝国规模逐渐变小时——先退居东部,最后仅剩希腊和君士坦丁堡——拜占庭臣民的性情变得越来越卑下,越来越懒散,这是他们孤独和被孤立状态的自然结果。(V,517)

现代民族国家松散的共居最终导致大帝国强制推行的世界主义意识的丧失,使拜占庭失去了竞争性模仿的文化刺激。[1]就像吉本解释的东罗马帝国停滞和缩小的大部分原因一样,这一最后的"不模仿"理念也是[190]西方向东方发展并获得成功的间接方式。尽管后几卷的绝大多数章节都在讲述东方事务,但吉本再次指明东方故事在一个更宏大的西方叙事里的从属地位和其结构上的依赖性,西方叙事在时间上将超出《罗马帝国衰亡史》的范围。

西方的缓慢苏醒

最后三卷涉及西方事务,记录历史发展的政治和文化先决条件如何缓慢地建构,这似乎突然超出了吉本的叙述范围。吉本强

---

[1] 关于"模仿"一词在18世纪的使用,参见 Howard D. Weinbrot, *Britannia's Issue:The Rise of British Literature from Dryden to Ossian*(Cambridge, 1993),99 – 113。

调西方现代化的种子要多久才能结出果实。然而叙事一开始,罗马帝国便呈现出不可逆转的衰退状态。第三卷终于讲述完西罗马帝国在476年(或480年)瓦解的故事,同时,蛮族将领奥多阿克(Odo[v]acer)在拉文纳逼迫皇帝退位,自立为意大利王。自文艺复兴以来,这一时刻一直被认为是罗马帝国最后的灾难。吉本并没有完全背离既定的历史编纂学观点,不过在一定程度上降低了这一事件的突然性和灾难性。吉本重申,罗马本身的毁灭开始得更早,完成得更晚,在蛮族势力获得政权后很久才结束:

> 在十个世纪的时间里,毁灭在慢慢地、悄无声息地进行着,逐步削弱了那些庞大社会结构的基础。(III,457)

他认为这场灾难(如果真是灾难的话)最早可以追溯到364年,当时罗马帝国被永久地分为东半部和西半部(4世纪和6世纪的两段短暂时期除外)。随后,罗马陷入了堕落状态,开始自我放纵,以至于在410年被阿拉里克及其哥特联盟洗劫前的一段时间里,它无法管理西罗马帝国。① 此时,西罗马帝国已经无可救药,原因并不是哪一次灾难。

吉本一直认为,阿拉里克人、阿提拉人(Attila)和匈奴人(451

---

① 沃默斯利向我们展示了吉本是如何巧妙地改变其资料来源 Ammianus Marcellinus, *Res Gestae*,以让罗马在阿拉里克入侵前不久毁灭的重要性引起轰动效应的。参见 *The Transformation of the Decline and Fall*, chapter 11.

年战败)以及根塞里克人(Genseric)和汪达尔人(455年洗劫了罗马)的入侵仅仅加速而非直接导致了罗马帝国的灭亡。早在1763年,吉本就优雅且务实地批评过高卢异教贵族纳马提亚努斯(Rutilius Namatianus)的一首名为《我的回归》(De Reditu Suo)的诗。这首诗讲述了一段阿拉里克人洗劫罗马六年后,从罗马到南高卢的海上旅程。[191]全诗最吸引人的部分是写给罗马的长篇序言,诗人通过伤口愈合、春天来临、星星冉冉升起等意象,表达了他对罗马帝国在经历了所有磨难后即将复兴的信心。① 吉本尖锐地批评了这段开场白。他抱怨说,罗马城与其摇摇欲坠的帝国里的大多数公民不再有任何象征意义上的共鸣,此时,纳马提亚努斯(Namatianus)对罗马复兴的渴望显得有些感情用事。② 吉本毫不留情地评论说,罗马帝国早就开始衰落了,到这个时候,它甚至失去了其象征意义:

> 因为并非处于霍诺里乌斯(Honorius)统治下,故不必绘制罗马帝国的力量。罗马力量已经被削弱了很长一段时间。它的古老、它的广阔,都让邻国崇拜并模仿,甚至恐惧,故而仍然支持它。但这种错觉最终消散了。蛮族人渐渐地觉察出真相,开始鄙视这个帝国并将其摧毁。③

---

① Rutilius Namatianus, *De Reditu Suo* (416) in *Minor Latin Poets*, eds. J. Wight Duff and Arnold M. Duff(London,1934), line 140.

② *Le Journal de Gibbon a Lausanne*,178-179.

③ 同上,178。

尽管纳马提亚努斯的诗极具美学吸引力,但他错以为罗马被洗劫只是反常现象,这座城市总有一天会恢复过来。①在《罗马帝国衰亡史》相关部分的脚注中,纳马提亚努斯多次被引用,吉本认为,罗马帝国的灭亡不是由某个单一事件或突然的大灾难造成的。

第三卷末尾讲述的一系列事件的确会使欧洲陷入长期黑暗:克洛维斯(Clovis)及其法兰克军队征服高卢,盎格鲁-撒克逊人征服英格兰,西哥特人在西班牙巩固其统治。然而,即使在这最后几章里,也有转向新关注点的迹象。吉本期盼着西奥多里克领导东哥特王国在意大利建国,他非常钦佩(有时过分钦佩)这位具有罗马身份的统治者(III,504;IV,21)。此外,尽管吉本之前曾说过,蛮族不断入侵帝国,"并不模仿文明社会的艺术和制度",他现在却承认,在公元5世纪左右,许多蛮族部落正是因为皈依基督教,才有机会接触到罗马遗产(III,251)。基督教信仰时常鼓励培养读写能力,也让法兰克人、凯尔特人和哥特人接触到古典拉丁语名著。因此,反过来说,

> 对一个更完善的国家的怀念,鼓励了人类的模仿行为。[192]科学之火被秘密保存着,温暖并照亮了西方世界的成熟时期。(III,533)

---

① 吉本更喜欢这首诗,而不是贺拉斯的《布伦迪瑟姆之旅》(*Journey to Brundisium*)(*Satires*,I,v):"我可以毫不犹豫地说,几乎不为人知的鲁利乌斯之旅在描写方面优于贺拉斯。"参 *Miscellaneous Works*,IV,345。

同之前的古罗马和之后的现代欧洲一样,发展中的基督教会提供了跨国交往的网络和世界主义气氛,这是繁荣的"模仿"文化所必需的(V,517,同上):

> 拉丁神职人员之间不断的信件往来,去往罗马和耶路撒冷的频繁朝圣,以及教皇日益增长的权威,巩固了基督教共和国联盟,逐渐产生出相似的社会行为和共同的司法体系,这些相似性把独立甚至相互有敌意的现代欧洲诸国与其他人类区别开来。(Ⅲ,533)

尽管16世纪的欧洲最终会摧毁罗马教会的大部分权力,但吉本爽快地承认,基督教共和国作为古代遗产的承载者,将成为欧洲公民社会的先驱。

由于蛮族的"条顿习语和发音"以及广泛信奉阿里乌教派,他们最初接触已被视为经典的西方基督教时有些障碍(Ⅲ,605)。然而,欧洲未来的面貌已经在法兰克人、哥特人和撒克逊人定居的国家中显现出来。因此,吉本才能在第三卷末以更凸显的语调确立他的"总体评价",他的方法更多不是讨论罗马帝国为何衰落,而是4、5世纪时蛮族人以那种规模入侵欧洲的过程为何永远不可能再来一次。吉本认为,在很多情况下,罗马世界的安全主要面临的外部压力是结构性问题,即原始游牧民族一直徘徊在奢侈品生产的商业帝国边缘。像匈奴这样的蛮族人"对奢侈的文明生活有强烈欲望",他们不由自主地被帝国的巨大财富吸引(Ⅲ,355)。吉本在"总体评价"中提出,现代欧洲共和国的相对稳定性(即使不是绝对稳定性)是这些国家与公民政府、商业和奢侈品制造的"复杂机制"同步发展的结果(Ⅲ,636)。在西罗马帝国灭亡的尾声,吉本更清晰地突出了新拉丁西方文明从废墟中崛起的主题。

吉本的中世纪

《罗马帝国衰亡史》在前三卷开启并在最后三卷详尽阐述了从前文明社会向文明社会过渡的西欧封建制度及其强制性和腐蚀性,这是一种常见的苏格兰式叙事。[193]在《世界历史概论,800—1500》(*Outlines of the History of the World, 800—1500*)中,吉本也曾勾勒过这套叙事,此文可能写于1771年,与《罗马帝国衰亡史》最后一节非常有密切的联系。① 与罗伯逊一样,吉本在两个作品里都指出,11世纪是欧洲历史的重大转折点,并含蓄地忽略了休谟的观点,即把12世纪视为重新发现查士丁尼法典、让民法获得重要新发展的时代(当然,这符合吉本的观点,即查士丁尼法典是拜占庭式专制体制的法典,Ⅵ,209)。在此之前,吉本就已经与罗伯逊、休谟甚至伏尔泰分道扬镳,描述日耳曼军阀慷慨大方、具有自由精神,为罗马统治下的社会带来活力。吉本认为,感性的哥特式情趣源自塔西佗《日耳曼尼亚志》,并通过18世纪的各种政治异议以及其他机制而来。尽管他在第一卷中批评了这种情趣,但他从

---

① *English Essays*, 565 – 566.

未完全抛弃自己对日耳曼族(或法兰克,或撒克逊族)贵族的最初印象,这些人独立、有男子气概,站在通向欧式自由的起跑线上:

> 日耳曼族的人们是自由的,他们的征服属于自己,其民族性格由蔑视新罗马或古罗马奴性司法体系的精神激发而来。①
> (V,162)

吉本区分了下述二者,一是日耳曼部落成员冲动的自由精神,它在整个社会层面扩散并激发了普通民众;二是反对所有公民政府的无政府主义精神,它导致权贵们将其各民族国家分裂为一千个独立的司法管辖区(吉本将其描述为一个"百头怪物",V,164)。吉本对中世纪的描述在很多方面都与孟德斯鸠式贵族主题(thèse nobiliaire)一致。据说,日耳曼贵族的自由习俗从根本上为有限君主制奠定了基础。然而,其他时候,人们认为日耳曼贵族的自由与公民自由相冲突,令人反感的等级差别源于贵族们的"傲慢与偏见"(III,597)。自欧洲从停滞转向复苏时开始,吉本就采用典型的苏格兰式(部分是伏尔泰式的)叙事方式,讲述封建制度的内源性

---

① 关于吉本对塔西佗《日耳曼尼亚》批判性的重新评价,参见 Womersley's *The Transformation of the Decline and Fall*,章6。关于吉本和18世纪哥特式理论,参见 R. J. Smith, *The Gothic Bequest: Medieval Institutions in British Thought*,1688—1863(Cambridge, 1987), chapter 3。当时情况很复杂。吉本评论《英国文学回忆录》(*Memoires Litteraires de la Grande Bretagne* I (1768),54)中弗格森的"市民社会史"(*History of Civil Society*)时,谴责弗格森过分关注野蛮时代('un peu trop ami des siecles barbares')。

侵蚀——通过与贵族阶层和财富分裂,通过发展各大建制[194]城市(让"普通民众从封建暴政的枷锁中解放出来"的"最强有力"诱因之一)(Ⅵ,70)。吉本在"概述"中指出,到14世纪,"由于欧洲各国有共同的需求和便利设施,广泛扩散的贸易便开始将他们联系起来",这预示将发展出一个更加相互依赖、有更高社会参与度的西方世界。①这些改变带来了更大的个体自由(与休谟所支持的一致),最终引导人们在一定程度上从天主教会强加的迷信枷锁中解放出来,并带来了16世纪的文化繁荣:

> 在欧洲,各个较低的社会阶层从封建奴役中解放出来,自由是通往好奇和知识的第一步。(Ⅵ,417)

休谟、罗伯逊、克姆斯(Kames)和米勒(Millar)让人们熟悉了公民社会从封建制度的废墟之上崛起的苏格兰式叙事,尽管吉本的中世纪叙事与这种叙事之间有明显的密切联系,然而他在《罗马帝国衰亡史》中也开始批评同辈们的方法学和分析模式。正如我们已经看到的,孟德斯鸠式和辉格党式宪政因素扰乱了苏格兰式幻想,即封建主义的衰落是下层社会自发活动的结果。吉本只在中世纪里找到了模糊的发展模式,而罗伯逊则觉察出清晰的发展路线。例如,通过纠正罗伯逊,吉本意识到,卡洛林王朝所有政治和文化成就,很大程度上依赖于一个不寻常的天才,并不能预示常规政府的诞生(这里吉本采取了不同寻常的一步,赞成伏尔泰对查理

---

① 'Outlines' in *English Essays*,187。

大帝[不值得庆贺]的描述)(V,146,116)。①吉本有一种直觉,认为欧洲社会蹒跚前进的方式不正常也不可预测,他对欧洲社会发展的矛盾历史记录受到这种直觉的影响,虽然并没有被弄得不知所措。社会的鼎盛时期可见一斑,却被断然推迟到《罗马帝国衰亡史》时间范围之外,其发展有时也会被掐断或颠倒:

> 如果9世纪和10世纪是黑暗时代,那么13世纪和14世纪就是荒谬和虚构的时代。(Ⅵ,209)

吉本质疑"社会进步"分析模式的最充分阐述,可见于关于十字军东征的长篇章节。在《罗马帝国衰亡史》的长时间跨度中,十字军东征是一场壮观的遭遇战,是希腊文明"静止或倒退"状态[195]与最终背叛了希腊文明的拉丁入侵者的野蛮又"积极的精神"的相遇(Ⅵ,207,209)。吉本对这些事件的描述与伏尔泰和休谟的版本偶有出入(比如,吉本提到十字军东征的冲动像"流行病"一样蔓延,又或吉本提到他们对1098—1099年耶路撒冷第一次被占领后的巨变的描述也有所不同)(Ⅵ,17,61)。然而,不可避免的是,正是罗伯逊将十字军东征描述为促进欧洲进步的关键因素,并引起了人们最充分的关注。罗伯逊认为,十字军东征突然拓宽了

---

① 吉本对卡洛林王朝在大范围征服占领后未能巩固政治基础的评论(卷五,159)与早期在'Du Gouvernement feodal, surtout en France'(c.Ⅰ767)in *Miscellaneous Works*,Ⅲ,195中所作的一致。关于吉本对中世纪早期欧洲的看法,另参见Jeffrey B. Russell,'Celt and Teuton',in White ed.,*The Transformation of the Roman World*。

欧洲人的地域和文化视野,是"第一次把欧洲……从昏睡中唤醒的事件",也是封建巨头们财产结余分配方式的重大转变,他们开始把财富挥霍在新出现的、有骑士精神的、永远光荣的事业上。①罗伯逊关于"十字军东征的意外收益"的论点最初被吉本在《提纲》中反复提道:

> 第一次十字军东征……使欧洲从影响深远的长期沉睡中苏醒过来,也给教皇、法国国王和意大利的商业化国家带来了许多意想不到的好处。②

虽然吉本在其成熟作品《罗马帝国衰亡史》中的"十字军东征的一般后果"总结里仍然认为十字军东征在"破坏哥特王朝宏伟大厦诸因素"中具有"显要地位",但这显然不同于罗伯逊的观点。吉本认为,总的来说,十字军东征的本质和结果是"野蛮的狂热"(VI,210,209)。尽管十字军东征给了拉丁人宝贵的机会发挥其勇敢无畏的精神,但他们未能克服"服务于但也将地球上各个民族分离的语言差异、服饰差异和礼仪差异",进而学习和效仿希腊人和阿拉伯人。这一失败表明,这些事件从根本上终究还是属于黑暗时代(VI,126)。

吉本意识到,旧观念及其各种形式约束甚至扼杀了新生活,对

---

① Robertson, 'A View of the Progress of Society in Europe', in *The History of the Reign of the Emperor Charles V*, I,26.

② 'Outlines' in *English Essays*,171.

其机制的认识,使他对欧洲中世纪商业社会、参与型社会和部分城市化社会演变的描述变得更加复杂。总的来说,吉本的西方社会进程发生在更大的世俗和教会权力冲突的剧情中(在某种程度上更像伏尔泰而非罗伯逊的风格)。《罗马帝国衰亡史》的最后几章讲述了意大利城市、教皇和神圣罗马帝国之间的重大斗争。和伏尔泰一样,吉本对中世纪天主教会及其教宗君主制的倾慕比较勉强。他尊崇教会为古代文明的首要保护者,甚至认为教宗格里高利一世(Gregory the Great)对古典学识的敌意不及[196]他对教会和民事事务改革管理的古典精神重要(卷四,454 – 455)。吉本大方地承认,西方的复兴、西方从停滞不前的东罗马帝国中获得的神学和政治自治权,关键依赖于公元8世纪以降罗马教宗世俗权力的巩固。教宗利奥三世(Pope Leo III)加冕为查理曼大帝后,巩固了西方宗教权力和世俗权力之间的合作关系,标志着其成功接收了未被东方干扰的罗马遗产。相对于其合法性的问世来源于"康士坦丁的捐赠"(据说是为了表明康士坦丁把他在意大利的领土赠予罗马主教)这个事实,合作关系本身重要得多,后来众所周知的那个文件是伪造的。

与此捐赠相关,吉本的反思总体上是休谟式的,即观念的真实性也许不及其政治后果重要:

> 这一虚构产生了最有益的效果……地基被毁后,大厦仍存。(V,125 – 126,127)

教皇和帝国之间的合作关系在10世纪晚期恢复,当时奥托大帝重新统一了日耳曼和意大利,教宗加冕后,他为神圣罗马帝国奠定了基础。然而,这一联盟很快失效。吉本的最后几章记录了发生在意大利的最高统治权争斗,以明显赞同的立场记录了意大利城市共和国与教宗权力和威望的同步发展。后者可能令人反感,但吉本以休谟的方式强调,其合法性总是取决于"意见的力量"(VI,613)。

改 革

吉本叙述完处于宗教改革和文艺复兴边缘的西欧人后,以毫不掩饰的兴趣地期待以下事件:

> 在16世纪的改革中,自由和知识拓宽了人类所有官能。对创新的渴望取代了对古代的崇拜,对于曾经恐吓过病态和卑屈软弱的希腊人的幽灵,欧洲的活力完全可以蔑视它们。(V,100)

在早期文章"封建政府"(Du Gouvernement féodal)中,吉本对中世纪教会试图限制贵族管辖范围、给民事交易注入合法法制精神等方式的描述,明显是休谟式的。①在《罗马帝国衰亡史》中,这个观点部分受限于以下叙事:教会如何推动西方的政治复兴,

---

① *Miscellaneous Works*, III, 198.

[197] 甚至不惜以阻碍信徒的精神成长为代价。反过来,一些信徒凭借其日耳曼活力修改或改造了教会为他们保存下来的罗马遗产,其方法甚至连教会自己都未曾设想过。相对熟悉的这类事件,其阐述中交织着各种反讽和错误起点,包括颂扬以重拾经典过去的方法重新获得思想上的主动性。罗伯逊本人对宗教改革的颂扬是将其放在欧洲智识变革的大范围中,这为吉本思考这些事件提供了起点。他紧跟罗伯逊的思路,将这一变化描述为欧洲公民社会在新教国家和天主教国家中发展的独特阶段,智识上的自由增添了个人自由(中世纪晚期的主要成果)。然而,对于吉本和休谟来说,这种自由最初并不在改革狂热者的计划里:

> 权力的枷锁被打破了,这枷锁同时也会束缚偏执者随心所欲地思考,限制奴隶们口无遮拦地说话……但是,这种自由是宗教改革的结果,不是设计出的改革方案。(V,538)

吉本在第五卷有一段关于"宗教改革的性质和结果"的离题论述,其中,他将宗教改革解释为一个释放出其他发展阶段的阶段。宗教改革是一个持续进行的过程,"自路德和加尔文时代以来,一场秘密的变革一直在已经改革的教会内部悄悄进行着"。它与各新教社会中"男子气理性"的发展交织在一起,引导它们走向宽容、阿米纽派教义(Arminianism),最终走向适度的怀疑主义("对于信条,现代神职人员对其的接受都带着一声叹息或一抹微笑")(V,539)。

在吉本笔下,宗教改革对社会的影响似乎比在罗伯逊笔下更有限,因为它没有牢固地确立与现代公民政府相适应的神学和教会原则。但这确实表明,至少一些后古典主义欧洲社会最终还是有能力进行强有力的创新,尽管改革倡导者经常声称自己在寻求复兴原初的基督教:

> 法兰西、日耳曼和不列颠的新教徒以那样无畏的勇气提出,由于基督教的原教旨主义者和改革主义者令人讨厌的比较行为,他们的公民自由和宗教自由受到了侮辱。除了谴责,还有些许赞美的原因或许是,我们的先辈们具有更优秀的理智和精神,他们相信宗教不能消除与人性不可分离的自然权利。(II,188)

在这里,吉本带着嘲讽式的一本正经,让传统的新教历史编纂学背离自身。与早期基督徒不同,改革者[198]是自由的先驱,尽管他们自己以及他们的史家持相反的观点。①

文艺复兴

吉本通过回顾十字军东征时代末期拉丁人的总体状况,再次评论了欧洲社会先天和后天的发展能力,并将其与已经停滞或正在衰落的东方社会对比:

---

① 参见 Owen Chadwick, 'Gibbon and the Church Historians' in *Edward Gibbon and the Decline and Fall of the Roman Empire*, eds. Bowersock, Clive and Graubard。

> 他们不断进步和获得目前优势的原因,可能是其性格中有特殊力量,可能是其有主动模仿的精神,而那些更圆滑的对手们正处于一种静止或倒退的状态,不具备这些特点。(VI,207)

在此卷余下的部分,我们了解到宗教改革是这种积极欧洲精神的结果,另一个结果则是 14 至 16 世纪的智识复兴(或文艺复兴),尽管吉本没有像罗伯逊那样把这两个结果紧密联系在一起。①第 66 章讲述了复兴之事,此章所属部分的副标题是"拉丁人的好奇心及模仿"。随着君士坦丁堡的陷落,希腊难民纷纷到来,希腊皇帝及其臣民多次访问西方,让拉丁人获得了通往希腊古典哲学、科学和文学的"金钥匙",这些都是拜占庭无力解锁之物(VI,414)。起初,西方学者被过度的"古典热情"牵制,以奴性模仿的方式下功夫:

> 这种模仿精神无论多么值得称赞,都带有奴性色彩。(VI,432)

然而,最终,学者们学会了从他们推断出的希腊罗马古迹中做出改进。效仿(emulation),换句话说,就是继承地模仿:

> 雅典和罗马的经典激发了纯粹品味和大量效仿。在意大利,就像之后在法兰西和英格兰一样,思辨哲学和实验哲学的光芒取代了原来处于支配地位的讨喜诗歌和小说。(VI,433)

---

① Robertson, *The History of . . . Charles V*, II, 287.

没有对过往经典的回忆及重塑,被日耳曼蛮族碾压的社会活力便无法得以释放。在第38章末,出现了吉本作品中罕见的关于其母国的段落之一,不列颠(除威尔士和康沃尔外)与其罗马往事的联系已经彻底被盎格鲁人和撒克逊人切断,他给不列颠提出了一些独特问题:

> 科学和帝国的边界都被收缩。被腓尼基人各项新发现驱散、[199]最终被凯撒大帝的武力完全清除的乌云,再次登上大西洋海岸,一个罗马行省再次消失在传说中的地中海诸岛屿中。① (III,625)

不列颠自此消失在遥远的传说之境(弥尔顿可能会说,传说之境是"海豹、兽人和海鸥啾鸣之地"),之后在文中鲜被再次提及。我们只能假定,不列颠总有一天会从书本和欧洲大陆重获他们无法从自己的习俗中汲取的古典遗产。

吉本与苏格兰思想

与《查理五世治期史》以及某种程度上与《路易十四时代》一样,《罗马帝国衰亡史》也包含与当时欧洲普遍实行的君主制的论战。相比于查理五世或路易十四统治下的超级帝国,吉本更喜欢集合式、多

---

① 关于吉本的展望和长远观点的研究,参见 W. B. Carnochan, *Gibbon's Solitude: The Inward World of the Historian* (Stanford, 1987)。

样化的欧洲文明。欧洲人可能喜爱甚至有意诱导出国与国之间大量的边界交错状态,这种状态也在不断加强和改进上述那种集合式、多样化的欧洲文明。在商业舞台上,民族间的相互影响和经济上的相互依赖带来了欧洲公民身份的延伸,吉本把对这种身份的苏格兰式赞赏与强调文化自我意识提升所带来的文明效应结合在一起:

> 在一个文明的国度,人的各种能力都得到了扩展和锻炼;相互依赖的巨大链条连接并容纳了社会若干成员。(I,224)

自宗教改革以来,"精神已经明白自己力量的各种极限,那些可能逗乐孩子的话语和蒙昧再也不能满足它已经成年的理性"(V,539)。这种自我意识要求能欣赏那些处于更高水平、更文雅的文明统一体的多样性,而"社会行为"的"一致稳定性"是同质的原始社会的特征(II,564)。多变的交易型社会使得各种客体更加多元化,对于吉本和许多苏格兰作家来说,现代自我意识是精神对这种更大的多元性的反应。然而,吉本通过把这种意识和自己作为史家的视野含蓄地联系在一起,将其转变为一种想象能力和想象极限。史家能发现,安东尼统治下的罗马与现代欧洲不同,它从各民族失去想象时间或变革的欲望那一刻起,就注定要灭亡:

> 这一长久的平静,以及罗马人的大一统,给帝国的命脉注入一种隐秘的慢性毒药。人们的心智逐渐降低到同一水平,天才之火熄灭,甚至连尚武精神也消失殆尽。(I,57)

[200]吉本对观念体系(consciousness)的描述与《罗马帝国衰亡

史》中许多其他地方一样,对欧洲的苏格兰公民社会历史的研究既深刻又具有批判性。无论如何,吉本的现代欧洲史前史的记录,带着对过往之事的一定程度的敏感性,这种敏感超出了这些苏格兰文本情感的语体风格。总体上,吉本不愿将独特的罗马历史和欧洲历史全盘纳入概括性的分期历史,苏格兰式社会理论最终并未胜出。还需要不断抨击公民道德主义者理解历史时的错误二分法(古人与现代人、公民美德与奢侈浪费、精力充沛的野蛮人与衰弱的罗马人、罗马共和国与奥古斯都式君主国等),社会理论也无法满足这一需求。

在考察原始社会的各章中,吉本对苏格兰理论的争取和批评最明显。尤为明显的是关于德西乌斯统治前的各日耳曼民族状态的第九章,吉本通过使用一种让人非常容易想起休谟的《道德、政治和文学论文集》以及巴顿对美国原住民研究的方法论和词汇,修改了塔西佗对这些民族各种模棱两可的德性的描述。此章像一个案例研究,它研究的是处于前农业、前公民社会阶段的各民族在"婴儿期"的特性(I,220)。诸如气候、技术、宗教信仰和政府形式等解释因素都被罗列了出来,但吉本真正感兴趣的是其狭隘的经验范围,即它限制了德意志人的欲望,鼓励他们在懒惰和暴力之间徘徊,使他们具有单调的人类同质性的经验(I,224-225)。此处可能是对休谟《论艺术里的文雅》("Of Refinement in the Arts")一文的回应,文章把艺术和工业与"思想获得新的活力,增强其各种能量和才能",失去"懒惰的乐趣"的过程联系起来。①

---

① Hume, Of Refinement in the Arts(1754, under the title 'Of Luxury') in *Essays Moral, Political and Literary*, 270.

然而,休谟的这种理论性分析模式并非独立存在,而是被融进一篇双重论辩:一部分证实日耳曼人太散漫、太虚弱,无法成为摧毁西罗马帝国的唯一原因;另一部分攻击那种通俗的辉格派哥特式理论,这种理论有些任性地利用塔西佗编造出一个神话,说不列颠人的祖先是颇有德性的日耳曼人,后者是古典自由政体的创始人。①

第二个主要针对各原始社会的考察是第 26 章,即讨论匈奴、鞑靼和塞西亚游牧民族那部分。吉本此时已经读过罗伯逊的《美洲史》,并对后者讨论美国原住民状况的第 4 卷称赞有加。② [201]紧接其后的是利用罗伯逊式概括分类法,依次研究物理环境和饮食,统治类型和经济活动,以及所有这些因素与社会总体发展阶段的功能关系。然而,此处又插入了道德考量,吉本的探究似乎也被一种反原始主义渴望推动,以证明"最美的和平和天真品质所钟爱的田园般社会行为,更容易被融入军队生活凶猛残酷的习惯"(Ⅱ,564)。吉本不愿意把他的叙事归入社会发展分期理论,这种不情愿在其他地方表露得没那么明显。吉本以温和诙谐的方式表达了他的希望:新西兰有一天可能会发展到足够文雅的阶段,甚至能产生"南半球的休谟"(Ⅱ,531)。还有许多关于斯密《国富论》的离题之言,在其中一处接近全书尾声的地方,吉本描述了中世纪晚期

---

① 参见 S. J. Kliger, *The Goths in England* (Cambridge, MA, 1952) 和 R. J. Smith, *The Gothic Bequest*。

② 吉本致罗伯逊(1777 年 7 月 14 日), *The Letters of Edward Gibbon*, no. 389。参见 J. G. A. Pocock, 'Gibbon and the Shepherds: The Stages of Society in the *Decline and Fall*, *History of European Ideas*, 2(1981), 193 – 202。

强大的意大利家庭礼仪行为变得柔和:"斯密博士对这种社会行为和消费上逐渐改变的解释令人钦佩,他还证明,或许过于用力地证明,最卑鄙和最自私的原因可以带来最有益的结果。"(Ⅵ,615,注92)"或许"这个词概括了吉本与苏格兰式理论体系之间的勉强关联。他无法完全认同社会发展的一般轨迹是各种毫无方向的经济活动共同作用的结果。他对普遍野蛮状态的观点持怀疑态度:

> 古代和现代航海家的各种发现,以及各个最开化民族的国内历史或传统,都描绘出人类的野蛮,他们的思想和身体都赤裸着,没有法律,没有艺术,没有思想,几乎没有语言。人类从这种可怜也许是普遍野蛮状态出发,才逐渐发展得能指挥动物,能给大地施肥、跨越海洋、测量天体。(Ⅲ,638)

吉本再次使用了"也许"一词,表达出自己不愿将历史演变的模式普遍化,不愿完全放弃史家作为好国家和坏国家的道德仲裁人的特权,也不愿将古代和现代欧洲的浩瀚历史置于一个更宏大的、可重复的公民社会历史之下。在吉本看来,有些野蛮人(比如他在第25章中描述的非洲人)无法从其一无所有的状态中崛起,而其他民族,比如融合了日耳曼和罗马风格的后帝国欧洲社会,有独特的自我提升天赋。

未完成的欧洲史?

[202]如果吉本在写完《罗马帝国衰亡史》——其未完成作品

《不伦瑞克之家》(House of Brunswick)的扩展本——之后,再继续写宗教改革后的欧洲历史,他呈现出的这个自我提升的过程将是踟躇、偶然和不确定的。①对吉本来说不能忽视的讽刺是,他的法语翻译吉佐(Guizot)写过一部豪放不羁的民族史,记录法兰西自由和君主立宪制的适时发展过程。事实上,吉本用了三章(69 - 71)总结罗马从12世纪到15世纪的衰亡史,从时间顺序上看,并没有提到在第66章预先提过的16世纪文艺复兴。最后一章的标题为"15世纪罗马废墟勘探"(Prospect of the Ruins of Rome in the Fifteenth Century),采用了15世纪考古学评论家布拉西奥利尼(Poggio Bracciolini)的视角,在冷静透彻地推测其毁灭的原因之前,先考察罗马帝都的遗迹。②勘探从旧市政大厅开始,在被米开朗基罗改建前,旧市政大厅正面俯瞰帝国讲坛,背向现代城市。吉本在想象中截断了文艺复兴时期,以向未能得到提升的罗马献上这最后的挽歌。吉本之后将重申他这一姿态——他在回忆录中回想自己坐在"在市政大厅的废墟上,而光着脚的修士们在朱庇特神庙吟诵晚祷

---

① 吉本编纂的《不伦瑞克之家》(the House of Brunswick [c. 1789—1792])的古代史项目重现于 *English Essays*。参见 David Womersley, 'Gibbon's Unfinished History: The French Revolution and English Political Vocabularies', *Historical Journal*, 35(1992), 63 - 89。

② 我在一篇名为"吉本的展望:《罗马帝国衰亡史》的修辞、声誉及结束章节"的文章("Gibbon's Prospects: Rhetoric, Fame and the Closing Chapters of *The Decline and Fall*")中对最后几章做了更全面的描述,这篇文章将连同关于吉本的一些新作品,在两百周年纪念会议召开时发表, ed. David Womersley (Oxford: The Voltaire Foundation, forthcoming)。

词",虽然许多批评人士指出,市政大厅那时已不再是废墟。①吉本罗列的城市建筑衰败的各种原因可谓既严格缜密又毫无定论,与其说是在分析原因,不如说是提供严谨的安慰。②如此,吉本对罗马衰亡原因的理解就变得极其复杂,他在哲学视角下可能试图同时审视整个罗马史,而本章却揭示出这种哲学视角背后肤浅的古雅。从个体旁观者角度看,这座城市自始至终都保存着其秘密,或始终没有揭示[203]野蛮的胜利与宗教和古罗马毁灭之间"或真实或想象的联系"(VI,626)。

除了吉本自己不引人注意的表述方式,现代欧洲人也出现在了最后一章,其身份是前往罗马帝国圣地朝拜的庞大游客团:

> 古物收藏家和研究者们一直以来都在努力阐述古罗马的版图、类型和各大遗迹。来自北方遥远国家、曾是野蛮人的新种族的朝圣者们,虔诚地来此拜访英雄们的足迹和各种遗迹——不是迷信的遗迹,而是帝国的遗迹。(VI,645)

这些朝圣者,给比自己的帝国更英勇但因此也更不长久的帝国举行令人感动的典礼,通过这种仪式而倍感心安——他们自己的帝国处于吉本在几页前预言的"更安全、更开明的时代"。对于

---

① *Autobiographies*,302. For example,Patricia B. Craddock,'Edward Gibbon and the "Ruins of the Capitolin"' Annabel Patterson ed. , *Roman Images*(Baltimore,1984).

② "准确性的慰藉"(consolations of precision)一词是 W. B. Carnochan 在一篇题为"Gibbon's Feelings"的文章中提出的,引用文献参见注释64。

这个开明时代的读者来说,吉本史书的结尾看似在呼应罗伯逊的《查理五世治期史》,是其逻辑上的延续:吉本结束了对罗马的描述,这一垂死的教宗制罗马很快会被罗伯逊描述的宗教和军事动荡连根拔起。然而,吉本的最后几章却内在地转回衰落的罗马,暗暗推迟了罗伯逊言说的早期现代。与休谟在《英格兰史》结尾处一样,吉本并没有根据过去预测他的读者们所处的现在的必然性。与休谟一样,他也并没有向读者承诺,现代商业世界可以将他们从每一种罪恶中解救出来。在最后一页里,吉本的视角温和地从那些过于热切、略显可笑的"朝圣者"身上抽离。这些朝圣者们"虔诚地"重温着罗马历史剧场,从反讽的倒置视角看,正是他们走出了"偏远的"、再度陌生的"北方国家"。现代性引起并传达出一种不易被启蒙运动史的自信所同化的失落感,吉本的角色在讽刺这现代性,这种讽刺并非第一次出现。

拉姆齐的怀疑主义美国革命史

陈燕骄 译 刘世英 校

目前已经讨论的所有史作,都试图以不同方式展现一种世界文化意识,以纠正本土读者群体的政治和宗教思维习惯。迄今,虽然只有罗伯逊细致考察了欧洲和殖民地历史叙事模式之间的同步与脱节现象,这种世界文化意识还是时常延伸到18世纪世界的帝国边缘地带。在一部分未出版的《美洲史》手稿中,罗伯逊已经开始探索,把被视为处于持续英国化过程中的英属北美史,纳入与欧洲融合发展的史学编纂模式里的各种方式。虽然这一独特作品在美国独立战争以后才为人所知,但他的方案——将欧洲独特性和文明的叙事模式应用到欧洲殖民定居点——在美国的许多北美殖民史著作和早期国家史著作中被多次采用。本章将探讨美国作家在处理本国殖民与革命经历时,运用启蒙运动史叙事模式的可行性。本章会提及18世纪后期的美国史作,但重点是讨论作为首批美国革命史家之一的拉姆齐(David Ramsay)。①拉姆齐是一名来自

---

① David Ramsay, *The History of the American Revolution*, ed. Lester H. Cohen (2 vols. ;Indianapolis, 1990). 该书以拉姆齐原稿(既是第一版又是唯一的一版)

宾夕法尼亚州的苏格兰裔作家，也是为数不多的几位试图将美国史学融入罗伯逊、休谟和伏尔泰所建构的史学模式中的后革命史家之一。他是一位爱国主义者，但对自己的著述主题持不信任态度。由于他对美国和欧洲之间的文化差异深感焦虑，他的作品常带有一种休谟式怀疑论调的世界主义。[205]拉姆齐不是一流作家。即便他的作品契合时代主题，但将他与休谟这样的作家放在一起，还是有点不太相称。有鉴于此，本章的另一个隐含主题是揭示美国启蒙运动史的尴尬处境，这在拉姆齐身上表现得淋漓尽致。

美国文化语境

任何关于欧洲启蒙运动史在美国的影响的论断，尤其是声称像拉姆齐这样的美国启蒙运动史家对其时代产生了非凡影响，都必然涉及当下对18世纪美国精神生活本质和基调的诸多争论。近年来，许多关于欧洲思想在18世纪末美国的命运的研究，均强

为原本重印，本章对此文献的引用均为此版本。尽管二手文献不多，但一本新出版的学术型传记，大大加深了我们对他的了解：Arthur Shaffer, *To be an American: David Ramsay and the Making of the American Consciousness* (Columbia, SC, 1992)。不过谢弗(Arthur Shaffer)对《美国革命史》(*The History of the American Revolution*)的解读与我的看法大相径庭。至于拉姆齐的有关书信和一些篇幅较短的作品，则参见 Robert L. Brunhouse, 'David Ramsay, 1749—1815: Selections from his Writings', *Transactions of the American Philosophical Society*, 55 (1965), part 4(以下简称 *Selections*, 书信按序号引用，其他作品按页码引用)。

调两大洲在智识领域的日益融合。①在此框架下,在独立战争以后,美国出现了休谟式的史家,初看之下,这似乎证实了根深蒂固的旧世界历史思维在美国长期存在。但实际上,大多数革命早期史作都采用了美国人独特的、质疑历史的传统,哪怕是流传各地的一则新教宗派习语(就像麦考利[Catharine Macaulay]在美国推广的那种),也都在书写着一段带有例外主义性质的国家自由史。②而且,在殖民时期和美国早期的文坛,欧洲启蒙运动史作是否真正盛行过的证据,也很难辨识。一方面,这一时期的美国人无疑都很钟情于史作。在美国的公共和私人图书馆以及书商的目录中,伏尔泰、休谟、罗伯逊和吉本的著作随处可见。尽管美国出版商们在不断尝试发行价格低廉的本地版本,但对美国绅士而言,装订精美的欧洲版本仍然

---

① Henry Steel Commager, *The Empire of Reason: How Europe Imagined and America Realized the Enlightenment* (New York, 1977); Henry F. May, *The Enlightenment in America* (New York, 1976); J. R. Pole, 'The American Enlightenment' in *The Enlightenment in National Context*, eds. Roy Porter and Mikulas Teich (Cambridge, 1981);最近期的一篇较有助益的文章为 Robert A. Ferguson, 'The American Enlightenment, 1750—1820'。Jack P. Greene, 'America and the Enlightenment' in *Imperatives, Behaviors and Identities: Essays in Early American Cultural History* (Charlottesville, VA, 1992) 提供了一种新的阐释框架。

② 关于大西洋两岸这一传统的本质和政治代理人的论述,参见 J. C. D. Clark, *The Language of Liberty*, 1660—1832: *Political Discourse and Social Dynamics in the Anglo-American World* (Cambridge, 1994)。以文化例外主义的角度开展美国面貌的论述,参见 Jack P. Greene, *The Intellectual Construction of America: Exceptionalism and Identity from 1492 to 1800* (Chapel Hill, NC, 1993)。

是他们书架上梦寐以求的珍品。①另一方面,[206]对殖民地时期和美国早期民族文学文化的许多研究均表明,当时的美国人,对欧洲新出版的历史作品里的世界主义和怀疑主义论调,几乎无动于衷。

梅(Henry May)所著的《美国启蒙运动》(*The Enlightenment in America*)一书对美欧之间的智识交流作了最全面深入的研究。该书提到,受过教育的美国人对他称之为"怀疑论启蒙"作家(包括伏尔泰、休谟、吉本等)作品的购买量相对较低,甚至在法国大革命之前,他们就已经对这些作家彻底反感了。美国之所以能持久地、热情地接受苏格兰作家的作品,主要是基于两个国家的地位相同,都拥有英国大都市职权,罗伯逊也因此多年来一直是大西洋两岸倍受欢迎和尊敬的作家。②此外,更为激进的美国人已经拥有了著述

---

① 关于[欧洲]启蒙运动史在美国 18 世纪时期的流传情况,参见 Mary H. Barr, *Voltaire in America*, 1744—1800 (Baltimore, 1941); H. Trevor Colbourn, *The Lamp of Experience: Whig History and the Intellectual Origins of the American Revolution* (Chapel Hill, 1965), appendix 'History in Eighteenth – Century American Libraries', 197 – 232; Giles Barber, 'Books from the Old World and for the New: The British International Trade in Books in the Eighteenth Century', *SVEC*, 151(1976), 185 – 224; Edwin Wolf II, *The Book Culture of a Colonial American City: Philadelphia Books, Bookmen and Booksellers*(Oxford, 1988), chapter 3。费城书商贝尔(Robert Bell)是启蒙史书籍的著名供应商和翻印商,其发行过的作品就包括罗伯逊的《查理五世治期史》和休谟的《英格兰史》。在费城图书馆公司存放有大量他印刷过的书目和有关新书策划的倡议书。

② Andrew Hook, *Scotland and America: A Study of Cultural Relations*(Glasgow and London, 1975). 第 78 到 90 页详述了美国人对苏格兰史学作品的兴趣。

模式迥异的欧式美国史作,即雷纳尔(Raynal)所著的《有关世界政治、文化和商业的历史哲学》(*Histoire philosophique et politique des établissements et du commerce des Européens dans les deux lndes*,1770,1774,1780)。这部作品富有想象力地将欧洲与殖民地人民纳入一种普遍的(而非文化的)世界主义。全世界被压迫者(包括后续版本中提到的那些反叛的美洲殖民者)都受到鼓舞,如兄弟般团结在一起,开始摆脱枷锁、掌控自己的政治命运。

18世纪的美国文化研究大多都强调整个英属"联邦"文学(它是在反对沃波尔或者乔治三世时期的内阁的基础上应运而生的、全新的和道德化了的共和主义写作形式)日益重要的地位,以及自17世纪以来那些塑造了美国人思想的清教徒护教学、皈依叙事和布道的持续效力。本研究考察的启蒙史作都强调,在现代社会中,有必要至少将传统教会的部分权力收归于世俗权威。总的来说,这一时期的所有研究里都有这种强调,它是欧洲启蒙的一个典型特征。伏尔泰在史著中时而流露出反对神职人员的语气,这有时掩盖了他与英国同行的相似之处,是他对觉察到法国政体没能成功仿效英国体制、将宗教机构置于更严格的国家管控之下的回应。[207]罗伯逊的史作,尽管呈现方式略显温和,但仍触及了神权和世俗权力在公民社会中的关系问题。在这一重要方面,美国体制的历史必然不同。"美式启蒙运动",即独立战争之前或由独立战争导致的智识变化,并未给教会和国家带来严重冲突,也没有任何相关记录,例如拉姆齐的著作里就没有记载。对清教信仰的奉行依然很稳定,如果有什么不同的话,那就是在整个18世纪对清教信仰的奉行持续强化。①在大多数美国作家对于其历史的特殊性质的意识背后,其实是他们对自己民族的特殊虔诚和命运的清教意识,和对政治道德化的、"共和的"理解。美国史家们渴望为读者提供一个适应性广泛的、关于民族统一和独特性的神话,因此,对于这些史家而言,欧洲政治和文化演进的世界主义史学不是一种特别适合的范式。

有关美国独立战争及联邦制宪的诸多史作中,拉姆齐的《美国独立战争史》(1789)几乎可说是在这些历史事件发生后不久所出版的第一部,也很有可能是最好的一部。这部作品比较保守,怀疑论调异常突出,在评估新生的美国政体之可行性时很冷静,基本上已经被建国初期执掌美国文化界的文学作品研究所忽略。然而,此书最近再版,又有首部评论性的拉姆齐传记出版,这使他再次回到人们的视野中,其作品也有可能再次被纳入18世纪历史经典著述(虽然原因复杂)。拉姆齐直接参与了18世纪80年代的政治事件,他的《美国独立战争史》以叙事的形式反映了当时的国家领导人试图找到足以描述他们新创造的美国政治的描述性词汇。因此,拉姆齐这个曾经被忽视的人物,近年来由于有关美国早期共和的政治本质的争论而引起了人们的兴趣。人们认为他的《美国独立战争史》刚好处于18世纪80年代两种截然相反的政治观点的交汇之处:一种观点是传统的古典共和主义,崇尚积极、爱国、节俭

---

① 参见 Patricia U. Bonomi, *Under the Cope of Heaven: Religion, Society and Politics in Colonial America* (Oxford, 1986)。

和自我牺牲；另一种观点是更新进的自由主义，认为政府应该在自然权利的实施中发挥作用，但也仍然主张个人应通过获得财产享有追求幸福、创造属于自身的和谐社会的自由。[208]至于两种政治哲学是否按图索引地刻画了1787年联邦宪法的支持者和反对者，或者18世纪90年代联邦党人的管理方式和最终取而代之的民主－共和反对党，现代历史学家的看法存在进一步的分歧。①

拉姆齐能被纳入这场现代争论，原因在于他可以被视为表现出了一种分析层面的而非信仰层面的自由主义。他担心，在美国，只求索取、不受约束的个人主义未必能保证社会秩序的和谐。他既对美国人享有比欧洲人更大的政治自由这一事实表示欢迎，也担心美国人可能会像休谟《英格兰史》中17、18世纪的英国人一样，要求有悖于公共安全的自由。无论拉姆齐的史作在美国早期自由主义的发展中处于何种地位，它都为20世纪的批评家们提供了对联邦宪法以及汉密尔顿(Alexander Hamilton)、麦迪逊(James

---

① 关于美国的"联邦"思想，参见注释28。关于美国革命后的自由政治思潮，参见 Louis Hartz, *The Liberal Tradition in America: An Interpretation of Political Thought since the Revolution*(New York, 1955); Joyce Appleby, *Capitalism and a New Social Order: The Republican Vision of the 1790s*(New York, 1984)和她的 *Liberalism and Republicanism in the Historical Imagination* (Cambridge, MA, 1992); John Patrick Diggins, *The Lost Soul of American Politics: Virtue, Self-Interest and the Foundations of Liberalism* (New York, 1984); James T. Kloppenberg, 'The Virtues of Liberalism: Christianity, Republicanism and Ethics in Early American Historical Discourse', *Journal of American History*, 74 (1987), 9-33; Isaac Kramnick, *Republicanism and Bourgeois Radicalism: Political Ideology in Late Eighteenth-Century England and America*(Ithaca, NY, 1990)。

Madison)和杰伊(Jay)的《联邦党人文集》(Federalist Papers)所做的极为重要的早期解读。拉姆齐的史作和其他作品表明,他是18世纪80年代末的联邦制拥护者,并最终成为联邦党人的支持者。他预见到美国独立以后商业会变得发达、在国际上受人尊敬,却竟未能充分意识到美国采取西进的农业扩张方式的潜能,这种方式与近代以来欧洲史上惯常采用的模式完全不同。拉姆齐小心谨慎,对美国未来独特的历史道路缺乏信心,这增加了他对法国和英国历史编撰风格的敏感性。拉姆齐采用的史学模式,既非本土,也非殖民和后殖民时期的美国文学传统,而是针对美国、英国和法国启蒙运动的关系提出了一系列更重大的问题。他关注提升美国独立以后的文化地位,这促成了美国式的和欧洲式的自我与国家表现形式的深刻交锋。

文学批评家们普遍认为,在美国独立战争和联邦宪法通过后不久创作的文学作品,参与了国家建构的次级进程。这一时期的史诗和远景诗、小说和文学[209]书信被视作参与了一次集体创作,产出的是自我表征和社会表征的种种新模式,在文学上与美国各州及联邦宪法引起的扩大化的政治表征相关。①这一解释框架经

---

① 例如,Mark R. Patterson, *Authoriry, Autonomy and Representation in American literature, 1776—1865* (Princeton, 1985); Thomas Gustafson, *Representative Words: Literature, Politics and the American Language* (Cambridge, 1990); Larzer Ziff, *Writing in the New Nation: Prose, Print and Politics in the Early United States* (New Haven, 1991)。然而, Michael Warner, *The Letters of the Republic: Publication and the Public Sphere in Eighteenth Century America* (Cambridge, MA, 1990)一书已经对这一文学范式做了重大修改,认为印刷术这种媒介,而不是印刷文本的内容,才是早期民族主义表达自我的主要载体。

常会把美国作家对民族身份的追求与后殖民时期的美国可能会面临的一些问题的恐慌进行对比。这些持续性的恐慌包括,后殖民时期的美国可能因社会和地区多样性而分崩离析,抑或因奴隶制和不断征收原住民的土地而在道德上做出妥协。有关美国独立战争及其以后的史学在此框架内都可以看成是美国叙事结构的组成部分。共和国初期文学的批评家们探讨了美国文学对欧洲舶来品的风格和体裁的依赖,并注意到,明显的美国文化至上主义以及对新古典主义诗学、前浪漫主义时期的米尔顿主义和理查德森小说等正式文学借用之间常常存在尴尬的融合。对这一时期的史作研究同样强调,它们的根基是欧洲哲学或启蒙史学,还有本国殖民史和新英格兰神恩叙事。[1]两种情况里的解释框架都是欧洲组成部分之一,也是美国化的最终结果。然而,我将论证,拉姆齐的《美国独立战争史》通过把该作品视为世界主义欧洲史学传统的一部分,向美国例外论之文学框架发起了挑战。他的文学定位与下述看法相

---

[1] Arthur H. Shaffer, *The Politics of History: Writing the History of the American Revolution* (Chicago, 1975); Lester H. Cohen, *The Revolutionary Histories: Contemporary Narratives of the American Revolution* (Ithaca, NY, 1980); Michael Kraus and David D. Joyce, *The Writing of American History* (revised edn, Norman, Oklahoma, 1985). 有关美洲殖民史作品的研究,参见 Richard S. Dunn, 'Seventeenth Century English Historians of America' in *Seventeenth Century America: Essays in Colonial History*, ed. James H. Smith (Chapel Hill, NC, 1959); Lawrence H. Leder ed., *The Colonial Legacy* (2 vols.; New York, 1971); George Athan Billias and Alden T. Vaughan eds., *Perspectives on Early American History in Honor of Richard B. Morris* (New York, 1973)。

关,即他坚信美利坚合众国未来史作的命运,无法凌驾和超出欧洲发展的政治、文化模式的著述标准。

拉姆齐的《美国独立战争史》以概述美国最初的殖民定居为开篇,然后进一步完整记录引发美国独立战争的一系列事件及美国独立战争本身,对18世纪80年代末作了深入分析,并最终以1789年华盛顿宣布就任总统结束。和所有有关美国独立战争的早期史作一样,[210]它贬低了殖民地的英裔美国人对英国的忠诚程度和意义,但在其他方面,它是第一批美国爱国史中最不歌颂独立战争的一部。它的史料带有明显的南方视角,并且,与这一时期其他民族叙事的特征相比,它蕴含的神恩实现或世俗千禧年主义的内涵并不明显。对拉姆齐而言,殖民地对英国政府合法性的否定本身并没有为美国的国家身份提供坚实的基础。通过共同的战争经历,这场革命把殖民地团结了起来,但其武装暴力的一个主要结果恰恰是国家的不团结。按照拉姆齐的说法,这种不团结在制度上很快会以联邦宪法的形式予以解决;在叙事方式上,主要以英国史家休谟或罗伯逊的方式,而不是像伟大的新英格兰作家马瑟(Cotton Mather)或布拉德福德(William Bradford)这样的典型美国式的的叙事方式,把美国史著纳入欧洲时间的规范之中。然而,这部史作对自己的怀疑、保守信念缺乏勇气。因此,拉姆齐的史作与其说代表了关于独立战争的另一种叙事,不如说代表了对美国历史推迟了的美国化。

拉姆齐的学徒生涯

拉姆齐(1749—1815)出生于宾夕法尼亚州的偏远地区,父母是苏格兰后裔。1765年,他从新泽西学院(今天的普林斯顿大学)毕业后,前往费城学院(College of Philadelphia)学习医学。在那里,他遇到了医生、哲学家兼慈善家拉什(Benjamin Rush),并成了后者的学生和朋友。拉姆齐的毕业论文研究"白痢"(white diarrhoea),在完成绝大部分内容后,他于1774年搬到了南卡罗莱纳州的查尔斯顿,在那里一边当医生,一边积极参与当地政治并担任议员。独立战争期间,他加入了声望卓著的南卡罗莱纳州议会。在查尔斯顿陷落后,拉姆齐被英军在佛罗里达州的圣奥古斯丁关押了一段时间。获释后,他于1782年当选为大陆会议代表,并定期任职至1786年。拉姆齐利用这段时间研究会议文件,以为《美国独立战争史》准备资料。在南卡罗莱纳州举行的联邦宪法(the Federal Constitution)核准大会上,他作了简短发言,对宪法表示支持。① 尽管拉姆齐搬到查尔斯顿后不久,在提到南方人时就开始称"我们南方人",但他总喜欢在北方记者面前把自己说成是狂暴南方气候的逃亡者。[211]然而,他反对奴隶制,尽管这使他成为合格的南卡罗莱纳州人,但他也很可能因此葬送了在1788年当选联

---

① Jonathan Elliot ed. , *The Debates in the Several State Conventions on the Adoption of the Federal Constitution* (4 vols. ; Washington, DC, 1836), IV, 286.

邦众议院代表的机会。自此以后，即便在当地政坛，他也未能再有所作为。但是，他作为史家的职业生涯却未被中断，他于1807年出版了《华盛顿的一生》(Life of George Washington)，于1809年出版了杰出的《南卡罗莱纳州史》(History of South Carolina)。作为檄文作者、史家和编撰者，拉姆齐直到在1815年被一名疯狂的病人谋杀，其文学生涯才戛然而止。他的《合众国史》(History of the United States)在其身后不久出版。

拉姆齐留存下来的书信表明，他社交范围很广，同当时很多著名人物都有交集，比如杰斐逊(Thomas Jefferson)、亚当斯(John Adams)、曾是他岳父的普林斯顿大学校长威瑟斯普(John Witherspoon)，以及众多新英格兰牧师。他为跻身南卡罗莱纳州精英阶层所下的最成功的赌注要数他与著名的爱国政治家富豪亨利·劳伦斯(Henry Laurens)的女儿玛莎·劳伦斯(Martha Laurens)的婚姻。他的《美国独立战争史》即便没有带来可观的销售收入，也至少让其声名远扬。与多数其他的独立战争史不同，它表达了美国当时在地域上的多样性，以及在社会和金融层面的不稳定性。这源于拉姆齐作为一名雄心勃勃、经济上无保障、未完全同化的南方人的人生经历。

拉姆齐对美国历史的解读很大程度上基于他在南卡罗莱纳州的参政和重大事件经历。他的首部史作《南卡罗莱纳州的革命史》(History of the Revolution of South – Carolina)于1785年出版。① 在

---

① David Ramsay, *The History of the Revolution of South – Carolina, from a British Province to an Independent State*(2 vols. ;Trenton, NJ, 1785).

《美国独立战争史》一书中,他关于带有黄金时代意味的殖民时期的论述,让人联想到18世纪70年代宾夕法尼亚州的异常安定。他记述了独立战争的恐怖之处和其对美国公众的破坏性影响,这也是因为他经历过异常残酷的南卡罗莱纳州的战争(中部地区见证了辉格党、保皇党、英国人和他们的盟友切罗基人之间的残酷的、两败俱伤的冲突)。在他的表述中,美国的沿海大城市和西部地区被割裂开来,偏远之地原始野蛮,这些表述源于包括拉姆齐在内的南卡罗莱纳州的水稻种植园主、商人以及职业精英们对大都市的感性认知。①这种认知尤其体现在[212]拉姆齐对查尔斯顿市的描述上,拉姆齐将它与波士顿、费城、巴黎和爱丁堡,而不是与一些相对不发达的内陆农村教区进行比较。他也针对南方种植园主的革命共和主义阐释了许多,认为这是一种地方化的民族主义,特别强调自由是地位和特权的象征。他还继承了南卡罗莱纳州对共和主义的个人主义式解释,喜欢强调美国的政治文化的根源在于"独立

---

① 有关美国南方的这些描述,特别参见 Robert M. Weir, '*The Last of American Freemen*': *Studies in the Political Culture of the Colonial and Revolutionary South*(Macon, Georgia, 1986)。其他有关南卡罗莱纳州的重要研究有 George C. Rogers, Charleston in the Age of the Pinckneys(Norman, Oklahoma, 1969); Jerome J. Nadelhaft, *The Disorders of War: The Revolution in South Carolina*(Orono, Maine, 1981); Michael O'Brien and David Moltke – Hansen eds., Intellectual life in Antebellum Charleston(Knoxville, Tennessee, 1986); Rachel M. Klein, *Unification of a Slave State: The Rise of the Planter Class in the South Carolina Backcountry*, 1760—1808(Chapel Hill, 1990); David R. Chestnutt and Clyde N. Wilson eds., The Meaning of South Carolina History(Columbia, SC, 1991)。

个人组成的社区"中的"个人独立"。①

然而,在职业生涯早期,拉姆齐对以史家身份将其才华服务于尚在孕育中的南方群体身份并不感兴趣,他晚年时甚至对南方群体身份的出现深感忧虑。无论如何,他的史作都先于19世纪头几十年在该地区开始形成的地方主义式南方意识。独立战争之后,拉姆齐和美国作家都想成为出版政治上适切的独立战争史作的第一人。在这场角逐中,他屈居第二,遗憾地输给了一位古怪、平庸的新英格兰牧师戈登(William Gordon)。②戈登的《美利坚合众国……崛起史》(*History of the Rise of... the United States of America*)的记录起于1783年,止于1788年战争爆发,此作号称有一大群声名显赫的订阅者(包括杰斐逊和麦考利),还曾查阅过华盛顿以及前马萨诸塞州州长哈华森(Thomas Hutchinson)的私人文件。尽管此书的宣传沸沸扬扬,但戈登缺乏文采,其文笔就像放肆荒谬的通讯记者。此书虽采用书信体形式,但编撰方式极为拙劣,远远没有达到拉姆齐的成就。③拉姆齐

---

① Ramsay, *The History of the Revolution of South - Carolina*, I, 7; I, 9.

② William Gordon, *The History of the Rise, Progress and Establishment of the Independence of the United States of America; including an Account of the Late War and of the Thirteen Colonies, from their Origin to that Period* (4 vols.; London, 1788); Robert L. Brunhouse, 'David Ramsay's Publication Problems, 1784—1808', *Papers of the Bibliographic Society of America*, 39(1945), 51 - 67.

③ 戈登的有些信件在 *The Proceedings of the Massachusetts Historical Society*, 63(1931)中重印。其他未发表的信件则可分别在霍顿图书馆(Houghton Library)、哈佛大学(Harvard University)和宾夕法尼亚州史学协会的哈泽德家族文件、社会学类藏书、英国牧师及德雷尔类藏书(*Hazard Family Papers*, the *Society Collection*, *English Clergyman* and the *Dreer Collection*)中找到。

与戈登交换了一些史料,但更多材料源于他对大陆会议档案和其他各州文件档案的研究,以及向拉什等寄发调查问卷获得的资料。①时间上的竞赛已然落后,拉姆齐索性推迟出版《美国独立战争史》,以增加一篇关于新联邦政府就职典礼的文章,如此,他在1776年《独立宣言》发布后为美国寻求统一身份的故事提供了一个相对令人满意的结尾。

史学传统

拉姆齐的《美国独立战争史》最显著的特征是其分析方式,他对独立美国身份的发展的分析在修辞上不属于美国政治话语已有的风格。这部作品一点儿也没有表现出让传统美国共和党式神恩词汇适应统一民族主义语法的意图。《美国独立战争史》传递了一种动态的、线性的和偶尔支离破碎的时间感,它可能来自拉姆齐读过的一些英国史作。他当然知道休谟和罗伯逊,也很可能读过吉本,因为他是当地图书馆的会员,也很容易接触到伏尔泰的主要史作。②尽

---

① Ramsay to Gordon(23 June 1784), *Selections*, no. 56. Ramsay to Rush(13 April 1786), *Selections*, no. 103.

② 拉姆齐在1786年给拉什的一封信中提到,他已经接受了后者的建议,阅读休谟的《英格兰史》(Selections, no. 106)。这令人相当惊讶,因为拉什于18世纪60年代在爱丁堡时,已进入福音派教会圈,并开始怀疑休谟和罗伯逊,他认为前者并不虔诚,后者则是一位"自大的教士"。

管这种哲学式叙事史早已为美国的读者和史家们熟知,但他们对第一批清教定居者带到普利茅斯和马萨诸塞湾的那种史学观念仍保留着深刻的记忆。对定居者来说,时间就像是一出重复上演的戏剧,戏里罪恶与美德不断对抗,直到某一天处于完美的平衡状态。正如温斯罗普(John Winthrop)对即将着陆马萨诸塞湾的男女老少所作的著名论断,新英格兰定居地就像是静止的"山巅之城"(city upon a hill),居民只有偏离了正义,才会进入叙事史世界:

> 如果我们在这项作品中未能正确地处理上帝的问题,那么就让上帝把当前赐予我们的帮助都撤走,而我们将通过这世界成为故事和谚语。①

参见 David Freeman Hawke, *Benjamin Rush: Revolutionary Gadfly* (Indianapolis, 1971)。拉姆齐是查尔斯顿图书馆协会(Charleston Library Society)成员,该协会广泛收集欧洲的史学作品。参见 See *A Catalogue of Books Belonging to the Charlestown Library Society* (Charleston, SC, 1770—1772),该书以伏尔泰的作品为例,包括《风俗论》(*Essai*)和《路易十四时代》(*Le Siècle de Louis XIV*)。拉姆齐在该机构花费大量心力,于18世纪90年代担任副会长,并从伦敦订购了大量书籍置于协会内部,参见 Ramsay to John Stockdale (29 July 1791), *Charleston Library Society MS Letterbook*, Charleston Library Society, Charleston, SC。同时参见 Shaffer, *To be an American*, 133 - 139。拉姆齐肯定读过罗伯逊的《美国史》(*History of America*, 1777),并在给杰斐逊的一封信中改述过其中的一些内容(*Selections*, no. 106),也很可能读过罗伯逊的《查理五世治史》(*History of the Reign of the Emperor Charles V*, 1769),拉姆齐在《美国革命史》(*The History of the American Revolution*, I, 112)提到过其中的主题。

① G. W. Robinson et al. eds., *Winthrop Papers* (5 vols.; Boston, 1929—1947), II, 295.

几十年过去了,[214]对美国大事件作新英格兰-清教式叙事,将个人作用作为历史中的次要或"动力"因的思想,融入了超越现实的神恩实现的宏大叙事模式之中。例如,在马瑟对新英格兰人的历史和道德颓败的史诗般叙事(*Magnalia Christi Americana*,1702)中,能明显感受到其对第一批新英格兰定居者的道德能动性的认识。这与布拉德福德在半个世纪前写成的更谦卑的神恩史作《普利茅斯种植园》(*Of Plymouth Plantation*,涉及1630—1650年间的事)明显不同。①

清教-神恩传统在整个18世纪逐渐被接受,并常常与当代苏格兰史著采用的新社会学方法结合在一起。拉姆齐同时代人中最有成就的有关新英格兰的史作是贝尔克纳普(Jeremy Belknap)的《新罕布什尔州史》(*History of New Hampshire*,1784—1792)和沃伦(Mercy Otis Warren)的《美国革命……史》(*History of the... American Revolution*,成书于1791年,出版于1805年)。②这些史书都在明确界定的神恩领域生动地描述了人类活动。它们共同为19世纪清教徒定居、革命和制宪奠定了一个全面的、成熟的基础,美国史作

---

① 关于清教式的史学作品,参见注释9,以及 Peter Gay,*A Loss of Mastery*:*Puritan Historians in Colonial America*(Berkeley,1966); Anthony Kemp,*The Estrangement of the Past*:*A Study in the Origins of Modern Historical Consciousness*(Oxford,1991)。

② Mercy Otis Warren,*History of the Rise*,*Progress and Termination of the American Revolution*, ed. Lester H. Cohen (2 vols. ; Indianapolis, 1988); Jeremy Belknap,*History of New Hampshire*(3 vols. ;London,1784—1792)。

中富有破坏性的和意想不到的本质将被定居者及其后代的国家命运观遮蔽。①拉姆齐的《美国独立战争史》通过偶尔提及上帝的指引之手,减轻了被影响的程度,尽管不是有组织地避免。他提到"上帝的特殊代理人",甚至评论说,"宇宙的统治者"通过"暗中影响人们的大脑,使[殖民者]倾向于联合在一起"(Ⅰ,112,134)。没有理由假设,出自一个坚定的公理会教友的这种指称会没有具体指称对象。②就像罗伯逊眼中的上帝一样,拉姆齐的神学框架被其他几种随意解释掩盖,但仍然是对人类的意图的讽喻。和罗伯逊一样,拉姆齐也设计了一套宽容的普世宗教习语,避开了当时的历史学家采用的反圣公会和反天主教立场。[215]在叙事层面,拉姆齐的《美国独立战争史》围绕着不连续的概念进行组织。美国殖民者被迫进入一个由偶然和地理(而非道德)上的必然组成的方向不清的、不易阐释的现代性之中。

17 世纪的美国新教思想认为,上帝会时不时地选择一批人,帮

---

① 关于19世纪美国的史学作品,参见 David Levin, *History as Romantic Art: Bancroft, Prescott, Motley and Parkman* (Stanford, 1959); Lawrence Buell, *New England Literary Culture: From Revolution through Renaissance* (Cambridge, 1986); John P. McWilliams, *The American Epic: Transforming a Genre*, 1770—1860 (Cambridge, 1989)。

② 科恩(Lester Cohen)在《革命史》(*The Revolutionary Histories*)第一章提供了不同的解释,即这一时期人们对上帝旨意的相信度变低,上帝旨意变得具有比喻性。然而哈奇(Nathan O. Hatch)认为上帝旨意的理念千百年来为人所相信,实际上在革命时期得以复兴,参 *The Sacred Cause of Liberty: Republican Thought and the Millennium in Revolutionary New England* (New Haven, 1977)。

助其实现一些目标,其中的新英格兰国会会员就是满足这种条件的人。这种思想在 18 世纪的殖民地更为流行,只不过已略作修改,认为清教省份有着特殊地位,是未被英国大都市玷污的基督教美德的代表和载体。①然而,拉姆齐的《美国独立战争史》展望的则是一个世界主义愿景,即美国将凭借其可信的中央政府和健全的金融体制,跻身国际的、共和的文明国度之列。他所期盼的,不是美国的普遍化,而是让美国的独特性从属于国际范式。独立战争早期,拉姆齐曾带着支持美国独立的口吻,宣称美国是未来社会的普遍代表:

> 美国的事业就是人类的事业……美国人的思想比任何时期已出现的思想都更完美。②

这是对潘恩(Tom Paine)有关美国的更为激进的观点有意识的回应。潘恩在那本最具有影响力的反英国的美国革命小册子《常识》(*Common Sense*,1776)中提出了那些观点。然而,17 世纪 80 年代后期,拉姆齐认为各州已陷入内讧、各自逐利,这让他开始怀疑这种道德乌托邦主义。美国作为人类普遍可能性的观点,即便不是拉姆齐的看法,在早年共和时期,也依然是激进的政治愿景。雷纳尔/狄德罗 1780 年版的《两个印度哲学史》(*Histoire*

---

① 特别参见 Susan Manning, *The Puritan - Provincial Vision*:*Scottish and American Literature in the Nineteenth Century*(Cambridge,1990)。

② Ramsay,'An Oration on the Advantages of Independence'(1778)in *Selections*,188 - 189.

philosophique des deux Indes),添加了1763年以来北美的重大事件部分,因而成为最先歌颂美国为全人类服务的政治理想的作品。稍后,潘恩信奉者(the Painite)新英格兰作者巴洛(Joel Barlow)首次对普世化的美国观念做持续性文学处理。他的弥尔顿式史诗《哥伦布号》(*The Columbiad*,1807)以及气势稍弱的《哥伦布的远见》(*Vision of Columbus*,1787),预言了北美史学将在道德上超越最初塑造这一做法的欧式和美式特性。马瑟对美国历史的普遍象征共鸣作出了维吉尔式阐述,巴洛从中获得启示,认为史诗这种体裁可以让美国史学明了易懂。与之相对,拉姆齐的史作[216]含蓄地避免了诸如帕克曼(Francis Parkman)、莫特利(John Motley)和普雷斯科特(William Prescott)等19世纪史家追求的那种史诗般的、普遍化的美国形象。《美国独立战争史》以劝告而非期待的口吻结尾(事实上是拉姆齐让拉什代写的),只不过是为一般不可能具有史诗般特点的历史构想出一份有偏颇的解决方案。①

那时,拉姆齐接触到的17世纪新英格兰的历史传统,已经在18世纪被史诗调和,往往以更世俗化的历史叙事和共和式传统的

---

① 费城图书馆公司藏有一册《美国独立战争史》,它属于拉什的儿子詹姆斯(James),里面有一张手写的便条,上面写着第二卷354页(对应科恩的版本是第二卷665–667页)上的"末尾致辞由拉什博士(Dr Benjamin Rush)所写"。布伦豪斯(Brunhouse)注意到这个细节,而科恩和谢弗则没有。同时参见拉什于1812年2月12日写给亚当斯的信,收录在 L. H. Butterfield ed. ,*The Letters of Benjamin Rush*(2 vols. ;Princeton,1951), II,1126,note 15。

政治术语来实现。当时,新英格兰殖民史家普林斯(Thomas Prince)、道格拉斯(William Douglass)和哈钦森(Thomas Hutchinson)都证明并加速了殖民地对更为世俗和理性类型的欧洲史学的高接受度。①尽管他们对英属北美的宪法和法律制度的发展感到担忧,但大多数殖民史作都缺乏对历史问题和方法的熟练把握。他们通常更关心的是记录英国经验在美国的延伸,而不是描述美国的独特经历。然而,也有一些史家和思想家关心的是与众不同的美国历史编撰模式,尤其是美国土著居民的天性和处境。科尔登(Cadwallader Colden)于18世纪20年代写的引人入胜的易洛魁人(Iroquois)史,以及1784年贝尔克纳普《发现美洲对人类而言是利还是害?》("Has the discovery of America been useful or hurtful to mankind?")一文都属于这类只关注美国人关切的问题史学兴趣。②

18世纪的美国也见证了清教语言和修改后的共和式(或联邦式)政治主张之间长期富有成效的结合。有关英国"国家"或"英联

---

① Thomas Prince, *The Chronological History of New-England in the Form of Annals* (Boston, 1736); William Douglass, *A Summary, Historical and Political, of the First Planting, Progressive Improvements, and Present State of the British Settlements in North-America* (2 vols.; Boston, 1749—1750); Thomas Hutchinson, *The History of the Colony of Massachusetts Bay* (1764—1828), (3 vols.; New York, 1972). 罗伯逊(充满赞许地)为道格拉斯写了书评,载于 *Edinburgh & View*, ii (1755—1756), article II。

② Cadwallader Colden, *The History of the Five Indian Nations Depending on the Province of New-York* (1727); Jeremy Belknap in the *Boston Magazine*, I (1784), 281–285。

邦"传统的文学舶来品(包括特伦查德[Trenchard]和戈登的《卡托的信》[*Cato's Letters*]、麦考利的《英格兰史》[*History of England*]、博林布鲁克[Bolingbroke]的《匠人》[*The Craftsman*],以及莫尔斯沃思[Molesworth]、伯格[Burgh]和其他人的作品),都强调复兴或恢复英国宪法的必要性,[217]赋予有关世代衰落和复苏原始基督教的清教徒思想以某种政治精确性。① 18 世纪中后期,在美国的讲道、政论文学中,这些观念被再次戏剧化为因都市牧师堕落而导致的即将到来的社会腐化威胁以及自由史上的危机。清教徒追求超越现世的停滞,与共和主义者对一个稳定城邦的渴求重合,后者希望公民的积极美德能使城邦免受历史衰退的影响。到革命结束时,神职人员可以用清教国家末世论服务于爱国事业。

对革命时期的美国清教式史学思考的特征是,把过去刻画为一个无限循环结构中颇具教育意义的案例的宝箱。亚当斯的《美利坚合众国政府的宪法之辩》(*A Defence of the Constitutions of Government of the United States of America*,1787),曾举例说明这种重复理念,他展示的与其说是史学,不如说是一种共和制政府现象学。

---

① 关于这则文献,参见 Caroline Robbins, *The Eighteenth-Century Commonwealthman: Studies in the Transmission, Development and Circumstance of English liberal Thought from the Restoration of Charles II until the War with the Thirteen Colonies*(Cambridge,1959); H. Trevor Colbourn, *The Lamp of Experience*; Bernard Bailyn, *The Ideological Origins of the American Revolution*(Cambridge, MA,1967); J. G. A. Pocock, *The Machiavellian Moment: Florentine Political Thought and the Atlantic Republican Tradition*(Princeton,1975)。

为了能为独立后的新国家的宪章作辩护,亚当斯将其比作一座永恒政治万神殿里无数的早期共和思想和实践的例子。拉姆齐最早的史作《南卡罗莱纳州革命史》也表述了这种完美共和式平衡状态的偏离与重复的史学观。拉姆齐的首部史作,记述了从印花税法案(the Stamp Act)颁布到1783年停止敌对行动的一系列重大事件,主要围绕光明、黑暗和再次获得光明、农民变身为士兵然后再变回农民等简单的、隐喻式的循环展开。故事一开头,南卡罗莱纳州人似乎是一个由独立自耕农组成的理想的共和社区,"他们没有强大的家庭或者教堂和州的官员带领。在知足常乐、无抱负的农民那里,几乎无奢侈享乐可言"。最后,他们回到先前的状态:

  现在,除了天堂的微笑,什么都不缺,只需要自己的善行以使自己成为快乐、伟大的共和人。①

尽管拉姆齐的史作记录了南卡罗莱纳州公共秩序的崩溃、陷入两败俱伤的冲突,但它讲的并不是战争改变了一个地区的故事。当独立的自耕农重新返回他们的南方牧场时,一切又重归平静。

[218]拉姆齐的《南卡罗莱纳州革命史》在一定程度上代表了清教 - 共和党人对道德内在性而不是历史的叙事顺序的强调。然而,他也丝毫没有采取明显的美国"乡村式"的记录方式,认为独立战争源于英国牧师和殖民地官员腐败的危及自由的行为。在这方面,沃伦和贝尔克纳普的史作用更传统的"乡村式"写法,对自由和

---

① *The History of the Revolution of South – Carolina*,Ⅰ,Ⅱ;Ⅱ,387.

腐败的冲突在神恩舞台上做了戏剧化处理。沃伦反对联邦宪法（或说是"反联邦主义者"）。在战后美国，联邦主义者和反联邦主义者于18世纪80年代发生过争端；18世纪90年代，联邦党人同杰斐逊派之间产生过矛盾。他的作品就把这场冲突解释成上述矛盾的持续和深入。拉姆齐的《南卡罗莱纳州革命史》和《美国独立战争史》以更复杂、更微妙的方式，调动、批评并最终破坏了对美国历史的乡村式、神恩式叙事的特征，这种叙事将美国革命视为殖民地为维护自由与英国专制权力之间的简单对抗。以自由为名的自我牺牲，可能在争取民族解放时有效。在拉姆齐笔下，独立战争临时创造但随后又迅速超越了这种政治条件，尽管这场冲突里的美国演员们一开始认为自己参演了一场无私的自由对战专制权力的大戏，但拉姆齐对战争的叙述揭示了这种表演方案的天真简单。

战争的转变

在《美国独立战争史》中，拉姆齐宣称，战争一开始，殖民地人民就自愿加入国民军组织，准备牺牲财物，遵守《联邦章程》(*The Articles of Confederation*，使各州成为统一体），承认并服从一个没有真正权力的中央权威，对此他印象极为深刻。他承认，所有这些行动都证明了调动有德性的爱国主义的效果：

慷慨大方、相互支持的崇高精神令人振奋。一个伟大而强有力的公共意志应运而生。(I,135)

即便如此,拉姆齐还是强调殖民地人民共和式行动主义的各种非理性起源:

对独立的渴望更多源于情绪而非理性。(I,316)

他最喜欢的隐喻是火,以火比喻殖民地人民的热情和脱离控制的武装力量的存在(例如,I,58;I,111)。从引入火的意象起,拉姆齐就开始淡化殖民地人民的共和式德性在各种事件中的重要作用。战争的经历表明[219]殖民地人民最初的理想主义行不通。叙事安排不再聚焦美国争取自由和英国决意推行强制的议会统治之间的拉锯战。相反,殖民地人民采取行动似乎是出于自我保护的紧急情况。叙事接近战争尾声时,拉姆齐已经把他的怀疑主义延伸到这个理念本身——共和主义理想或许能为形成新国家身份打下牢靠的基础。拉姆齐说道,即使是"崇尚自由和独立的人","也开始……担心他们是基于对公共美德的误解而建立了一个空想的政府结构"(II,653)。

同样,拉姆齐记录的大陆会议发现,让决策基于对公众自我牺牲精神的假设会犯错误——例如,国会过于依赖公众的信任来支撑其过度发行纸币(附录2,"论大陆纸币",II,460),结果累积为持续性金融信任危机;拉姆齐也经常批评国会放弃负责任的务实,转向抽象的投机式政治活动,比如,它对正规军假想的敌意(共和政治传统的陈词滥调)阻碍了华盛顿指挥的军队有效发挥职能："整日沉湎于揣摩人的天赋权利、探索各种普遍自由原则论点"的美国领导人,

> 太相信乡民们的美德,要求他们在军中服从和听令时就显得被动,尽管服从和听令侵害了公民自由,但在军事战线上产生的影响,是流露出爱国主义或不守规矩的英勇行为所无法比拟的。(I,309)

拉姆齐的《美国独立战争史》像社会学作品一样颂扬爱国事业的参与者,它的美国式修正主义辉格党原则,很大程度上受到休谟《英格兰史》的影响(拉姆齐在某个场合很好地回应了休谟的《英格兰史》)。① 与休谟的作品一样,拉姆齐的史作是在自身历史编撰学框架传统里的超然反思,反思对象是由各种事件推动着进入难以解释的现代性的社会的特性。这也与罗伯逊描述的宗教改革时期的欧洲动荡密切相关,虽然拉姆齐与罗伯逊不同,没有暗示重大事件可以从集体意志的角度来解释。虽然拉姆齐把美国联邦式现代性同它自己的历史逻辑分离开,[220]他仍然暗示,在某种程度上,独立的冲动是在地理上受到鼓舞的殖民地政治文化自然发生的、

---

① 试比较休谟的《英格兰史》卷二中第519页:"但这里既有怅然若失之态,又有春风得意之时,于是人类诸事总要朝相反的方向发展,不管是进是退,都难逃这个规律。"拉姆齐《美国独立战争史》I,295:"但人类诸事之中,总有抵达巅峰抑或跌入谷底之时,除此以外就没有更好,也没有更差的时候,但总会以相反的方向行进。"

无意识的结果：

> 美国同英国的距离，在殖民地人民的头脑中催生了偏好自由的思想。三千英里的海洋把他们同祖国隔离开来……在大型政府里，权力传递行至末梢总显鞭长莫及。这是事物的天性决定的，是广袤的或分封的帝国的永恒法则……国家的广阔程度和性质也起到了同样的作用。自由的天然座椅在巍巍高山之间，在人迹罕至的沙漠之上，这在美国的荒野中比比皆是。(I,28)

拉姆齐笔下的殖民地美国人，在开始质疑自己对祖国所尽的职责之前，就已经自然而然地吸收了独特的、与生俱来的分裂主义政治文化：

> 他们把天堂奉作权利的来源，并声称，权利不来自国王的承诺，而是来自宇宙之父的应许。美国殖民地人民的政治信条短而坚实。他们相信上帝使所有人生而平等。(I,30)

可以说，殖民地人民理所当然地吸收了洛克《政府论》中的第二篇。

在18世纪，天赋人权的思想已经进入并开始重塑殖民地的法律话语。英国的普遍法权不断被殖民地作家重新解读为天赋人权，例如亚当斯的《论正典和封建法》(*Dissertation on the Canon and the Feudal Law*,1765)，威尔逊(James Wilson)的《论英国议会立法权的性质和范围》(*Considerations on the Nature and Extent of the Leg-*

islative Authority of the British Parliament,1774)。①拉姆齐吸纳了一个美国式的观点,即英国臣民的特权其实是天赋人权,但同时又对其作出典型的休谟式曲解,即对美国人而言,天赋人权总是涉及习惯和情感,而不是形而上学式猜测。因此,独立战争又被看成是一个民族通过其经验发生的转变,对《独立宣言》的讨论也主要依据其现实含义,而非像常常出现的情况那样,将其视为抽象概念史中的一个孤立事件(I,317-323)。拉姆齐对一系列引发革命的危机的叙述——从印花税法案颁布(the Stamp Act)[221]到引发革命的莱克星顿(Lexington)和康科德(Concord)事件,与休谟的《英格兰史》中对英国内战史的记述有几分相似之处。像他之前的休谟一样,拉姆齐虽然呈现了冲突,但这种冲突不是关于美德和专断权的理念冲突,而是被紧锁在世界的不同结构中、无法调和的两种情感的冲突。美国殖民地人民出于自身环境的需要和自由意志本能而采取行动。同样,"对自身无限权威的想法太过深刻"的英国人,

---

① "全天下人都要知道……即使在议会存在以前,我们的许多权利就是与生俱来、密不可分的,以格言的方式达成一致,以正文前页的方式确定下来"(参 *The Papers of John Adams*,eds. Robert J. Taylor et al. [Cambridge,MA,1977-],I,127);"如若我们可以重新享有那些权利,这些权利都由不受任何人掌控的、自然的至高之法,以及英国宪法的基本原则赋予我们,我们将通过我们自己的劳动收获辉煌的果实"(参 *The Works of James Wilson*,ed. Robert Green McCloskey[2 vols.;Cambridge,1967],II,722)。关于美国天赋人权的理念,参见 John Dunn,'The Politics of Locke in England and America in the Eighteenth Century' in John W. Yolton ed., *John Locke:Problems and Perspectives*(Cambridge,1969);Isaac Kramnick,*Republicanism and Bourgeois Radicalism*;J. C. D. Clark,*The Language of Liberty*,100-110。

受困于自身帝国式自我界定的习惯(I,145)。一旦战争开始,拉姆齐笔下的美国人就进一步政治化了,并在痛苦的经历中认识到他们的共同身份:

> 国会的热诚劝告和华盛顿将军的殷切恳求都无法奏效之事,却因为皇家军队的掠夺和破坏自然而然地达成了。(I,305)

此外,对经验的强调使拉姆齐对战争的描述实现了一个新的审美转向,他摒弃了通常的新古典主义历史的端庄雅致,生动详细地描写了各种恐怖场景:婴儿吮吸着死去母亲的乳房,骨头"在阳光下变白",残缺不全的四肢散落在战场之上,士兵们的残肢在雪地上留下一道道血痕(II,601)。这些颇令人震动的画面,标志着拉姆齐与欧洲前辈们在风格上分道扬镳。

独立战争后:自由的美国?

尽管拉姆齐笔下的独立战争给殖民地人民上了一堂关于共同身份和利益的务实课程,但最终却成了太过暴力和混乱的事件,危及战后美国共同体的长久基石。矛盾的是,民族战争成就却释放了一种个人进取精神。拉姆齐指出,"年轻、热情、雄心勃勃、富于进取的","大多是辉格党人","个人独立"品质往往是爱国者发挥作用的真正动力(II,629)。社会流动性、金融流通性和不稳定性,以及应独立战争所需而创造的新型参政形式,同时释放出来并破坏了先前那个恭敬、孝顺、有等级之分的社会。用现代术语讲,可以说拉姆齐在欢迎一个从古典共和政治的废墟中诞生的自由资本主义社会。然而,尤其应指出的是,当拉姆齐开始讨论18世纪80年代初至中期的债务危机和日益去集权化的政治时,他对追求个人利益、尽可能降低政府监管的"自由"社会理念提出了异议。[222]拉姆齐接受独立后的美国社会可以具有(我们现在称之为)自由资本主义特性,但他并不认为利益竞争会带来和谐多元的社会秩序,不相信任何看不见的手会调控经济以让其服务于所有公共成员的需要。像休谟一样,他担心献身于具有自由特点的清教社会或许与稳定和正义并不完全契合。在18世纪80年代,精力充沛、独立自主的美国社会终于被推到了分崩离析的边缘。拒绝偿还公共债务和私人债务,是道德经济遭遇更大面积崩溃的一个外显迹象:

> 不偿还公共债务,有时还附有不必偿还的论证,总是为不履行私人合同提供辩解。人与人之间的信任受到致命的伤害……由于公共正义的失败,罪恶如洪水般泛滥起来。(II,650-651)

拉姆齐把18世纪80年代解读为一段危机时期,这当然是存在争议性的联邦主义者的解读,这是他们觉察到社会流动性增加、实施过度民主乃至在权力分散的各州政府里存在民主煽动家等问题时作出的回应。18世纪80年代,南卡罗莱纳和其他大多数州一样,陷入债务危机、农业歉收和社会动荡。尽管州政治领导人通过立法减免债务尚能稳定住公众的不满情绪,但拉姆齐觉得,大陆经济的信任基础正遭到破坏,遂向州议会说明了这点。① 他曾经在大陆议会上讲,中央政府无法偿还独立战争期间欠下的债务,这绝不亚于最严峻的司法问题。② 拉姆齐认为,只有中央政府遵循了司法正义,公众和私人正义才能得到保障:

> 国家正义缺失,尽管在某种程度上不可避免,却增加了履行私人契约的难度,也削弱了公众对公共义务和私人荣誉的情感,而这正是合同能如约履行的保证。(II,637)

对拉姆齐来说,货币经济和道德经济并行只能靠强大的具有示范效应的政府来保证,因为人如果被剥夺太多,又缺少帮助,就无法自发地形成社会和道德秩序。因此,拉姆齐委婉地否定了潘恩在《常识》(*Common Sense*)中对公民社会和政府的著名的自由主义式区分("前者通过联结情感积极地促进我们的幸福,后者则通过抑制恶习消极地保障我们的幸福")。③ 18世纪80年代末,拉姆齐呼吁制定联邦宪法,[223]以弥合美国道德经济中的裂痕。新自由个人主义秩序已经被证明是无管控的行动、无政府的社会。

---

① 1788年2月23日发表的 Minutes of the South Carolina State Assembly in *The City Gazette and Daily Advertiser*(Charleston,SC)。也可参见拉姆齐于当年1月15日在该报上对放贷者和分期付款相关法律所作的评论。

② *Journals of the Continental Congress*, ed. J. C. Fitzpatrick(34 vols.;Washington,DC,1904—1937),(27 January 1783),XXV,869.

③ Thomas Paine, *Common Sense* (1776), ed. Isaac Kramnick (Harmondsworth,1976),65.

空间和历史

潘恩对提升美国公民的幸福感持乐观态度,因为他了解美国拥有欧洲无法拥有的特性——空间。美国独立,加上其早些时候把法国人逐出北美大部分地区,终结了英国对西部扩张的限制。对政治理论家来说,西部实际上代表着对政府权力的限制,因为公民总是能够旅行至其限定之外的地区。对史家来说,西部会逐步挑战民族国家的传统形象。很难想象一个政治和法律实体竟能从中心渗透到其边缘地区。战后,联邦国家的新政治局面要求创造性地调整对国家和空间的认识,我们将看到,拉姆齐最终不愿做此调整。替之,他展望了一个世界主义的东部沿海城市化国家,它文化上朝向欧洲,防御性地背靠西部。拉姆齐不相信社会有持续西进的自我调控潜力,对美国的空间道德属性缺乏信心。在拉姆齐的著作中,他将美国西部刻画为蛮荒之地,将美国原住民的蒙昧落后(尽管他在评价其困境时带着一丝同情)详述为未被驯服地区的野蛮影响的象征(如,II,471)。他表现出一种查尔斯顿贵族式的蔑视,在他看来,他们倾向于退化到西部山区中本土蛮族人的进化状态(如,II,441-2;II,627)。战前,拉姆齐观察到,"西部的蛮荒……成了懒散者或无序者的天堂,他们敌视公民社会应有的克制"(II,441)。在描述南方战争期间的残酷片段时,他又常常高估偏远乡村的忠诚度,似乎可歌可敬的革命辉格党主义是城市专业人才、知识分子和南部大种植园家族的专属选择(II,627)。

拉姆齐倾向于把西部视为不安定要素的疏通渠道,而非美国的未来。这使他不同于当代美国思想中强烈的西扩乐观主义思想者。这股自然环境乐观主义倾向最显赫的代表人物是杰斐逊。拉姆齐曾在1786年读过他的《弗吉尼亚州笔记》(Notes on the State of Virginia,以下简称《笔记》),并与他通信。他在给杰斐逊的一封信中指出,"社会状况对人的影响不亚于气候",他不赞成《笔记》中流露的田园倾向,"我们偏远地区的人民就像切诺基人一样野蛮"。①[224]拉姆齐《美国独立战争史》的开篇部分,与在他之前讲述英属美洲移民和定居情况的殖民史有不少相似之处,它们都严重依赖宪章和其他建国文件,以强调获取美洲原住民土地的合法性。②对拉姆齐来说,英属美洲事务同样也是把社会法律加诸异族荒野。杰斐逊的《笔记》通过描述弗吉尼亚植物群、动物群、原住民的状态,以及移民社会的法律框架,在一定程度上也遵循了这些殖民地史作

---

① 杰斐逊的《笔记》首版于1785年,为私人收藏版。Ramsay to Jefferson (3 May 1786), *Selections*, no. 106.

② 除了第343页注释里提到的历史著作,拉姆齐(他没有给引用的资料添加注释)可能还参考了其他和殖民地相关的史学著作,比如 Robert Beverley, *History and Present State of Virginia* (1705, 1722); William Stith, *History of the First Discovery and Settlement of Virginia* (Williamsburg, 1747); William Smith, *The History of the Province of New York* (London, 1757); Samuel Smith, *The History of the Color of Nova - Caesaria, or New Jersey* (Burlington, Nj, 1765); Alexander Hewan, *An Historical Account of the Rise and Progress of the Colonies of South Carolina* (2 vols.; London, 1779),这些著作对立国宪章和法律都做了详细记录。

的写作思路。杰斐逊撰写《笔记》,是为回答一位法国驻美代表团成员向他提出的一系列问题。然而,值得注意的是,他把这名代表原初的提问重新编排,目的是提供一系列注释以表明,弗吉尼亚的社会结构基础与其说来自强加的法律,不如说源于其自然景观本身。尤其是善良的土著居民,他们的前法制社会的运行基础似乎是内化在道德意识里的生活法则,而非其他外在规则,那是源于自然世界的规训力量。传统自然法原则认为实定法应有其自然法权的伦理基础,《笔记》把这一原则放进了弗吉尼亚实验场加以检验。① 在杰斐逊对美国环境的解读中,只要西部有足够的土地供给移民人口,社会的田园式基础就会一直存在。时间产生不和谐或衰减的倾向可以通过空间属性来控制。②

尽管拉姆齐一开始就观察到,美洲大陆因与大不列颠的距离较远,拥有自由共和的天然土壤,但对于它广袤的空间所能提供的救赎的可能性,拉姆齐却没有杰斐逊那样的信心。美洲大陆似乎给加诸其上的殖民社会主动提供了地区分裂和社会退化的危机,拉姆齐对此深感忧虑。写完《美国独立战争史》后,他仍然对边远地区的恶劣影响和离心力感到担忧。在1794年7月4日发表演说时,他警告道:

---

① 对《笔记》的这种解读,参见 Robert Ferguson, *Law and Letters in American Culture* (Cambridge, MA, 1984)。

② 有关杰斐逊这种思想产生的政治影响,参见 Drew McCoy, *The Elusive Republic: Political Economy in Jeffersonian America* (Chapel Hill, NC, 1980)。

[225]我们应该首先学会,怎样促进各州的团结与和谐。如果有人想把我们分为偏远地区或低地国家、北方和南方、东部和西部的利益集团,那就让他滚蛋吧。①

拉姆齐认为,美洲大陆既是"自由的天然宝座",也是南北地区分歧的根源。他声称,南北地区差异"更少源自宗教原则,更多是因为气候和当地环境的不同"(I,28;I,23)。拉姆齐担心,美国的地方主义很可能是环境多样化造成的,这一担心在他对奴隶制的讨论中表现得尤为明显。他一直反对奴隶制,更反对奴隶贸易。他支持联邦宪法的原因之一就是宪法规定,1808年应该重新审视整个奴隶贸易问题。尽管在支持联邦宪法的小册子里,他小心翼翼地试图打消南方的疑虑,使他们不必担心北方会为了制止奴隶贸易而动用联邦政府提权,但他私下里却特别希望此事成真,而且,他谴责战后重启奴隶贸易。②

拉姆齐痛恨奴隶制,部分是因为它违背道德,更主要的原因是

---

① Ramsay,*Selections*,195 中的'An Oration... in Commemoration of American Independence'(Charleston,1794)。在1787年的制宪会议上,这类地区差异首次浮出水面。参见 *Imperatives*,*Behaviors and Identities* 中的 Jack P. Greene,'The Constitution of 1787 and the Question of Southern Distinctiveness'。

② Ramsay,Paul Leicester Ford ed. ,*Pamphlets on the Constitution of the United States*(Brooklyn,NY,1888),378 中的'An Address to the Freemen of South Carolina,on the Subject of the Federal Constitution'(1787)。Ramsay to Rush(22 August 1783),*Selections*,no. 48. 拉姆齐也可能匿名撰写了一本名为 *Observations of the Impolicy of Recommending the Importation of Slaves*(Charleston,1791)的小册子。参见 *Selections*,229。

它标志着环境差异分裂了美国。杰斐逊认为奴隶制源于黑人和白人本质上或分类上的差异;拉姆齐则不同,他更为传统的基督教信仰使他相信,人类大家庭中人人平等,所以他从美洲大陆的地区差异中寻求奴隶制的起源。杰斐逊的人种论偏向于"多元发生说",即不同"种类"的人起源不同。杰斐逊指出,黑人和白人之间的"差别"是"固有的",且这种"差异真实存在",也就是说,它不是自然环境导致的偶然现象,而是反映了生物学上不同的源头。①伏尔泰在《自然奇点》(Singularités de la nature, 1768)中也表达过类似的观点。相比之下,拉姆齐则相信人类的一元发生说。他既从基督教教义里寻找证据,也参照布丰的研究和他曾经的妹夫史密斯(Samuel Stanhope Smith)颇有影响力的作品。[226] 史密斯是反奴隶制的倡导者,也批评杰斐逊。他著名的《论人类不同肤色和体型的成因》(Essay on the Causes of the Variety of Complexion and Figure in the Human Species, 1787)——拉姆齐几乎肯定知晓并予以支持——从科学角度为基督教立场作了辩护,声称人类并没有生物学意义上的分类,其差异性是由自然和社会环境等外部因素偶然促发的。和史密斯一样,拉姆齐也认为美国的种族多样性是偶然且可以消解的问题。在写给杰斐逊的信里,他阐述了对《弗吉尼亚笔记》的反对意见:

---

① Thomas Jefferson, *Notes on the State of Virginia*, ed. William Peden (New York, 1972), 138. 关于美国早期种族问题的经典研究有 Winthrop Jordan, *White over Black: American Attitudes Toward the Negro*, 1550—1812 (New York, 1968)。更近期的研究参见 Dana D. Nelson, *The Word in Black and White: Reading 'Race' in American Literature*, 1638—1867 (Oxford, 1992)。

> 我钦佩你对奴隶制表现出的义愤,但我认为你太过贬低黑人。我相信所有人类本来都一样,只是因偶然情况才显出多样化。我自以为,再过几个世纪,黑人之黑色就会蜕去。现在新泽西和卡罗莱纳州的黑人就少了许多。他们的[嘴唇]没那么厚了,鼻子也没那么平了。社会状况对人的影响不亚于气候。我们的乡下人和切罗基人一样野蛮。①

这段论说包含苏格兰分期理论元素,并将其运用到种族环境的极端情况。由于美国同时包含了社会发展的所有不同阶段,任何种族的美国人都可能在文明的尺度上发生向上或向下的蜕变。

后来,拉姆齐和史密斯在18世纪90年代都成为联邦党人的支持者,这也许不是巧合。他们认为美国的未来属于已经开垦过的东部,西部农业扩张对他们的对手杰斐逊主义者更有吸引力,却无法吸引他们的想象力。拉姆齐可怕的环保主义使他陷入进一步矛盾。对拉姆齐来说,奴隶制最令人担忧的问题是,它可能最终被证明是南部沿海地区文明得以存在的先决条件。他觉得不得不在自己的史著里承认,在疟疾肆虐、沼泽密布的南方地区,奴隶制可能从一开始就是必需:

> 可以肯定的是,如果没有黑人的耕种,这几个省大部分内陆地区肯定还是荒芜一片。从想象的必要性来看,基于这些

---

① Ramsay to Jefferson(3 May 1787),*Selections*, no. 106. 然而,拉姆齐的《美国独立战争史》确实逐字逐句地回应了《笔记》这一说法——奴隶身体能"蒸发更多热气",这"使(他们)更耐高温"。试比较 *History*, I, 23 和 *Notes*, 139。

地区的自然状况,在南方各省实行奴隶制似乎迫不得已。它虽有利于耕作,但也造成了不少不良后果。(I,23)

私底下,拉姆齐甚至愿意把"想象的"与"必要性"两个词分开。1788年,拉姆齐告诉一位记者,"我长期以来都在考虑他们(奴隶)的处境","但让我们为难的是,南方不能没有他们,因为我们的土地无法由白人耕种"。①他的《南卡罗莱纳州史》(*History of South Carolina*,1809)虽然批评南方人不负责任的传统,[227]却对奴隶制几乎保持沉默。在这一挫败的沉默之前,拉姆齐对奴隶制的讨论可被视为他环境共和主义保守、忧虑,甚至适得其反的特征。在拉姆齐的《南卡罗莱纳州史》中,自我与荒野之间的传统清教式辩证关系被取代,取而代之的是一个社会学上乃至生理学意义上的自我,这个自我还牵涉到急需被控制的环境。拉姆齐(和史密斯)综合了洛克的认识论、布丰的单基因论和基督教创世论,给人以一种希望,即所有美国人最终都容易受到自然和社会进步的影响;同时也制造了一种深切的恐惧,即他们与美洲大陆的互动可能会加速其生物学和社会学意义上的倒退。

环境经验主义

拉姆齐强调"国家自然状态"的历史重要性,这与殖民晚期和

---

① Ramsay to John Eliot(26 November 1788),*Selections*,no. 161.

共和早期美国思想中流传甚广的新型环境经验主义诸形式契合。拉姆齐的史学思想极有可能受到罗伯逊的《美洲史》的影响,但另一方面也标志着英美史学实践之间存在一个未被意识到的断裂。拉姆齐的许多环境主义思想都来自拉什。他特别欣赏拉什的《物质原因对道德能力影响研究》(*Enquiry into the Influence of Physical Causes upon the Moral Faculty*,1786,下文简称《研究》),此文是环境主义行为科学领域内相当极端的一篇文章。此文声称,离经叛道的道德和社会行为是诸如气候、饮食、疾病和不卫生等物质原因的结果。拉什的基督教环保主义的基础是人的原罪观念,以及通过操控政治、社会和物理环境实现社会救赎的可能性。通过阅读此书,拉姆齐开始接触一种作为社会政策的全新美国制式的分期史学。《研究》中隐含的物质主义让拉什感到忧心,但似乎并没有给拉姆齐带来困扰。收到赠阅本以后,拉姆齐立即给拉什回信,说他深受启发,想以相同的思路作一篇自己的研究文章,研究将关注"卡罗莱纳州气候和土壤性质及其对居民的影响"。①

拉什乐观的社会救赎科学,在一定程度上代表了美国对欧洲认为其本质上是"不成熟"或"退化的"论调的回应。殖民和后殖民时期的美国人对布丰、雷纳尔和罗伯逊作品中贬损(即便不是有意地)移居北美的欧洲人的身体、道德和健康状况的论调不满,这可以理解。②

---

① Ramsay to Rush(12 April 1786),*Selections*,no. 102.
② 关于"退化"的争论,参见拉什作品第四章注释42,以及 P. J. Marshall and Glyndwr Williams,*The Great Map of Mankind:British Perceptions of the World in the Age of Enlightenment*(London,1982)。

[228]尽管如此,还是很多人购买并阅读布丰的《自然史》和罗伯逊的《美洲史》。费城有位书商力争重印罗伯逊的作品,拉姆齐亲自写信给杰斐逊表示反对。① 当然,这些来自欧洲的观点遭到激烈的驳斥,尽管它们继续削弱着一些美国人对自己大陆的信心。鉴于流传甚广的共和式理念——将历史解读为衰退和复兴的循环过程,退化论调对美国人来说,听起来可能很危险,就像要对这一传统进行环境主义式改造。拉什宣扬通过科学手段从生物史中得到救赎的可能性——这一表述含蓄地否定了美国人本性善良的理念以及与之相伴的杰斐逊主义政治。拉什认为,这种救赎还必然涉及内在道德感的作用(这是他从哈奇森等苏格兰哲学家那里吸收的另一个观点)。拉什在《美国独立战争史》结尾部分添加了一些规劝,其中包括他给读者的独特教导:

> 尤其当心不要让你的后代堕落为野蛮人。(II,667)

共和初期,生物学堕化、道德堕化或社会堕化的幽灵一直萦绕在文学作品中。处理这一主题的文学作品中最让人难忘的是法国贵族移民克雷维奇(J. Hector St John de Crevecoeur)的作品,他阐述了新世界中的人在文明分期体系中向上或向下变质的可能性。在

---

① Ramsay to Jefferson(3 May 1786), *Selections*, no. 106. 关于美国人对布丰[作品]的兴趣,参见 Paul M. Spurlin, *The French Enlightenment in America* (Athens, Georgia, 1984), chapter 5。Robert Bell, *The History of the Reign of the Emperor Charles V* (3 vols.; Philadelphia, 1770)一书中有刊登宣传的内容,其中宣称罗伯逊的《美国史》即将重印(实际并未再版)。

《一位美国农民的来信》(Letters from an American Farmer, 1782)里,他颂扬这位美国新人有潜力"完成"西方文明"大循环",但是,这部作品作为美国史范本,也融入了环境主义化的共和式的衰落论调。①在《来信》结尾,克雷维奇的主人公詹姆斯决定加入土著人以躲避革命战火,由此不得不面对可怕的未来,即从农民堕化为猎人。在美国,关于个人身份的洛克式承诺,每遭遇新环境都要重新许诺一番,在布朗(Charles Brockden Brown)的小说《维兰德》(Wieland, 1798)、《埃德加·亨特利》(Edgar Huntly, 1799)和《阿瑟·默文》(Arthur Mervyn, 1799—1800)里,身份问题一直是哥特式噩梦——被分裂,被转变,没可能得到外在的确认。对于像拉姆齐这种被收养的南方人来说,这场噩梦尤其恐怖,[229]因为北方人普遍认为,南方闷热闲逸的气候会导致当地居民在文化和道德上的堕化。正如莫尔斯(Jedidiah Morse)在(很快被公认为优秀的)《美国地理》(American Geography, 1789)中所言:

> 在崇尚放纵、安逸的气氛和欢快愉悦的性情中,南方人也通常满足于仅掌握一些足以处理日常生活普通事务的知识。②

与莫尔斯一样,拉姆齐有时也有无法抗拒引人警醒的环境主义倾向,他试图在传统缺失的情况下,利用环境主义来定义美国人

---

① J. Hector St John de Crevecoeur, *Letters from an American Farmer*, ed. Albert E. Stone(Harmondsworth, 1981), 70.

② Jedidiah Morse, *The American Geography; Or, A View of the Present Situation of the United States of America*(1789), 433.

的民族性格。人们离开欧洲家园后,正是地理的多样性饲养了导致他们的道德甚至身体衰退的幽灵。

拉什曾就读于爱丁堡大学医学院,拉姆齐在他的指导下接受了一种独特的苏格兰医学理论,这种理论强调疾病的一元化特点,其各种不同临床表现通常是当地各种环境因素作用的结果。在拉姆齐去之前,另一位有苏格兰教育背景的医生已经在查尔斯顿建立了这种医学方法。①拉姆齐自18世纪90年代以来发表的大量医学著作表明,他一直专注于健康与环境之间的关系问题。他是南卡罗莱纳州医学协会(South Carolina Medical Society)的创始人之一,该协会的会议记录显示,他一直热心公益、倡导收集当地气候状况的相关信息,以弄清它们是否影响传染病的传播。②因此,拉姆齐从他所受的医学训练和参与的医学活动中,获得了一种分析外部变量的高度经验化的方法,以及可以通过改变环境设置中止生

---

① 这名医生名叫查尔莫斯(Lionel Chalmers),他写了 *An Account of the Weather and Diseases in South Carolina*(London,1776)。他与拉什之间有书信联系。到达查尔斯顿后不久,拉姆齐就写信给拉什,委婉表示他需要一封给查尔莫斯的介绍信,参见(27 July 1776), *Selections*, no. 8。总体参见 Joseph I. Waring, *A History of Medicine in South Carolina*,1670—1825(Spartanburg, SC,1964)。关于美国国内的苏格兰医学,也可参见 Lisa M. Rosner, *Medical Education in the Age of Improvement: Edinburgh Students and Apprentices*, 1760—1829(Edinburgh,1991);Andrew Cunningham and Roger French eds., *The Medical Enlightenment of the Eighteenth Century*(Cambridge,1990)。

② 参见1790年1月30日南卡罗莱纳州医学协会(South Carolina Medical Society)的记录,MS记录簿(南卡罗莱纳州历史协会)(South Carolina Historical Society)。拉姆齐的很多医学文章可参见 Shaffer, *To be an American*。

理学史(physiological history)的观念。从这样的医学训练中,拉姆齐提出了自己的科学政治观。他告诉拉什,他写过"医学阶梯"里的各种革命"诱发"因素,乐于接受各州法律和联邦宪法为新"政治科学"的案例(I,331)。①[230]用拉姆齐的说法,这种制宪法,让其"与其他科学建立了关系",从而将休谟把政治简化为一门科学的计划又向前推进了一步(I,331)。正如他在捍卫联邦宪法的小册子中所阐明的,这意味着所有旧政治形式的终结。②全新的、科学的政治可能会为社会分裂疾病开出药方,人为地给这个国家带来公共生活感,因为拉姆齐认为,战时的共同目的性并未持续下去。他在一段特别有启迪意义的话里提到,18世纪80年代的任务是"再造一种团结精神和对政府的崇敬,因为没有政府,社会就是一盘散沙"(II,637;楷体为原作者添加)。

联邦宪法

麦迪逊指出,联邦宪法"在人类社会编年史上无与伦比"。与他一样,也与受托到费城参会制定宪法框架的许多其他代表一样,拉姆齐坚称,科学政治的新时代与它之前的一切不存在任何延续

---

① Ramsay to Rush(6 August 1786), *Selections*, no. 114.
② 'An Address to the Freemen of South Carolina', 379.

性(I,332)。①因此,美国的新政治宪法必须对未来开放,并能够通过宪法修正案予以更新,而不是一再重申潜藏在其历史资源中的共和式第一原则。拉姆齐认为,各州的宪章也应如此:

> 诚然,从美国政治知识的婴幼期开始,政府形式就存在许多缺陷。但它们有一点是完美的,即它们可以任由掌权的人民按照自己的意愿改变和修正。在这一令人愉悦的特殊性里,他们通过让政治学能根据经验和未来的新发现做出改善,将其与其他科学一视同仁。(I,331)

拉姆齐把历史和认识论的断裂看作美国现代性的前提,有这种看法,一是因为他从善辩的联邦主义角度把18世纪80年代解读为一段混乱时期,二是因为他反对美国史学和地理学中固有的道德意义观。他希望对18世纪80年代美国政治的重议能让这个国家接受线性时间标准。就像伏尔泰笔下路易十四之后的法国、罗伯逊笔下并入英国后的苏格兰,以及休谟描绘的1688年协商决议后的英格兰,拉姆齐呈现的美国也进入了一种只有与过去和现在决裂之后才会出现的现代性。新的共和国,如拉姆齐的理解,与它的古典前辈们毫无共同之处。[231]它内在的自我更新能力,以"自私的激情"而非公民美德为驱动原则,以新的代议制机制巩固忠诚,这些因素确保它能免于沦为专制统治。(正如伍德[Gordon Wood]指出的,拉姆齐是最早懂得欣赏人民将权力委托给统治者的

---

① Garry Wills ed., *The Federalist Papers*(New York,1982),67.

美国代议制的新颖之处的人。①拉姆齐承担起从类属上重组美国史学的任务,将其塑造为欧式集权国家文明规范建立之前的失序插曲,而非一段关于国家在1787年获得自我实现的叙事。美国归入这一史学类别的关键点是联邦宪法。拉姆齐的思想一直属于中间派。1785年任议会主席期间,他已经能近距离地观察到联邦阶层政府的威望遭受侵蚀,且曾试图警告州长们,联邦制的解体或将导致"无政府状态抑或内战"。②他后来告诉拉什,他会推迟出版史作,直到新宪法颁布,因为"只要新宪法或类似之物尚未颁布,就不能说革命已然完成"。③拉姆齐认为,联邦宪法是现代化和文明的最佳保障,是避免美国历史被歪曲的最可能的安全保障,是痛苦的过去迫使其采取的创新。

拉姆齐认为,联邦宪法的主要目的,正像那些"真诚地追求强国"的人所支持的那样,是提供规范的、有声望的统治形式(Ⅱ,655)。拉姆齐在给拉什的一封信中说道,宪法"承诺"的是"国内安稳,国外体面"。④ 在支持联邦宪法的小册子里,他警告南卡罗莱纳州同胞们立即通过宪法,以免"没有它,独立……将成为诅咒"。⑤

---

① Gordon S. Wood, *The Creation of the American Republic*, 1776—1787 (reprinted New York, 1972), 601.

② Circular 'To the Governors of Certain States' (31 January 1786), *Selections*, no. 96.

③ Ramsay to Rush (17 February 1788), *Selections*, no. 149.

④ Ramsay to Rush (10 November 1787), *Selections*, no. 141.

⑤ 'An Address to the Freemen of South Carolina', 380.

南卡罗莱纳的反联邦主义情绪,可能大多是因为害怕北方干预奴隶贸易而起,这也使他不公正地将反联邦主义者刻画得要么自私自利,要么不厚道(II,655)。①无论如何,拉姆齐似乎特别关注美国在国际社会重获威望的需要:

> [232]只有时间和经验才能充分发现政府权力新分配方式的影响,但理论上,它似乎非常有计划地把自由与安全结合起来,为国家的强大奠定基础,同时又不侵犯各州或人民的任何权利。(II,656)

他后来又开始担心,由于不同地区之间的分裂日益加剧,美国在海外的声望可能会受到损害。正如他在1794年的演说中警告听众所讲:

> 成为一个帝国,我们将真正值得尊重,但若分裂成两个或更多的国家,我们就会成为他国的猎物。②

他对新美国的抱负与汉密尔顿在《联邦党人文集》中提出的

---

① 例如 Rawlins Lowndes 在南卡罗莱纳州批准大会上的发言,发言大意是说,宪法是北方阴谋的产物,旨在干涉奴隶贸易(Elliot, ed. *Debates*, IV, 273)。也可参见 Robert M. Weir, 'South Carolina: Slavery and the Structure of the Union' in *Ratifying the Constitution*, eds. Michael A. Gillespie and Michael Lienesch(Kansas, 1989)。

② 'An Oration... in Commemoration of American Independence', *Selections*, 195.

"一个能够规定联系新旧世界之间的条件……的伟大美国体系"之愿景有许多共同之处。①在许多方面,拉姆齐的世界主义都是汉密尔顿式的(拉姆齐在整个18世纪90年代都支持联邦党)。在这个阶段,两人都承认西部在经济上的重要性,也担心西部可能成为地区冲突的中心,但两人都在阿巴拉契亚山脉(Appalachian mountains)某处为自己画了一条想象的宣言线。汉密尔顿与拉姆齐都预见到一个东部沿海发达且城市化的美国。"我的观点,"拉姆齐对杰斐逊说,"与罗伯逊博士相反,如果没有沿海的商业城市,对西部的开垦也会被忘记。"②这是对罗伯逊分期史学观的谨慎修正。从畜牧阶段到农业和商业阶段的过渡似乎不能自发地发生,必须有东部政治统治的刺激。对于拉姆齐来说,西部地区推迟了美国文明化的开端,因为每一个新近被占据的西部地区都必须被纳入欧洲化的东部规范的统治体系。

因此,与这种保守的、对美国历史的联邦主义式理解空间上相关联的视野,就是把美国看成是一块有确定边界的土地。③拉姆齐作为杰出的南卡罗莱纳州地方史家的后续作品就是从这一史学视野出发,这种视野在想象诗或史诗中找不到任何文学类似物,也不是建立在对美国本质的田园式理解上。正如拉姆齐阅读了贝尔克纳普的《新罕布什尔州史》(*History of New Hampshire*,1784—1792)

---

① *The Federalist Papers*,55.
② Ramsay to Jefferson(3 May 1786),*Selections*,no. 106.
③ 关于联邦党人对土地的情感,参见 Larzer Ziff,*Writing in the New Nation*,chapter 7。

后不久向记者解释的那样,地方史是促进整个国家相互了解的重要手段:

> 《新罕布什尔州史》真是有价值的作品。我希望联邦内每个州都有这样一部作品。我们在一个幅员辽阔的国家里分布得太散了,不同的风俗习惯和政府形式使我们太过多样化,以至于我们无法感受到我们是一个民族,尽管我们确实是一个民族。①

[233]19世纪的美国史家摒弃了拉姆齐的怀疑式爱国主义,摒弃了他提出的美国历史上曾有过危机和裂缝的观点。这在班克罗夫特(Bancroft)将联邦宪法融入其多段连戏的民族史作中尤其明显,这部史作以颂扬第一批殖民者天生的分裂主义和热爱自由的性格为开篇。班克罗夫特笔下美国经验史诗般的普适性,帕克曼(Parkman)笔下作为天主教和新教在新世界对立的某种形而上学动因的自由铭文,普雷斯科特(Prescott)笔下北美文明兴起在南美洲的预示——所有这些都代表了新英格兰各种史学传统与来自德国的新学识的联姻。②从班克罗夫特开始,正是德国史学思想,使美国史学得以进一步美国化。而民族精神现在可以获得历史动因的

---

① Ramsay to John Eliot(11 August 1792), *Selections*, no. 203.

② George Bancroft, *History of the United States from the Discovery of the American Continent* (10 vols.; Boston, 1834—1875); Francis Parkman, *France and England in North America*, ed. Allan Nevins (9 vols.; New York, 1965); William Hickling Prescott, *History of the Conquest of Mexico* (3 vols.; New York, 1843).

地位,如拉姆齐所述,是史学和地理学微妙协商的产物。如果说拉姆齐在 19 世纪有一个继承人的话,那就是希尔德雷斯(Richard Hildreth),他有意识的怀疑论非虚构作品《美利坚合众国史》(*History of the United States of America*,1849—1853)指出拉姆齐为其提供了原始资料。希尔德雷斯倾慕汉密尔顿,坚信宪法至少在一定程度上是为了规范债务偿还而制定。他憎恨奴隶制,描述殖民者仅在最后一刻才勉强成为革命者,所有这些都与拉姆齐的解释相同。①然而,拉姆齐的《美国独立战争史》刚好在法国革命前夕出版,这其中有重要意义,它代表的不是第一部美国史学史诗,而是最后一部美国启蒙运动史作品。

---

① Richard Hildreth,*The History of the United States of America from the Discovery of the Continent to the Organization of Government under the Federal Constitution*,(3 vols.;New York,1850). 拉姆齐一直坚称,只有在北美建立合适的中央政府,才能充分公平地偿还公共债务。因此,拉姆齐支持联邦宪法,认为它是把公共信用建立在可靠基础上的温和派经济手段。参见他 1788 年 1 月 25 日在南卡罗莱纳州众议院(South Carolina House of Representatives)上的讲话,见于 *The City Gazette and Daily Advertiser*(Charleston,SC)。

后　记

[234]马尔科姆和弗里尔,科尔布鲁克和埃尔芬斯通,
帝国之生命宛如心灵之生命,
"简单,性感,激昂",调和于
正义与秩序的清晰主题,消散而去。

(希尔,"英属印第安简史,Ⅲ")

　　本书讨论的所有史家里,没有一个曾预料到,欧洲,这个文化上相互影响、战略上相互制约的文明之地,会再一次受到普遍君主国的困扰。只有拉姆齐在有生之年见证了拿破仑的兴起和败亡。拜伦爵士(Lord Byron)跟着哈罗德公子这一角色游荡在饱受战争折磨的欧洲大陆乡间,对他来说,历史似乎在嘲弄那些欧洲共同文明的梦想。走在日内瓦湖的岸边,他想起了此地最著名的两位居住者,一位是伏尔泰,他

　　热情善变,一个孩子,
　　愿望反复无常,但他的心灵
　　满载各种机智。

另一位是吉本,他是"反讽之王","以一抹庄严的嘲弄"挖掘"庄严的信条"。①这些"巨伟心灵"对所有不及他们之人怀着孤傲讥讽的优越感,拜伦嘲弄但钦佩他们的这种优越感,并且富有创造力地把他们的过往愿景化为哈罗德流亡似的四海为家。和哈罗德一样,他们曾是欧洲内部的流亡者;同哈罗德一样,他也站在吉本曾经立足的罗马废墟之中,在欧洲史学之花中,他们曾是把自己遣送回去的"心之孤儿"。②拜伦想象中的18世纪史家巨匠的无家可归是一种怀旧式的创造,是把史学从世界主义情感中剥离,这种世界主义情感要么让史学"仅剩一页",要么认为史学与欧洲古代政体长期存在的腐朽同谋共存。③他选择了欧洲身份的流放形式,这种选择让人些许想起柏克在《法国大革命反思录》(*Reflections on the Revolution in France*)中以文化为出发点的说话立场,[235]他们都对"意见与情感混合体系"的毁灭有一种欧洲式怀恋,这种体系"将其特征赋予了现代欧洲",并让其"区别性地"高于几乎所有其他古代和现代文明。④

---

① Byron, *The Complete Poetical Works*, ed. Jerome McGann(7 vols.; Oxford, 1980—1993), II, book III, stanzas 106-107.

② 同上, book IV, line 695。

③ 同上, book IV, line 999。

④ *The Writings and Speeches rifEdmund Burke*, volume VIII, ed. L. G. Mitchell(Oxford, 1989), 127. 在"The Political Economy of Burke's Analysis of the French Revolution", *HistoricalJournal*, 25(1982), 347 里, G. A. Pocock 曾评论说, 柏克"'欧洲社会发展观'的解读方法是对苏格兰式史学解读的重大修订"。

然而,拜伦对后拿破仑时代的欧洲的解读很复杂,这种复杂性让我们意识到,若假定18世纪的世界主义自我意识仅仅只是断裂为一种普遍改革的激进语言或敬畏传统的保守语言,那就会犯错误。至少在英国,史学写作的世界主义基调仍然存在并在整个19世纪逐步推进,新的民族叙事需要各种确定性,这种基调为其赋予语境、提供条件。尤其是麦考莱的《英格兰史》,它具有浓郁的罗伯逊式风格,即把民族置于一个共同发展的欧洲文明之中,并且,某种程度上该作品也受到潜在的社会发展观的塑造。① 伯罗(John Burrow)曾解释过,在麦考莱和其他19世纪英国辉格党史家的作品中,18世纪苏格兰的世界主义式社会发展理念如何与伯克式渐变观融合并最终改变。② 休谟的《英格兰史》因此才在这些史学作品中一直占有一席之地,米勒(John Millar)政治上更激进、世界主义倾向更大胆的《对英国政府的史学考察》(*Historical View of the English Government*,1787)亦是如此。在麦考莱的作品里,对社会发展的苏格兰式分析范畴,与更大的欧洲文化融合理想交织在一起,就如同在休谟、罗伯逊和吉本的作品里一样。然而,在其他一些19世纪史家的作品中,这些分析范畴的应用方式更加概要,与其原本打算服务的文化和道德规划分离,对其的表达也更不显见。一个抽象的普适观念——历史是一系列连续的阶段,与一种认识——

---

① John Clive 曾在 *Thomas Babington Macaulay:The Shaping of the Historian*(London,1993),119-120 中谈及苏格兰式启蒙史学早期对麦考莱的影响。

② *A Liberal Descent:Victorian Historians and the English Past*(Cambridge,1981).

欧洲文明本质上独一无二且具有独一无二的价值之间存在张力，这种张力在吉本的《罗马帝国衰亡史》中尤其突出，也可见于罗伯逊《查理五世治期史》的叙事部分。如我之前曾提到过的，这种理念——欧洲是一个文化相互作用和相互效仿的动力场——的战略性结果，便是对各国之间强大的自发平衡体系的偏好。英国当时的外交政策是与法国的大陆帝国的竞争，或者换种说法，法国表达了他们对英国追求海洋帝国的不安。休谟和吉本都意识到，上述地缘政治模式与英国的这种外交政策动机存在冲突。［236］另一方面，罗伯逊把世界主义史学塑造为一种讨论帝国问题的意识形态。他提出，各个帝国，尤其是领土帝国（territorial empires）在更高或更低的社会进化层次衍生出民族间的碰撞，但只有现代欧洲人能在面对其他文明的经济、政治和文化时做出灵活反应，这种反应为调和上述激烈碰撞所必需。罗伯逊并没有解释他缓和的帝国主义观如何能与他的欧洲均势理念承诺保持一致。

罗伯逊的《美洲史》并非18世纪唯一有影响力的世界主义帝国史，然而此书却造就了关于最低程度干涉主义和大英帝国自由贸易（而非垄断公司）的最令人满意的历史个案。雷纳尔的《两个印度哲学史》原本是对欧洲贸易和殖民地的世界主义式考察，但在后来的狄德罗修订本中，却被消解为被贸易连接起来的普世社会视野。此书的最早版本中嵌入的原是世界主义观，即欧洲自由和贸易拓展至世界的各个蛮荒部分，但在后来的各修订本中，却演变为普世政治激进观点，即各国在与专制的斗争中成为兄弟同胞。狄德罗为支持美国独立战争而插入的那些段落清楚地表明，需要

从新世界寻求启发的正是欧洲,而非反之:

> 上帝把自由的神圣之爱印在人的心中,他不希望奴役玷污他最美丽的作品。如果人有某种荣耀,那无疑是为国家而战、为同胞而死。①

在诸如这样的时刻,《两个印度哲学史》中记录的地方史被消融进普世自由史。罗伯逊担心,他自己潜在的社会发展规划容易受到同样抽象但在政治上给予哲学解决方案的影响。部分原因是,他关于印度的《印度古史研究》和吉本的《罗马帝国衰亡史》一样,都促进且探究其阐释方案和文化材料的某种分离。在帝国背景下,在史学范畴和一般政治计划之间摇摆不定带来的各种危害,很快在19世纪早期写成的最复杂史著之一中清楚显现,这部史著即密尔(James Mill)的《英属印度史》(*History of British India*, 1818)。密尔生于苏格兰,在爱丁堡大学师从斯图尔特(Dugald Stewart),他的史学把对印度社会的严格分期描述与根据效用标准评价(印度和母国的)政治机构的新模式结合起来。[237]他对政治效用、社会发展和管理印度的最好手段的早期反思,首见于1810年刊登在《爱丁堡评论》上的一篇文章:

> 那么,该做什么呢?要在印度召开一次立法大会吗?当然不是。印度人民所置身的文明等级、道德状况和政治局势,

---

① *Histoire philosophique et politique des etablissements et du commerce des Europeens dans les deux Indes*(4 vols.;Geneva,1780),IV,42.

都决定了建立立法议会之不切实际……简单的专制式政府,辅以欧式荣誉和欧式才智的调和,是如今唯一适合印度的统治方式。①

《英属印度史》如法炮制,开篇概览印度社会,将其比作一段关于未开化和田园社会的猜测史,关注种姓体系强加的等级划分,并提出各种理由来解释为何它在从游牧时期向农业阶段过渡的这一时刻,可以由法律体系支撑(就像欧洲曾经被封建主义拖累而发展减缓一样)。密尔说,印度诸民族,"事实上在文明进程中只迈出了最初的几小步",他希望,这一陈述的帝国逻辑指向是,更好更高效的英式行政管理能规避直接殖民或商业垄断的不良效果。②正如马吉德(Javed Majeed)表明的,《英属印度史》成为东印度公司官员们的标准教科书,并且以更普遍的方式塑造了"把印度从其自身文化中解放出来的自由计划的理论基础"。③罗伯逊永远不会同意这份计划。密尔把欧洲文明中 18 世纪史学的方法学与其世界主义的文化使命分离,造成的影响甚至超过了后来反对他的盎格鲁化政

---

① *Edinburgh Review*,16(1810),155.

② 《英属印度史》(3rd edn,1826,II,190)。密尔全书都在引用米勒作为他理论灵感的源泉。也可参见 Duncan Forbes, ‚James Mill and India', *Cambridge Journal*,5(1951—1952),19 - 30, 和 Jane Rendall, 'Scottish Orientalism from Robertson to James Mill', *Historical Journal*,25(1982),43 - 69,后者讲述了这些知识分子是罗伯逊关于印度的《历史研究》的后继者。

③ Javed Majeed, *Ungoverned Imaginings: James Mill's The History of British India and Orientalism*(Oxford,1992),127.

策结论的那些帝国史学。最后一个例子是苏格兰学者、殖民地理论家兼孟买总督埃尔芬斯通（Mountstuart Elphinstone）的《英属印度史》（History of Bristish India），此作在19世纪中叶风靡一时。与密尔对一个仅通过翻译文献而知的印度作哲学式解读不同，此作品的论述基础是个人亲身经验。然而，其结果是，这一史学显然与苏格兰启蒙运动的各种社会学词汇不太融洽，却也没有能力超越它们。埃尔芬斯通在对现代印度文化缺乏"活力"做了长篇反思之后评论道：

> [238]无法不得出这样的结论，即不管在道德还是智识上，印度都曾经处于比他们现在更高的阶段。即使是他们现在的萧条状态，也仍然与欧洲以外的任何一个民族处于同一水平，那似乎可以如此推知，他们曾有一时必然达到过很高的文明状态，仅有少数几个最受恩宠的国家——不管是古代还是现代——能够超越那时的他们。①

史书接着就继续常规化记叙莫卧儿帝国的兴衰，一路发现"各个萧条时期"和"文明状态"的各种经济指标，直至七年战争结束后英国人做好准备接手其废墟。此处，埃尔芬斯通创造性地暂时抽离其著者立场——其莫卧儿帝国继承者的立场。当他审视莫卧儿帝国的衰亡时，他依稀回忆起《罗马帝国衰亡史》的结尾的罗马帝国已毁的首都，以及从一度蛮荒的遥远北方诸国来拜访此城的"新

---

① Elphinstone, *History of India* (2 vols. ; London, 1841), I, 384. 12

朝圣者种族":

> 其疆土破碎为各个分裂之国;首都荒芜;皇帝之名的索要者是流放之人或从属之人;而一个新征服者种族已经开始其征程,也许会在比过去更好的吉兆下重新统一帝国。①

这个狡黠的、界定不明的冠词(一个新征服者种族)把大英帝国的历史特殊性归为征服和再征服的世界谱系。在此处莫卧儿历史记录的末尾,正如在《罗马帝国衰亡史》的终章,另一个帝国被寄予希望、被推迟。在埃尔芬斯通自己的思路里,他已经代表大英帝国接受了他自己的社会分析计划所要求的各种文化责任。然而,对于19世纪的认知来说,把过去之事变换为文字叙事,已经不同于它对更早的世界主义史家族群的要求,不再涉及或者需要达成那些责任。

---

① 同上,II,688。

This is a Simplified-Chinese translation edition of the following title published by Cambridge University Press: Narratives of Enlightenment: Cosmopolitan history from Voltaire to Gibbon (ISBN: 0521465338)
This Simplified-Chinese translation edition for the People's Republic of China (excluding Hong Kong, Macau and Taiwan) is published by arrangement with the Press Syndicate of the University of Cambridge, Cambridge, United Kingdom.
©Huaxia Publishing House Co., Ltd. 2025
This Simplified-Chinese translation edition is authorized for sale in the People's Republic of China (excluding Hong Kong, Macau and Taiwan) only. Unauthorized export of this Chinese edition is a violation of the Copyright Act. No part of this publication may be reproduced or distributed by any means, or stored in a database or retrieval system, without the prior written permission of Cambridge University Press and Huaxia Publishing House Co., Ltd.
Copies of this book sold without a Cambridge University Press sticker on the cover are unauthorized and illegal.
本书封面贴有 Cambridge University Press 防伪标签，无标签者不得销售。
北京市版权局著作权合同登记号：图字01-2024-5934号

图书在版编目（CIP）数据

启蒙叙事：从伏尔泰到吉本的世界主义史学 /（英）欧布里恩（Karen O'Brien）著；朱琦等译. -- 北京：华夏出版社有限公司，2025.（西方传统：经典与解释）. -- ISBN 978-7-5222-0765-0

I. D51

中国国家版本馆 CIP 数据核字第20240H9P51号

启蒙叙事——从伏尔泰到吉本的世界主义史学

作　　者	［英］欧布里恩
译　　者	朱　琦　刘世英　等
责任编辑	程　瑜
责任印制	刘　洋
出版发行	华夏出版社有限公司
经　　销	新华书店
印　　刷	三河市万龙印装有限公司
装　　订	三河市万龙印装有限公司
版　　次	2025 年 3 月北京第 1 版 2025 年 3 月北京第 1 次印刷
开　　本	880×1230　1/32
印　　张	13
字　　数	326 千字
定　　价	98.00 元

华夏出版社有限公司　地址：北京市东直门外香河园北里 4 号　邮编：100028
网址：www.hxph.com.cn　电话：(010)64663331(转)
若发现本版图书有印装质量问题，请与我社营销中心联系调换。

西方传统：经典与解释
Classici et Commentarii
HERMES
刘小枫◎主编

古今丛编

伊菲革涅亚　吴雅凌 编译
欧洲中世纪诗学选译　宋旭红 编译
克尔凯郭尔　[美]江思图 著
货币哲学　[德]西美尔 著
孟德斯鸠的自由主义哲学　[美]潘戈 著
莫尔及其乌托邦　[德]考茨基 著
试论古今革命　[法]夏多布里昂 著
但丁：皈依的诗学　[美]弗里切罗 著
在西方的目光下　[英]康拉德 著
大学与博雅教育　董成龙 编
探究哲学与信仰　[美]郝岚 著
民主的本性　[法]马南 著
梅尔维尔的政治哲学　李小均 编/译
席勒美学的哲学背景　[美]维塞尔 著
果戈里与鬼　[俄]梅列日科夫斯基 著
自传性反思　[美]沃格林 著
黑格尔与普世秩序　[美]希克斯 等著
新的方式与制度　[美]曼斯菲尔德 著
科耶夫的新拉丁帝国　[法]科耶夫 等著
《利维坦》附录　[英]霍布斯 著
或此或彼（上、下）　[丹麦]基尔克果 著
海德格尔式的现代神学　刘小枫 选编
双重束缚　[法]基拉尔 著
古今之争中的核心问题　[德]迈尔 著
论永恒的智慧　[德]苏索 著
宗教经验种种　[美]詹姆斯 著
尼采反卢梭　[美]凯斯·安塞尔-皮尔逊 著
舍勒思想评述　[美]弗林斯 著

诗与哲学之争　[美]罗森 著
神圣与世俗　[罗]伊利亚德 著
但丁的圣约书　[美]霍金斯 著

古典学丛编

品达《皮托凯歌》通释　[英]伯顿 著
俄耳甫斯祷歌　吴雅凌 译注
荷马笔下的诸神与人类德行　[美]阿伦斯多夫 著
赫西俄德的宇宙　[美]珍妮·施特劳斯·克莱 著
论王政　[古罗马]金嘴狄翁 著
论希罗多德　[苏]卢里叶 著
探究希腊人的灵魂　[美]戴维斯 著
尤利安文选　马勇 编/译
论月面　[古罗马]普鲁塔克 著
雅典谐剧与逻各斯　[美]奥里根 著
菜园哲人伊壁鸠鲁　罗晓颖 选编
劳作与时日（笺注本）　[古希腊]赫西俄德 著
神谱（笺注本）　[古希腊]赫西俄德 著
赫西俄德：神话之艺　[法]居代·德拉孔波 编
希腊古风时期的真理大师　[法]德蒂安 著
古罗马的教育　[英]葛怀恩 著
古典学与现代性　刘小枫 编
表演文化与雅典民主政制
[英]戈尔德希尔、奥斯本 编
西方古典文献学发凡　刘小枫 编
古典语文学常谈　[德]克拉夫特 著
古希腊文学常谈　[英]多佛 等著
撒路斯特与政治史学　刘小枫 编
希罗多德的王霸之辨　吴小锋 编/译
第二代智术师　[英]安德森 著
英雄诗系笺释　[古希腊]荷马 著
统治的热望　[美]福特 著
论埃及神学与哲学　[古希腊]普鲁塔克 著
凯撒的剑与笔　李世祥 编/译
伊壁鸠鲁主义的政治哲学　[意]詹姆斯·尼古拉斯 著

修昔底德笔下的人性　[美]欧文 著
修昔底德笔下的演说　[美]斯塔特 著
古希腊政治理论　[美]格雷纳 著
赫拉克勒斯之盾笺释　罗逍然 译笺
《埃涅阿斯纪》章义　王承教 选编
维吉尔的帝国　[美]阿德勒 著
塔西佗的政治史学　曾维术 编
幽暗的诱惑　[美]汉密尔顿 著

古希腊诗歌丛编
古希腊早期诉歌诗人　[英]鲍勒 著
诗歌与城邦　[美]费拉格、纳吉 主编
阿尔戈英雄纪（上、下）
[古希腊]阿波罗尼俄斯 著
俄耳甫斯教辑语　吴雅凌 编译

古希腊肃剧注疏
欧里庇得斯及其对雅典人的教诲
[美]格里高利 著
欧里庇得斯与智术师　[加]科纳彻 著
欧里庇得斯的现代性　[法]德·罗米伊 著
自由与僭越　罗峰 编译
希腊肃剧与政治哲学　[美]阿伦斯多夫 著

古希腊礼法研究
宙斯的正义　[英]劳埃德-琼斯 著
希腊人的正义观　[英]哈夫洛克 著

廊下派集
剑桥廊下派指南　[加]英伍德 编
廊下派的苏格拉底　程志敏 徐健 选编
廊下派的神和宇宙　[墨]里卡多·萨勒斯 编
廊下派的城邦观　[英]斯科菲尔德 著

希伯莱圣经历代注疏
希腊化世界中的犹太人　[英]威廉逊 著
第一亚当和第二亚当　[德]朋霍费尔 著

新约历代经解
属灵的寓意　[古罗马]俄里根 著

基督教与古典传统
保罗与马克安　[德]文森 著
加尔文与现代政治的基础　[美]汉考克 著
无执之道　[德]文森 著
恐惧与战栗　[丹麦]基尔克果 著
托尔斯泰与陀思妥耶夫斯基
[俄]梅列日科夫斯基 著
论宗教大法官的传说　[俄]罗赞诺夫 著
海德格尔与有限性思想（重订版）
刘小枫 选编
上帝国的信息　[德]拉加茨 著
基督教理论与现代　[德]特洛尔奇 著
亚历山大的克雷芒　[意]塞尔瓦托·利拉 著
中世纪的心灵之旅　[意]圣·波纳文图拉 著

德意志古典传统丛编
论德意志文学及其他　[德]弗里德里希二世 著
卢琴德　[德]弗里德里希·施勒格尔 著
黑格尔论自我意识　[美]皮平 著
克劳塞维茨论现代战争　[澳]休·史密斯 著
《浮士德》发微　谷裕 选编
尼伯龙人　[德]黑贝尔 著
论荷尔德林　[德]沃尔夫冈·宾德尔 著
彭忒西勒亚　[德]克莱斯特 著
穆佐书简　[奥]里尔克 著
纪念苏格拉底——哈曼文选　刘新利 选编
夜颂中的革命和宗教　[德]诺瓦利斯 著
大革命与诗化小说　[德]诺瓦斯 著
黑格尔的观念论　[美]皮平 著
浪漫派风格——施勒格尔批评文集　[德]施勒格尔 著

巴洛克戏剧丛编
克里奥帕特拉　[德]罗恩施坦 著
君士坦丁大帝　[德]阿旺西尼 著

被弑的国王　[德]格吕菲乌斯 著

美国宪政与古典传统
美国1787年宪法讲疏　[美]阿纳斯塔普罗 著

启蒙研究丛编
赫尔德的社会政治思想　[加]巴纳德 著
论古今学问　[英]坦普尔 著
历史主义与民族精神　冯庆 编
浪漫的律令　[美]拜泽尔 著
现实与理性　[法]科维纲 著
论古人的智慧　[英]培根 著
托兰德与激进启蒙　刘小枫 编
图书馆里的古今之战　[英]斯威夫特 著

政治史学丛编
历史分期与主权　[美]凯瑟琳·戴维斯 著
驳马基雅维利　[普鲁士]弗里德里希二世 著
现代欧洲的基础　[英]赖希 著
克服历史主义　[德]特洛尔奇 等著
胡克与英国保守主义　姚啸宇 编
古希腊传记的嬗变　[意]莫米利亚诺 著
伊丽莎白时代的世界图景　[英]蒂利亚德 著
西方古代的天下观　刘小枫 编
从普遍历史到历史主义　刘小枫 编
自然科学史与玫瑰　[法]雷比瑟 著

地缘政治学丛编
地缘政治学的黄昏　[美]汉斯·魏格特 著
大地法的地理学　[英]斯蒂芬·莱格 编
地缘政治学的起源与拉采尔　[希腊]斯托杨诺斯 著
施米特的国际政治思想　[英]欧迪瑟乌斯/佩蒂托 编
克劳塞维茨之谜　[英]赫伯格－罗特 著
太平洋地缘政治学　[德]卡尔·豪斯霍弗 著

荷马注疏集
不为人知的奥德修斯　[美]诺特维克 著
模仿荷马　[美]丹尼斯·麦克唐纳 著

阿里斯托芬集
《阿卡奈人》笺释　[古希腊]阿里斯托芬 著

色诺芬注疏集
居鲁士的教育　[古希腊]色诺芬 著
色诺芬的《会饮》　[古希腊]色诺芬 著

柏拉图注疏集
《苏格拉底的申辩》集注　程志敏 辑译
挑战戈尔戈　李致远 选编
论柏拉图《高尔吉亚》的统一性　[美]斯托弗 著
立法与德性——柏拉图《法义》发微　林志猛 编
柏拉图的灵魂学　[加]罗宾逊 著
柏拉图书简　彭磊 译注
克力同章句　程志敏 郑兴凤 撰
哲学的奥德赛——《王制》引论　[美]郝兰 著
爱欲与启蒙的迷醉　[美]贝尔格 著
为哲学的写作技艺一辩　[美]伯格 著
柏拉图式的迷宫——《斐多》义疏　[美]伯格 著
苏格拉底与希琵阿斯　王江涛 编译
理想国　[古希腊]柏拉图 著
谁来教育老师　刘小枫 编
立法者的神学　林志猛 编
柏拉图对话中的神　[法]薇依 著
厄庇诺米斯　[古希腊]柏拉图 著
智慧与幸福　程志敏 选编
论柏拉图对话　[德]施莱尔马赫 著
柏拉图《美诺》疏证　[美]克莱因 著
政治哲学的悖论　[美]郝岚 著
神话诗人柏拉图　张文涛 选编
阿尔喀比亚德　[古希腊]柏拉图 著
叙拉古的雅典异乡人　彭磊 选编
阿威罗伊论《王制》　[阿拉伯]阿威罗伊 著
《王制》要义　刘小枫 选编
柏拉图的《会饮》　[古希腊]柏拉图 等著

苏格拉底的申辩（修订版） [古希腊]柏拉图 著
苏格拉底与政治共同体 [美]尼柯尔斯 著
政制与美德——柏拉图《法义》疏解 [美]潘戈 著
《法义》导读 [法]卡斯代尔·布舒奇 著
论真理的本质 [德]海德格尔 著
哲人的无知 [德]费勃 著
米诺斯 [古希腊]柏拉图 著
情敌 [古希腊]柏拉图 著

亚里士多德注疏集
亚里士多德论政体 崔嵬、程志敏 编
《诗术》译笺与通绎 陈明珠 撰
亚里士多德《政治学》中的教诲 [美]潘戈 著
品格的技艺 [美]加佛 著
亚里士多德哲学的基本概念 [德]海德格尔 著
《政治学》疏证 [意]托马斯·阿奎那 著
尼各马可伦理学义疏 [美]伯格 著
哲学之诗 [美]戴维斯 著
对亚里士多德的现象学解释 [德]海德格尔 著
城邦与自然——亚里士多德与现代性 刘小枫 编
论诗术中篇义疏 [阿拉伯]阿威罗伊 著
哲学的政治 [美]戴维斯 著

普鲁塔克集
普鲁塔克的《对比列传》 [英]达夫 著
普鲁塔克的实践伦理学 [比利时]胡芙 著

阿尔法拉比集
政治制度与政治箴言 阿尔法拉比 著

马基雅维利集
解读马基雅维利 [美]麦考米克 著
君主及其战争技艺 娄林 选编

莎士比亚绎读
哲人与王者 [加]克雷格 著
莎士比亚的罗马 [美]坎托 著
莎士比亚的政治智慧 [美]伯恩斯 著

脱节的时代 [匈]阿格尼斯·赫勒 著
莎士比亚的历史剧 [英]蒂利亚德 著
莎士比亚戏剧与政治哲学 彭磊 选编
莎士比亚的政治盛典 [美]阿鲁里斯/苏利文 编
丹麦王子与马基雅维利 罗峰 选编

洛克集
洛克现代性政治学之根 [加]金·I.帕克 著
上帝、洛克与平等 [美]沃尔德伦 著

卢梭集
致博蒙书 [法]卢梭 著
政治制度论 [法]卢梭 著
哲学的自传 [美]戴维斯 著
文学与道德杂篇 [法]卢梭 著
设计论证 [美]吉尔丁 著
卢梭的自然状态 [美]普拉特纳 等著
卢梭的榜样人生 [美]凯利 著

莱辛注疏集
汉堡剧评 [德]莱辛 著
关于悲剧的通信 [德]莱辛 著
智者纳坦（研究版） [德]莱辛 等著
启蒙运动的内在问题 [美]维塞尔 著
莱辛剧作七种 [德]莱辛 著
历史与启示——莱辛神学文选 [德]莱辛 著
论人类的教育 [德]莱辛 著

尼采注疏集
尼采引论 [德]施特格迈尔 著
尼采与基督教 刘小枫 编
尼采眼中的苏格拉底 [美]丹豪瑟 著
动物与超人之间的绳索 [德]A.彼珀 著

施特劳斯集
论法拉比与迈蒙尼德
苏格拉底与阿里斯托芬
论僭政（重订本） [美]施特劳斯 [法]科耶夫 著

苏格拉底问题与现代性（第三版）
犹太哲人与启蒙（增订本）
霍布斯的宗教批判
斯宾诺莎的宗教批判
门德尔松与莱辛
哲学与律法——论迈蒙尼德及其先驱
迫害与写作艺术
柏拉图式政治哲学研究
论柏拉图的《会饮》
柏拉图《法义》的论辩与情节
什么是政治哲学
古典政治理性主义的重生（重订本）
回归古典政治哲学——施特劳斯通信集
　　　＊＊＊
哲学、历史与僭政　[美]伯恩斯、弗罗斯特 编
追忆施特劳斯　张培均 编
施特劳斯学述　[德]考夫曼 著
论源初遗忘　[美]维克利 著
阅读施特劳斯　[美]斯密什 著
施特劳斯与流亡政治学　[美]谢帕德 著
驯服欲望　[法]科耶夫 等著

施特劳斯讲学录
哲人的虔敬
苏格拉底与居鲁士
追求高贵的修辞术
　　——柏拉图《高尔吉亚》讲疏（1957）
斯宾诺莎的政治哲学

施米特集
宪法专政　[美]罗斯托 著
施米特对自由主义的批判　[美]约翰·麦考米克 著

伯纳德特集
古典诗学之路（第二版）　[美]伯格 编
弓与琴（重订本）　[美]伯纳德特 著

神圣的罪业　[美]伯纳德特 著

布鲁姆集
巨人与侏儒（1960-1990）
人应该如何生活——柏拉图《王制》释义
爱的设计——卢梭与浪漫派
爱的戏剧——莎士比亚与自然
爱的阶梯——柏拉图的《会饮》
伊索克拉底的政治哲学

沃格林集
自传体反思录

朗佩特集
哲学与哲学之诗
尼采与现时代
尼采的使命
哲学如何成为苏格拉底式的
施特劳斯的持久重要性

迈尔集
施米特的教训
何为尼采的扎拉图斯特拉
政治哲学与启示宗教的挑战
隐匿的对话
论哲学生活的幸福

大学素质教育读本
古典诗文绎读 西学卷·古代编（上、下）
古典诗文绎读 西学卷·现代编（上、下）